Hikeline
Wanderführer

Benjamin Pape

AF197346

Pfälzerwald

50 schöne Wandertouren
im größten deutschen Waldgebiet

VERLAG ESTERBAUER

Hikeline®-Wanderführer
Pfälzerwald
© 2011-2019, **Verlag Esterbauer GmbH**
A-3751 Rodingersdorf, Hauptstr. 31
Tel.: +43/2983/28982-0, Fax: -500
E-Mail: hikeline@esterbauer.com
www.esterbauer.com
3. überarbeitete Auflage 2019
ISBN: 978-3-85000-705-4
Bitte geben Sie bei jeder Korrespondenz die
Auflage und die ISBN an!

Umschlagbild: Benjamin Pape
Bildnachweis: © dlohner, pixabay: S. 9;
Gabriele Fülbier & Sieglinde Reiß: S. 76,
S. 80; © maxmann, pixabay: S. 60; ©
mojolo – Fotolia: S. 215; © Quadronet_
webdesign, pixabay: S. 10; © SCAPIN,
pixabay: S. 192; Tourist Information Bad
Dürckheim: S. 47, S. 38, S. 48, S. 50, S. 52,
S. 54; © Wikimediamages, pixabay: S. 111,
S. 200
Benjamin Pape: alle anderen

Dank an alle, die uns bei der Erstellung dieses Buches tatkräftig unterstützt haben,
im Besonderen an: C. Vogel.

Das *Hikeline*-Team: Birgit Albrecht-Wal-
zer, Katharina Amon-Schneider, Sabine
Bacher-Baumgartner, Beatrix Bauer,
Michael Binder, Veronika Bock, Petra
Bruckmüller, Roland Esterbauer, Dagmar
Güldenpfennig, Martina Kreindl, Nora
Ludolph, Gregor Münch, Karin Neichs-
ner, Carmen Paradeiser, Sabrina Pusch,
Claudia Retzer, Petra Schartner, Sonja
Schleifer, Isabella Tillich, Christian Thoren,
Martin Trippmacher, Carina Winkelhofer,
Martin Wischin, Wolfgang Zangerl

Kartografie erstellt mit *axpand*
(www.axes-systems.com)

Vorwort

Zwischen Rhein und Saarland, Donnersberg und Elsass liegt mit dem Pfälzerwald das größte zusammenhängende Waldgebiet Deutschlands. Das Mittelgebirge wurde 1958 zum Naturpark erklärt und ist nicht allein durch seine große Naturbelassenheit ein Paradies für Wanderer: Neben der guten Erreichbarkeit bietet es dem Besucher ein umfangreiches und gut markiertes Wegenetz, eine Vielzahl von Schlössern und Burgen, die auf die lange Siedlungs- und Kulturgeschichte hinweisen, beeindruckende Sandsteinformationen, die nirgends anders in Mitteleuropa in dieser Vielfalt zu finden sind, und nicht zuletzt eine mitreißende Wein- und Festkultur, die dem wohl mildesten Klima Deutschlands geschuldet ist und auch einen erheblich positiven Effekt auf die Gastfreundlichkeit und Mentalität der hier lebenden Menschen hat.

Präzise Karten, genaue Streckenbeschreibungen, zahlreiche Stadt- und Ortspläne sowie Hinweise auf das kulturelle und touristische Angebot der Region – in diesem Buch finden Sie alles, was Sie zu einer Wanderung im Pfälzerwald brauchen – außer gutem Wetter, das können wir Ihnen nur wünschen.

Kartenlegende

* in Auswahl

Wanderweg auf Hartbelag
z. B.: befestigter Fußweg • ruhige Anliegerstraße

Wanderweg
breiter oder gut begehbarer Weg
z. B.: Wald- und Forstweg

Wandersteig, Pfad
schmaler Weg/Pfad • Wiesenweg

Klettersteig, Kletterstelle
• schwierige Stelle
• Trittsicherheit erforderlich
• Leiter

Verkehrsreicher Abschnitt
Strecke auf oder direkt an Straße mit starker Verkehrsbelastung

Variante, Alternativstrecke
z. B.: Ausflüge • Abkürzungen • Ein- oder Ausstiege • alternative Hauptroute

Anschlussetappen
und weitere Touren

Wanderweg geplant

Wanderweg gesperrt

Tunnelstrecke, Unterführung

Fährverbindung; Lift

Stadt-/Ortsplan

Routenverlauf; Wegpunkt

Gefahrenstelle; Text beachten

Treppe

Tourist-Information

Hotel, Pension; Jugendherberge

Campingplatz; Zeltplatz

Gasthaus

Einkaufsmöglichkeit; Kiosk

Erlach sehenswerter Ort

Einrichtung im Ort vorhanden

sonstige Sehenswürdigkeit

sehenswerte Kirche; Kapelle

sehenswertes Kloster

sehenswerte Synagoge; Moschee

sehenswerte/s Schloss, Burg

sehenswerte Ruine

sehenswertes Denkmal; Wegkreuz

sehenswerte/s Bergwerk; Höhle

sehenswerter Turm; Leuchtturm

sehenswerte Wassermühle; Windmühle

sehenswertes/r Kraftwerk; Flughafen

Museum

Ausgrabung; Römische Objekte

Tierpark; Naturpark-Information

Naturpark; sonstige Natursehenswürdigkeit

Aussichtspunkt

Rastplatz; Unterstand

Schutzhütte; Grillplatz

Wanderparkplatz

Brunnen*

Freibad, Badestelle; Hallenbad

Bushaltestelle*

Maßstab 1 : 35.000

1 cm ≙ 350 m   1 km ≙ 2,9 cm

0   1   2   3 km

Kirche; Kapelle		Wald; Wiese, Weide
Kloster		Nassflächen, Sumpf, Moor; Heide
Synagoge; Moschee		Weinbau; Garten
Schloss, Burg		Friedhof; Sand, Düne
Ruine		Steinbruch, Tagebau; Gletscher
Denkmal		Fels; Schutt
Wegkreuz		Gebäude; Siedlungsfläche
Bergwerk		öffentl. Gebäude; Industriegebiet
Höhle		See/Staumauer/Fluss
historischer Grenzstein, Römerstein		Autobahn
Grabanlage, Hügelgrab		Schnellverkehrsstraße
Turm; Leuchtturm		Fernverkehrsstraße
Wassermühle; Windmühle		Hauptstraße
Funk-, Sendeanlage		untergeordnete Hauptstraße / Pass
Kraftwerk		Nebenstraße / Höhenpunkt
Umspannwerk, Trafostation		Fahrweg; Weg
Windkraftanlage		Pfad; Fähre
Sportplatz, Stadion		Eisenbahn / Bahnhof; S-Bahnhof
Golfplatz; Tennisplatz		Eisenbahn stillgelegt; Nebenbahn
Flughafen; Landeplatz		Straßenbahn / Haltepunkt; Bergbahn
Quelle		Materialseilbahn; Sessellift
Kläranlage		Staatsgrenze / Grenzübergang
Schiffsanleger; Schleuse		Landesgrenze
		Kreisgrenze, Bezirksgrenze

Pass (820 m)

.550

A13

B12

B236

Nur in Ortsplänen

P	Parkplatz
P	Parkhaus/Tiefgarage
	Post*
A	Apotheke*
H	Krankenhaus
F	Feuerwehr
U	Polizei
	Theater*

Damm

Stadtmauer, Mauer

Kanal

Naturpark, Nationalpark

Truppenübungsplatz, Sperrgebiet

Höhenlinie 100m
        Höhenlinie 25m

Kilometerraster
        mit UTM-Koordinaten

Inhalt

3   Vorwort
4   Kartenlegende
8   Der Pfälzerwald
18 Zu diesem Buch

Nördlicher Pfälzerwald

23 **Tour 1**   *MITTEL*   17,6 km
    Eiswoogrunde

29 **Tour 2**   *LEICHT*   7,1 km
    Zum Ungeheuersee

32 **Tour 3**   *MITTEL*   13,7 km
    Ruinen um den Hochspeyerbach

36 **Tour 4**   SCHWER   18,0 km
    Tälerrunde im Diemersteiner Wald

42 **Tour 5**   *MITTEL*   11,4 km
    Zu Rahnfels und Ruine Schlosseck

46 **Tour 6**   *MITTEL*   9,7 km
    Auf keltischen Spuren zum Bismarck-
    turm

51 **Tour 7**   *LEICHT*   10,0 km
    Von der Weinstraße zur Limburg

55 **Tour 8**   SCHWER   16,1 km
    Drachenfelstour

59 **Tour 9**   *LEICHT*   8,8 km
    Wald und Wein-Runde

65 **Tour 10**   *MITTEL*   10,1 km
    Weinstraßen-Weinbiet-Wolfsburg-
    Weg

Mittlerer Pfälzerwald – West

70 **Tour 11**   SCHWER   17,6 km
    Aschbachtal, Geltersswoog und
    Ruine Hohenecken

79 **Tour 12**   *LEICHT*   10,7 km
    Aussichtsrunde Kaiserslautern

83 **Tour 13**   *LEICHT*   9,3 km
    Karlstalschlucht

87 **Tour 14**   *MITTEL*   10,5 km
    Vom Johanniskreuz zum Eschkopf

90 **Tour 15**   SCHWER   16,2 km
    Schwarzbachtal, Brünnlein
    und alte Köhleranlagen

95 **Tour 16**   *LEICHT*   9,5 km
    Maria Rosenberg

98 **Tour 17**   SCHWER   16,8 km
    Ruine Gräfenstein – Hubertusfelsen

104 **Tour 18**   *LEICHT*   5,7 km
    Luitpoldturm

107 **Tour 19**   *MITTEL*   8,7 km
    Kirschfels – Forsthaus Annweiler

110 **Tour 20**   *LEICHT*   7,8 km
    Burgen und Felsen am Queichknie

Mittlerer Pfälzerwald – Ost

115 **Tour 21**   *MITTEL*   12,2 km
    Hochstraße und Leinbachtal

119 **Tour 22**   *MITTEL*   11,0 km
    Drei Burgruinen

124 **Tour 23**   *LEICHT*   6,8 km
    Helmbachweiher – Dritter Kopf

127 **Tour 24**   *LEICHT*   7,2 km
    Über die Kalmit nach Maikammer

131 **Tour 25**   *MITTEL*   8,4 km
    Rund um Kalmit und Felsenmeer

134 **Tour 26**   *LEICHT*   8,4 km
    Ludwigsturm und Ruine Rietburg

137 **Tour 27**   *MITTEL*   10,1 km
    Höhepunkte im Siebeldinger Wald

140 Tour 28   *LEICHT*   10,0 km
Wellbach und Langenbächel

143 Tour 29   *MITTEL*   9,3 km
*Trifelsblick und St. Anna-Kapelle
am Teufelsberg*

146 Tour 30   *LEICHT*   7,6 km
Drei Hütten um den Orensberg

Südlicher Pfälzerwald – West

150 Tour 31   *LEICHT*   8,5 km
*Zwischen Hilschberghaus und
Clausertal*

153 Tour 32   *LEICHT*   11,0 km
Das Felsenland um Rodalben

158 Tour 33   *LEICHT*   9,0 km
Das Felsentor bei Pirmasens

162 Tour 34   *LEICHT*   7,0 km
Vom Teufelstisch ins Lautertal

165 Tour 35   *SCHWER*   18,6 km
Von Dahn nach Pirmasens

175 Tour 36   *LEICHT*   9,3 km
Südliches Dahner Felsenland

178 Tour 37   *LEICHT*   9,0 km
Westausläufer um Glashütte

181 Tour 38   *LEICHT*   6,8 km
Dielbachtal und Zigeunerfels

184 Tour 39   *LEICHT*   9,4 km
Lindelskopf und Pfälzerwoog

188 Tour 40   *MITTEL*   12,2 km
*Grenztour zwischen Fleckenstein und
Wegelnburg*

Südlicher Pfälzerwald – Ost

194 Tour 41   *LEICHT*   10,8 km
Felsenlandrunde

198 Tour 42   *MITTEL*   15,6 km
Hauensteiner Schusterpfad

204 Tour 43   *MITTEL*   10,4 km
Luger Zwei-Berge-Tour

208 Tour 44   *SCHWER*   16,3 km
Annweiler, Dimberg und Geiersteine

214 Tour 45   *MITTEL*   9,0 km
Das Annweiler Burgengestirn

218 Tour 46   *MITTEL*   13,6 km
Rötzenberg und Ruine Lindelbrunn

222 Tour 47   *MITTEL*   13,5 km
Drei Grate

226 Tour 48   *MITTEL*   13,9 km
Rund um Blankenborn

231 Tour 49   *MITTEL*   11,7 km
Rund um das Portzbachtal

235 Tour 50   *MITTEL*   14,7 km
*Aussichtspunkte
im südöstlichen Wasgau*

Der Pfälzerwald

Die Ausdehnung des knapp 1.800 Quadratkilometer großen Pfälzerwaldes umfasst ca. 55 Kilometer in Nord-Süd- und 30 Kilometer in West-Ost-Richtung. Damit ist der Pfälzerwald das ausgedehnteste Waldgebiet Deutschlands. Dieses lässt sich auf einer topographischen Karte von Rheinland-Pfalz leicht von seiner unbewaldeten Umgebung abgrenzen. Im Osten begrenzt das Rheintal als beinahe gerade Nord-Süd-Linie das Mittelgebirge. Im Westen wird die Bewaldung entlang der Linie Pirmasens-Landstuhl abrupt lückenhafter. Im Norden reicht der Wald bis etwa Eisenberg, im Süden grenzt bald das französische Elsaß an Rheinland-Pfalz, welches die UNESCO wegen der durchgehenden Bewaldung gemeinsam mit dem Pfälzerwald als grenzüberschreitendes „Biosphärenreservat Pfälzerwald-Vosges du Nord" ausgewiesen hat.

Zur Gliederung sind heute zwei Ost-West-Linien üblich: Der Nördliche Pfälzerwald reicht bis zur Bundesstraße 37 (zwischen Kaiserslautern und Bad Dürkheim), der Mittlere Pfälzerwald erstreckt sich bis zur Bundesstraße 10 (von Pirmasens nach Landau) und südlich davon liegt der so genannte Wasgau. Der mittlere Pfälzerwald wird nach historischen Gegebenheiten noch weiter unterteilt: Die Randschulter zum Oberrheingraben wird als Haardt bezeichnet, westlich davon folgen die Frankenweide, das Holz- und das Gräfensteiner Land.

Zu den Charakteristika eines Mittelgebirges gehören zunächst einmal die Höhen, die von etwa 130 Metern (im Rheintal bei Bad Dürkheim) bis zu 673 Metern (auf der Kalmit) reichen. Die Haardt wartet gleich mit mehreren Gipfeln über 600 Meter Höhe auf, während diese Marke im zentralen Pfälzerwald lediglich am Eschkopf und am Mosisberg – und dort auch nur ganz knapp – überschritten wird. Haardt, Frankenweide und die sich nach Westen anschließenden Höhen haben den Charakter einer durch viele Einzeltäler zerschnittenen Hochebene, dagegen präsentiert sich der südliche Pfälzerwald ungleichmäßiger gegliedert, insgesamt niedriger und mit nur einzelnen Erhebungen.

Geologische Entstehung

Das Mittelgebirge geht auf Sandablagerungen im Zeitalter der mittleren Trias (vor ca. 230 Millionen Jahren) zurück. Als vor ca. 35 Millionen Jahren die afrikanische und die europäische Kontinentalplatte zusammenstießen, falteten sich nicht nur die Alpen auf, sondern es brach auch entlang einer Schwächezone der Oberrheingraben ein. Parallel dazu hoben sich die Grabenschultern um mehrere Kilometer an.

Blick über den Pfälzerwald

An der Oberfläche dominieren Muschelkalke und Buntsandsteine. Letztere treten auf Bergrücken als oft bizarre Felsgebilde auf, oft sind sie im Wasgau und hier speziell im Dahner Felsenland zu sehen. Manchmal werden die pittoresken Felsen auch noch von Burgen gekrönt.

Die oft tiefer eingeschnittenen Täler des nördlichen Pfälzerwaldes erreichen vereinzelt das Format von Schluchten wie zum Beispiel das Karlstal bei Trippstadt oder rund um die Wolfschluchthütte bei Elmstein. Nach Norden hin werden die Böden zunehmend sandiger.

Besonderes Klima und Vegetation

Der Pfälzerwald ist eine klimatisch begünstigte Region: Die Jahresdurchschnittstemperatur liegt in Kaiserslautern bei 9,4 und auf der Hochebene von Pirmasens bei 8,2 Grad. Selbst auf der 553 Meter hohen Weinbiet – nur geringfügig höher gelegen als die Münchner Innenstadt – herrschen im Jahresdurchschnitt noch 7,8 Grad. Zusätzlich schirmt der zentrale Pfälzerwald die überwiegenden feucht-kühlen Weststömungen mit ihren Niederschlägen ab und erzeugt schwache Föhneffekte, sodass auf der dem Wind abgewandten Seite am östlichen Rand des Mittelgebirges eine der wärmsten Regionen Deutschlands liegt. Mit einer Jahresdurchschnittstemperatur von 10,1 Grad gehört sie zu den wärmsten 5 Prozent aller vom Deutschen Wetterdienst erfassten Orte in Deutschland, und auch die über 1.600 jährlichen Sonnenstunden liegen im oberen Drittel.

Sonnenuntergang über den Weinbergen der Pfalz

Hier verläuft zwischen Bad Dürkheim und Landau auch die 80 Kilometer lange Deutsche Weinstraße, wo das milde Klima neben dem Weinbau auch das Gedeihen von Tabak sowie Mandel- und Pfirsichbäumen ermöglicht.

Die natürliche Vegetation besteht typischerweise aus Eichen und Buchen, in der Haardt oft auch aus Esskastanien (Maronen). In den Nadelwäldern dominieren Kiefern und Fichten das Bild.

Besiedlung

Bedingt durch die politische Struktur in Rheinland-Pfalz mit den zahlreichen eigenständigen Gemeinden gibt es bis heute im Kerngebiet des Pfälzerwalds keine größeren Orte. Annweiler mit seinen knapp 6.900 Einwohnern hält hier den Spitzenplatz. Dieser Umstand ist noch auf die ursprünglichen Ortsgründungen zurückzuführen, die lediglich an den Standorten der Burgen, Klöster oder auch Kohlenmeiler und Triftkanäle erfolgten. Selbst im Zeitalter der Industrialisierung expandierten die Ortschaften nur wenig. Mit durchschnittlich nur 76 Einwohnern pro Quadratkilometer ist die Region nur sehr dünn besiedelt.

An seinen Grenzen ist das Gebiet hingegen von zahlreichen, deutlich größeren Städten umringt, so u. a. Pirmasens, Kaiserslautern, Bad Dürkheim, Neustadt und Landau.

Tourismus und Wandern

Der Pfälzerwald ist in Deutschland schon lange bekannt für seine Naturbelassenheit, die beeindruckenden Sandsteinfelsen, die zahlreichen mittelalterlichen Burgen auf den Bergspornen und die noch älteren römischen und keltischen Relikte. Diese landschaftliche Vielfalt war ab dem 19. Jahrhundert Anlass für die Bewohner der Region, sich in Wandervereinen zu organisieren, Wege anzulegen und zu markieren und an den schönsten Orten Schutzhütten und Aussichtstürme zu errichten.

Ein touristischer Meilenstein war 1958 die Ausweisung des 1.771 Quadratkilometer großen Naturparks Pfälzerwald. Dieser bildet ein Naherholungsgebiet für Bewohner der umgebenden Ballungsräume Rhein-Neckar (Ludwigshafen, Mannheim, Heidelberg), Karlsruhe und das Saarland.

Schwerpunkt für den Tourismus der Region ist die Deutsche Weinstraße, die am östlichen Rand des Pfälzerwalds durch das zweitgrößte deutsche Weingebiet verläuft. Attraktive Orte wie Bad Dürkheim mit seinem weltberühmten Wurstmarkt, Neustadt an der Weinstraße und Bad Bergzabern sowie die vielen Feste haben die 85 Kilometer lange touristische Straße weltbekannt gemacht. Weitere wichtige Anziehungspunkte für Tagesgäste wie auch für länger verweilende Besucher des Pfälzerwalds sind das Kalmit-Gebiet bei Maikammer, Dahn als Hauptort des Dahner Felsenlands, die kleine „Schuhmetropole" Hauenstein, Annweiler mit seinen Burgen, Elmstein mit dem Speyerbachtal und der inzwischen überwiegend als Motorradtreff dienende Weiler Johanniskreuz.

Streckencharakteristik und Tourengebiete

Das vorliegende Buch beschreibt 50 Touren, zwischen 6 und 19 Kilometern Länge, die zu bewältigenden Gesamtanstiege liegen zwischen 150 und 550 Höhenmetern, sodass vom Spaziergang bis zur ausgewachsenen Tageswanderung für jeden etwas dabei ist. Alle Touren zusammen haben eine Gesamtlänge von ca. 555 Kilometern.

Mit Ausnahme der Touren 24 und 35 handelt es sich um Rundwanderungen. Bei den beiden Streckentouren wurde ganz besonders auf die gute Nahverkehrsanbindung für die Hin- bzw. Rückfahrt geachtet. In jedem Fall gibt es mindestens eine – im Text genannte – Möglichkeit zur Einkehr.

Ziel aller 50 Touren ist natürlich primär das Erleben der Sehenswürdigkeiten, der Burgen und Aussichtspunkte, der Täler und Schluchten, der schönen Ortskerne und der einsamen Pfade, in möglichst angenehmer und zugleich intensiver Form. Die im Pfälzerwald vorhandene Vielfalt an Sehenswürdigkeiten kann aber mit nur 50 Wanderungen nicht erschöpfend aufgesucht und ausreichend gewürdigt werden. Liegen Sehenswürdigkeiten nur in der Nähe einer Tour und ließen sich nicht angemessen in die Tour selbst einbauen, werden sie daher nach Möglichkeit im Beschreibungstext als Tipp oder Absteher in die Umgebung erwähnt.

Zur logischen Gliederung wurden die Touren in fünf Teilgebiete sortiert, von denen jedes zehn Touren enthält. Die Begrenzungen der Teilgebiete folgen der Einfachheit halber markanten Verkehrswegen: Der Nördliche Pfälzerwald (Touren 1-10) reicht bis zur Bahnlinie Neustadt-Kaiserslautern. Von dort bis zur Bahnlinie Landau-Pirmasens erstreckt sich der mittlere Pfälzerwald, der wiederum durch die Bundesstraße 48 in einen West- und einen Ostteil geteilt ist (Touren 11-20 bzw. 21-30). Der südliche Pfälzerwald wird durch die Bahnlinie Hinterweidenthal-Bundenthal(-Nothweiler) unterteilt (Westteil, Touren 31-40 und Ostteil, Touren 41-50).

Deswegen können zwei unmittelbar benachbarte Touren wegen ihrer „Grenzlage" völlig unterschiedliche Nummern tragen, wie z. B. die Touren 3 und 21. Orientieren Sie sich daher zum Auffinden der Tourennummern am besten an der Übersichtskarte auf der vorderen inneren Umschlagseite.

Wegweisung

Die Beschreibungen der Touren orientieren sich stark an der Wanderwegweisung des Pfälzerwald-Vereins (PWV), die in der Regel als ein- oder zweifarbige liegende Balken oder Kreuze an Bäume gemalt, seltener auf

gelben Schildern aufgedruckt ist. Einzelne Abschnitte der Touren verlaufen auch auf lokalen Wanderwegen, die meist als schwarze Zahlen in weißen Kreisen an Bäume gemalt oder auf gedruckten Tafeln aufgehängt sind. Hinzu kommen gelegentlich abweichende Markierungen oder Wege, die gänzlich ohne Wegweisung sind und sich nur anhand der detaillierten Beschreibungen in diesem Buch finden lassen.

Eine Besonderheit stellen die insgesamt 306 sogenannten Rittersteine dar: Diese großen Sandsteinblöcke mit zumeist gelben, eingemeißelten Inschriften kennzeichnen bemerkenswerte Standorte. Die seit 1908 vom PWV als Orientierungs- und Hinweismarken aufgestellten Rittersteine sind nach einem der Gründungsvorsitzenden des Vereins, Karl Albrecht von Ritter, benannt. Sie werden gelegentlich in den Beschreibungen zur Orientierung genannt.

Blick von der Kaiser-Wilhelm-Höhe Richtung Limburg (Tour 6)

Wanderregeln

Um den Tourismus in die Region zu födern, wird im Naturpark Pfälzerwald in den letzten Jahren gezielt versucht, auch andere Besuchergruppen anzulocken. Dazu gehören insbesondere die Mountainbiker, die im separat ausgewiesenen Mountainbikepark Pfälzerwald auf der Suche nach ebenso schmalen Pfaden und schönen Landschaften sind wie die Wanderer. Des Öfteren werden Sie beim Wandern nicht nur auf die gesonderten Beschilderungen für Mountainbiker treffen, sondern auch auf die Radfahrer selbst, die ihre Willkommenheit in der Region – im Gegensatz zu beispielsweise dem Schwarzwald mit seinem expliziten Radlerverbot auf schmalen Wegen – dankbar zu schätzen wissen.

Die Benutzbarkeit aller in diesem Buch beschriebenen Touren wurde überprüft. Es kann jedoch weder Gewähr noch Haftung bei Nichtbegehbarkeit übernommen werden. Die im Pfälzerwald in der Sommersaison häufig anzutreffenden Sperrungen von Wegabschnitten aufgrund von Forstarbeiten sind unbedingt zu beachten, gelegentlich sind Umleitungen ausgeschildert. Ab der Dämmerung sollte der Wald verlassen werden, um den Tieren die notwendige Ruhezeit zu ermöglichen.

Tourenplanung

Zentrale Infostelle

Biosphärenreservat Pfälzerwald-Nordvogesen, Franz-Hartmann-Str. 9, 67466 Lambrecht (Pfalz), ☏ 06325/95520, info@pfaelzerwald.bv-pfalz.de, www.pfaelzerwald.de

Zentrum Pfälzerwald Touristik, Pirmasenser Str. 62, 67655 Kaiserslautern, ☏ 0631/2016135, info@zentrum-pfaelzerwald.de, www.zentrum-pfaelzerwald.de

Öffentlicher Verkehr bei Dahn

Reisezeit

Die Hauptreisezeit beginnt in der Region mit der Mandelblüte an der Wein-
straße Anfang April und endet mit den letzten Weinfesten Anfang November.
In dieser Zeit haben fast alle Gastgeber und Wanderhütten und die gesamte
Gastronomie für Besucher geöffnet.

Durch das bevorzugte Klima bieten sich Wandertouren im Pfälzerwald auch
im restlichen Jahr an. Bei Schneelage sollten Sie sich an die häufiger began-
genen Routen halten, um sich nicht zu verirren.

Öffentliche Verkehrsmittel

Detaillierte Informationen zum Erreichen der Startpunkte der in diesem Buch
vorgestellten Wanderungen finden Sie in den jeweiligen Tourbeschreibungen.
Allgemein gilf für die Erreichbarkeit von Orten im Pfälzerwald dies:

Im Fernverkehr der Deutschen Bahn werden die Bahnhöfe Neustadt an der
Weinstraße und Kaiserslautern regelmäßig angefahren. Zugang besteht auch
von den Fernverkehrsknoten Mannheim, Karlsruhe sowie Saarbrücken aus.
Von Norden her erreicht eine Regionalstrecke aus Bingen Kaiserslautern.

Nur vier regelmäßig befahrene Eisenbahnstrecken durchqueren den Pfälzerwald: im Norden die S-Bahn-Strecke von Neustadt an der Weinstraße
nach Kaiserslautern, im Osten entlang der Haardt und parallel zum Rhein
die Pfälzische Ludwigsbahn, in der Mitte zwischen Landau und Pirmasens
die Queichtalbahn und im Westen die Bahnstrecke von Pirmasens nach
Kaiserslautern. Darüber hinaus werden regelmäßig die Kopfbahnstrecken
nach Ramsen im Norden und Bad Bergzabern und Wissembourg im Süden
bedient. An Sonn- und Feiertagen im Sommerhalbjahr fahren auch Züge
zum Eiswoog, durch das Elmsteiner Tal und nach Dahn und Bundenthal. Von

fast allen Bahnhöfen aus bestehen regelmäßige Anschlussverbindungen mit Bussen in die Orte ohne Bahnanschluss. Sollte der Ausgangspunkt nur mit dem Bus zu erreichen sein, so empfiehlt sich vorher eine genaue Betrachtung der Fahrpläne, da die kleinen Orte entlang der Busstrecken oft mit sehr vielen Einschränkungen und speziellen Laufwegen miteinander verbunden werden. Vereinzelt verkehren auch Anruf-Linien-Taxis zum Bustarif; diese müssen spätestens 30 Minuten vor Abfahrt bestellt werden.

Der gesamte Pfälzerwald liegt im Bereich des **Verkehrsverbunds Rhein-Neckar**, der einheitliche Zonentarife und Tickets für Bus und Bahn und auch Tages- und Gruppentickets zu günstigen Tarifen anbietet. Seit 2018 erhalten die Gäste von einigen Übernachtungsbetrieben die Pfalzcard, die für die Dauer des Aufenthalts ein kostenloses Fahren mit Bussen und Regionalbahnen im gesamten Gebiet des Verkehrsverbunds Rhein-Neckar sowie den kostenfreien Eintritt in viele Freizeiteinrichtungen ermöglicht (www.pfalzcard.de).

Infostellen

Verkehrsverbund Rhein-Neckar, ☏ 0621/1077077, info@vrn.de, www.vrn.de
Deutsche Bahn AG, www.bahn.de, **Reise-Service**, ☏ 01806/996633 (€ 0,20/Minute aus dem Festnetz, Tarif bei Mobilfunk abweichend), Mo-So 0-24 Uhr, Auskünfte über Zugverbindungen, Fahrpreise im In- und Ausland, Buchung von Tickets und Reservierungen.
Kostenlose Fahrplanauskunft ☏ 0800/1507090

An- und Abreise mit dem Auto

Der Pfälzerwald ist von Norden her über die A 6 (Saarbrücken-Kaiserslautern-Mannheim) erreichbar, die den Naturpark im äußersten Norden durchschneidet. Entlang seiner Ostseite verläuft im Rheintal die A 65 (Ludwigshafen-Landau-Karlsruhe). Zur Orientierung innerhalb des Pfälzerwaldes ist es

Hütte am Lambertskreuz (Tour 8)

sinnvoll, sich an den fünf größeren Städten Pirmasens, Kaiserslautern, Bad Dürkheim, Neustadt und Landau zu orientieren, die durch die „großen" Bundesstraßen (B 10, B 37, B 48, B 270) untereinander verbunden sind und auch an fast jeder Kreuzung kleinerer Straßen im gesamten Gebiet ausgewiesen sind.

Parkplätze für Wanderer sind reichlich vorhanden und gut gekennzeichnet. Innerhalb von Ortschaften ist es nur sehr selten notwendig, einen Parkschein zu kaufen oder eine Anwohnerparkzone zu beachten.

Übernachtungsmöglichkeiten

Der Pfälzerwald ist eine beliebte Tourismusregion, daher bestehen in beinahe allen Orten zahlreiche Übernachtungsmöglichkeiten aller Preisklassen. Eine vollständige Übersicht über alle Hotels und Pensionen einer Gemeinde geben grundsätzlich die Tourist-Informationen vor Ort oder die Gemeinde-Internetseiten. Besitzt eine Gemeinde keine Tourist-Information, verweist sie in der Regel auf die übergeordnete Verbandsgemeinde, die Informationen zu allen Ortsgemeinden bereit hält. Bei Aufenthalten in Rheinland-Pfalz ist es oft hilfreich, die spezielle Gemeindestruktur zu kennen, derzufolge die meisten Orte politisch selbstständig sind, jedoch einem Gemeindeverband angehören, der als Verbandsgemeinde bezeichnet und von der meist größten Gemeinde des Verbands verwaltet wird. Die stets separaten Seiten der Verbandsgemeinden lassen sich schnell durch entsprechende Suchbegriffe finden und sind auch immer auf den Gemeindeseiten verlinkt.

Abseits der Tourismushochburgen entlang der Weinstraße und einigen anderen Orten wie Dahn, Hauenstein, Annweiler, Elmstein und Johanniskreuz muss zu keiner Jahreszeit mit Engpässen in der Übernachtungskapazität gerechnet werden. Dennoch empfiehlt sich insbesondere für einen längeren Aufenthalt an einem bestimmten Ort eine rechtzeitige Reservierung. Auch kann es in kleineren Orten schwierig sein, eine Bleibe für weniger als drei Übernachtungen zu finden, da viele Gastgeber ihre Betten für länger bleibende Gäste vorhalten möchten.

Bei der Wahl der Übernachtung beachten Sie bitte, dass seit 2018 ausgewählte Übernachtungsbetriebe ihren Gästen als Begrüßungsgeschenk die Pfalzcard zukommen lassen. Diese Gästekarte ermöglicht für die Dauer des Aufenthalts ein kostenloses Fahren mit Bussen und Regionalbahnen sowie den kostenfreien Eintritt in viele Freizeiteinrichtungen. Informationen erhalten Sie unter www.pfalzcard.de.

Bekleidung, Ausrüstung

Für eine gelungene Wanderung ist die Ausrüstung ein wichtiger Faktor. Der Markt für Outdoorbekleidung ist mittlerweile unübersehbar, deswegen hier nur einige Grundregeln:

Ruine Frankenstein

Der wichtigste Ausrüstungsgegenstand sind Schuhe mit Profilsohle. Die Passform sollte man vor einer längeren Unternehmung unbedingt auf Tagestouren überprüfen!

Für die Kleidung gilt das „Zwiebelprinzip": Mehrere Schichten erfüllen verschiedene Funktionen und lassen sich separat tragen und vielfältig kombinieren. Die unterste Schicht soll Schweiß vom Körper weg führen, darüber folgen bei Bedarf eine wärmende Schicht und zuletzt die äußerste Hülle, die Wind und Regen abhalten, trotzdem aber dampfdurchlässig sein soll.

Als Materialien kommen entweder Kunstfasern – leicht, wenig Feuchtigkeitsaufnahme, leider manchmal starke Geruchsbildung – oder hochwertige Wolle – etwas schwerer, wärmt aber auch im nassen Zustand und nimmt kaum Geruch an – infrage. Baumwolle ist für anspruchsvolle Touren weniger geeignet, denn sie nimmt viel Feuchtigkeit auf und braucht sehr lange zum Trocknen.

Für Tagestouren benötigt man einen Regenschutz, eine Trinkflasche, Sonnenschutz, ein kleines Erste-Hilfe-Set und etwas Verpflegung für unterwegs. All das sollte in einem Rucksack von maximal 35 Litern Volumen Platz finden. Vor allem untrainierte Menschen sollten darauf achten, sich nicht zu viel Gepäck zuzumuten, denn die zusätzliche Belastung durch das Tragen kann eine schöne Wanderung schnell zur Quälerei werden lassen.

Zu diesem Buch

Dieser *Hikeline*-**Wanderführer** enthält alle Informationen, die Sie für Ihre Wanderung benötigen: exakte Karten, eine detaillierte Wegbeschreibung und die wichtigsten Informationen zu touristischen Attraktionen und Sehenswürdigkeiten.

Und das alles mit der *Hikeline*-Garantie: Die Routen in unseren Büchern sind direkt vor Ort geprüft worden. Um höchste Aktualität zu gewährleisten, nehmen wir nach der Erhebung Korrekturen von Lesern bzw. offiziellen Stellen bis Redaktionsschluss entgegen, die dann jedoch teilweise nicht mehr an Ort und Stelle verifiziert werden können.

Konzept

Am Beginn jeder Tour finden Sie grundlegende Informationen wie Start- und Zielort, die Länge, die zu bewältigenden Höhenmeter im Auf- und Abstieg, die Gesamtschwierigkeit, die durchschnittliche Wegzeit in normalem Gehtempo, ein Höhenprofil und die Anteile an Asphaltwegen, Wanderwegen und -pfaden sowie eine kurze Charakteristik der Tour. Die Gehzeiten und die Gesamtschwierigkeit werden bei allen Touren nach einem einheitlichen Prinzip ermittelt, somit sind Abweichungen von der Beschilderung vor Ort – bei der

z. B. die Gehzeit oft von Gemeinde zu Gemeinde unterschiedlich berechnet wird – möglich.

Schwierigkeitsgrade der Touren

L E I C H T

Angenehme Familienwanderung, insgesamt nur geringe Höhenunterschiede und keine starken Steigungen und Gefälle, wenige kurze steilere Abschnitte sind aber möglich. Die Tour verläuft meist auf breiten und gefahrlos zu begehenden Wegen, sie kann (fast) bei jeder Witterung begangen werden. Die Wanderung stellt keine großen Anforderungen an Ausrüstung, Erfahrung und Kondition.

M I T T E L

Die Wanderung erfordert normale Kondition und etwas Ausdauer. Längere Steilabschnitte und schmale, steinige Pfade oder schwierig zu begehende Bereiche sind möglich, Trittsicherheit ist teilweise erforderlich. Im Gebirge können gesicherte Kletter- und Gehpassagen sowie Leitern vorkommen, die Hände werden – wenn überhaupt – nur auf wenigen Metern zur Fortbewegung benötigt. Die Wege können witterungsbedingt schwieriger begehbar und rutschig sein.

S C H W E R

Die Tour erfordert abschnittsweise große Anforderungen an Kondition, Erfahrung und Orientierung. Große Höhenunterschiede mit z. T. auch längeren steilen Abschnitten sind zu überwinden und/oder die Tour ist sehr lang sowie über weite Strecken schwierig zu begehen. Wege können ausgesetzt sein, im Gebirge kommen drahtseilgesicherte Passagen bzw. leichte Kletterstellen vor, Trittsicherheit ist unbedingt erforderlich. Die Begehbarkeit ist stark witterungsabhängig.

Karten

Eine Übersicht über die geografische Lage des Pfäzerwaldes gibt Ihnen die Übersichtskarte auf der vorderen inneren Umschlagseite.
Die Detailkarten sind im Maßstab 1:35.000 erstellt. Dies bedeutet, dass 1 Zentimeter auf der Karte einer Strecke von 350 Metern in der Natur entspricht. Zusätzlich zum genauen Routenverlauf informieren die Karten auch über die Beschaffenheit des Bodenbelags bzw. über die Art des Weges sowie über kulturelle und gastronomische Einrichtungen entlang der Strecke. Die Höhenlinien haben einen Abstand von 25 Metern.
Allerdings können selbst die genauesten Karten den Blick auf die Wegbeschreibung nicht ersetzen. Stellen mit schwieriger Wegfindung werden in

der Karte mit dem Symbol ⚠ gekennzeichnet, im Text finden Sie das gleiche Zeichen zur Markierung der betreffenden Stelle wieder, manchmal ergänzt durch ein Foto.

Die beschriebene Haupttour wird immer in Blau, Varianten oder Abstecher in Grün dargestellt. Die genaue Bedeutung der einzelnen Symbole wird in der Zeichenerklärung auf den Seiten 4 und 5 erläutert.

Textteil

Der Textteil besteht im Wesentlichen aus der genauen Routenbeschreibung. Manche besonders markante oder wichtige Punkte auf der Strecke sind als Wegpunkte **1**, **2**, **3**, ... durchnummeriert und – zur besseren Orientierung – mit demselben Symbol in den Karten und im Höhenprofil wieder zu finden. Bei Varianten wird das selbe System angewendet, allerdings mit Großbuchstaben **A**, **B**, **C**, ...

Die Kilometerangaben, im Text hochgestellt, zeigen Ihnen die schon zurückgelegte Strecke seit dem Etappenstart an, sie sind auf hundert Meter gerundet. In Klammern finden Sie die Höhe des betreffenden Punktes. Der Wegpunkt **7** [5,1 (340)] ist also 5,1 Kilometer vom Ausgangspunkt der Tour entfernt und liegt auf einer Höhe von 340 Metern.

Ferner sind alle wichtigen **Orte** zur besseren Orientierung aus dem Text hervorgehoben. Die Symbole Ortsanfang 🏘 und Ortsende 🏘 kennzeichnen ein größeres, geschlossenes Siedlungsgebiet. Gibt es interessante Sehenswürdigkeiten in einem Ort, so finden Sie unter dem Ortsbalken die jeweiligen Adressen, Telefonnummern und Öffnungszeiten bzw. nachfolgende Öffnungszeiten-Kategorien.

🕐	Öffnungszeiten
㉔	frei zugänglich
⊗	in der Saison täglich
⊜	häufig (5-6 Tage/Wo.)
⊖	durchschnittlich (3-4 Tage/Wo.)
⊖	selten (bis 2 Tage/Wo.)
℃	nach tel. Anfrage

Die Beschreibung der einzelnen Orte sowie historisch, kulturell oder naturkundlich interessanter Gegebenheiten entlang der Route tragen zu einem abgerundeten Reiseerlebnis bei. Diese Textblöcke sind kursiv gesetzt und unterscheiden sich dadurch auch optisch von der Streckenbeschreibung.

Absätze in grüner Farbe behandeln Varianten und Ausflüge.

Textabschnitte in Blau heben Stellen hervor, an denen Sie auf den weiteren Wegeverlauf und auf mögliche Varianten hingewiesen werden. Sie geben auch Empfehlungen und Erläuterungen zu Sehenswürdigkeiten oder Freizeitaktivitäten etwas abseits der Route.

Ruine Frankenstein (Tour 3)

GPS-Gitter in den Karten

Das Gebiet dieser Karten liegt in der Zone 32 und hat den Bezugsmeridian 9 Grad Ost. Um zu navigieren, ist der GPS-Empfänger auf WGS 84 (World Geodetic System 1984) und UTM-Projektion einzustellen. Die Koordinaten (East und North) sind in der Karte in Kilometern, auf dem GPS-Empfänger in Metern angegeben. Für die GPS-Navigation ist auf den Karten ein grau gepunktetes Gitter mit einer Maschenweite von 1 Kilometer vorhanden. Da einige Karteninhalte hervorgehoben oder generalisiert dargestellt werden, ist eine absolute Lagegenauigkeit nicht immer garantiert.

Den Link zu den aktuellen GPS-Tracks finden Sie auf der vorderen Umschlagseite.Den Link zu den aktuellen GPS-Tracks finden Sie auf der vorderen Umschlagseite.

Nördlicher Pfälzerwald

| 23 | **Tour 1** | *MITTEL* | 17,6 km |
| | Eiswoogrunde | | |

| 29 | **Tour 2** | *LEICHT* | 7,1 km |
| | Zum Ungeheuersee | | |

| 32 | **Tour 3** | *MITTEL* | 13,7 km |
| | Ruinen um den Hochspeyerbach | | |

| 36 | **Tour 4** | *SCHWER* | 18,0 km |
| | Tälerrunde im Diemersteiner Wald | | |

| 42 | **Tour 5** | *MITTEL* | 11,4 km |
| | Zu Rahnfels und Ruine Schlosseck | | |

| 46 | **Tour 6** | *MITTEL* | 9,7 km |
| | Auf keltischen Spuren zum Bismarckturm | | |

| 51 | **Tour 7** | *LEICHT* | 10,0 km |
| | Von der Weinstraße zur Limburg | | |

| 55 | **Tour 8** | *SCHWER* | 16,1 km |
| | Drachenfelstour | | |

| 59 | **Tour 9** | *LEICHT* | 8,8 km |
| | Wald und Wein-Runde | | |

| 65 | **Tour 10** | *MITTEL* | 10,1 km |
| | Weinstraßen-Weinbiet-Wolfsburg-Weg | | |

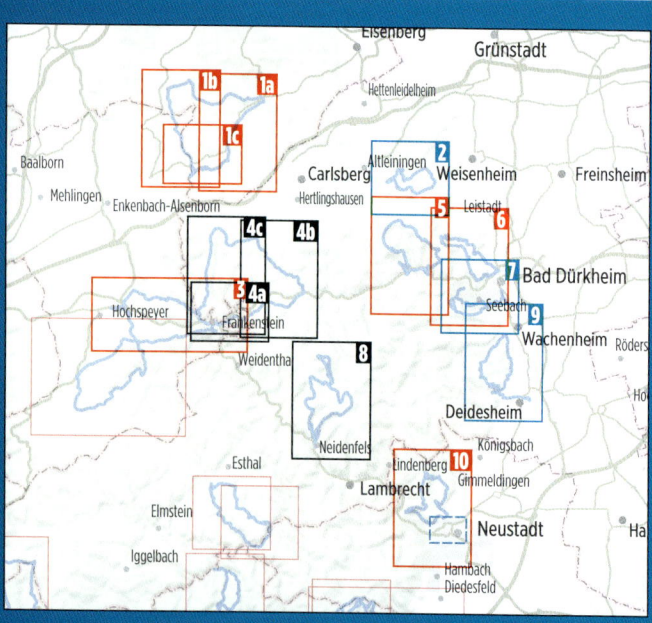

Eiswoogrunde

17,6 km

Start/Ziel: Eiswoog, Schmalspurbahnhof

Gehzeit: 5 Std.

Aufstieg: 290 m

Abstieg: 290 m

Hartbelag: 10 %

Wanderwege: 77 %

Wanderpfade: 13 %

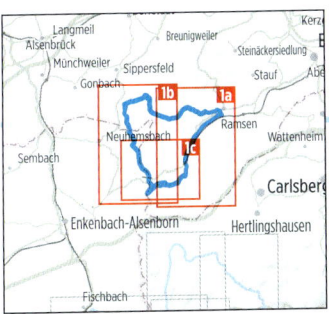

Charakteristik: Nicht ohne Grund lässt die Deutsche Bahn an Wochenenden ihre Züge nicht in Ramsen enden, sondern bis zum Eiswoog weiterfahren: Der idyllisch gelegene Stausee ist rund ums Jahr einer der großen Anziehungspunkte im Norden des Pfälzerwaldes. Diese Tour führt Sie zunächst einige Ki-

lometer talabwärts nach Ramsen – meist zwischen den Gleisen zweier Bahnstrecken, und dennoch mitten durch den Wald. Wem die anderen Wanderer auf dieser Strecke zu viel waren, der kann sich hinter Ramsen recht sicher sein, den Weg fast für sich allein zu haben: über die Ramsener Bergkapelle mit ihrer schönen Aussicht auf den Ort geht es den Lehrberg hinauf – und auf seiner Westseite hinab zur Pfrimmquelle. Vorbei an Steiger- und Retzbergweiher, den kleinen Stauseen an der oberen Pfrimm, laufen Sie dann steil bergauf zur alten Richtstatt Stumpf-

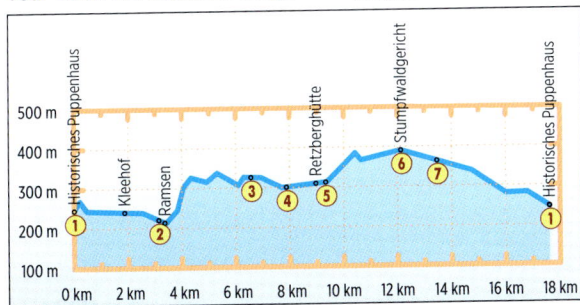

Eiswoog

waldgericht und auf abwechslungsreichen, meist einsamen Wegen
bald zurück zum Eiswoog.

Öffentliche Verkehrsmittel: Zugverbindung (im Stundentakt von Frankenthal
aus) nur an Sonntagen, sonst mit dem
Bus zur direkt nebenan gelegenen
Haltestelle Ramsen Eiswoog (ein- bis
zweistündliche Intervalle)

Eiswoog
Vorwahl: 06351

- 📷 **Seehaus Forelle Haeckenhaus**, Eis-
  woog 1, ✆ 60880, 🕐 Mo, Di 12-14 Uhr, Mi-
  So 12-20 Uhr, @ huo138
- ✳ **Kneipp-Anlagen**. Im Eiswoog und beim
  Kleehof.
- ✳ **Stumpfwaldbahn Ramsen**, Eiswoog 2,
  Bahnhof Eiswoog, ✆ 06356/8035, 🕐 Mai-
  3. Okt., So und Fei (außer Christi Himmel-
  fahrt). Nostalgische Schmalspurbahn mit
  17 Lokomotiven. Die Strecke (3 km) führt
  vom Eiswoog bis nach Ramsen. @ qnk138
- ✳ **Deutschlands größtes historisches Pup-
  penhaus**, Am Eiswoog, ✆ 06356/342. Das
  Puppenhaus wurde 1883-1885 in mehreren
  Abschnitten für die Töchter der Industriel-

lenfamilie Gienanth angefertigt. Es befindet sich im Landgasthof Forelle.

- 🛏 **Badeweiher Eiswoog**. Mit Bootsverleih.

*Der Eiswoog staut die sieben Quellen
des oberen Eisbachs zu einem sechs
Hektar großen See auf. Der Name
stammt noch aus der Zeit, als in der
Umgebung im Winter Eis gebrochen
wurde, das in Eiskellern von z. B. Metz-
gern für Kühlungszwecke bis in den
Sommer hinein aufbewahrt wurde.*

1 0,0 (247) Sie laufen in Richtung Norden am Schmalspurgleis entlang
(blau-weiße Balkenmarkierung Richtung Ramsen) 〰 dem abwechslungsreichen Weg 2,8 km folgen 〰
nach den ersten Häusern von **Ramsen**
erreichen Sie eine Abzweigung.

2 3,1 (222) Links in den **Mühlweg** 〰
diesem 200 m bis zur Hauptstraße
folgen.

Ramsen
Vorwahl: 06351

- ✳ **Dorfbrunnen**. 1.500 Jahre altes Relief
  eines in Sandstein geritzten Wals vom
  Kloster Ramosa.

Ripperter Hof

Leistenberg
345

1a

Ramsen

Lehrberg
335

3

2

Kleehof

Eisbach

1b

Stumpfwaldbahn

1c

Hahnbach

L395

Eiswoog
Historisches Puppenhaus
stillgelegt
Eiswoog

1

eibornkopf
360

Rödelbach

Sandhü
360

Hollerbach
Staatsforst Ramsen

1b

A6

Pfrimmquelle

Sie queren die Straße, dann schräg links weiter auf dem Wirtschaftsweg ⤳ bergauf zur **Bergkapelle**.

Bergkapelle

Noch 60 m gerade weiter ⤳ an einer Kreuzung gerade gegenüber weiter auf einem steilen Pfad (lokale Markierung 1) ⤳ oben der Nr. 1 auf Schotter weiter folgen, vorbei an einer Kreuzung bei einer Rastbank und einer Hütte ⤳ an einer T-Kreuzung bei einem Hochsitz der Nr. 4 nach rechts folgen, der lokale Wanderweg Nr. 1 biegt hier links ab.

3 6,6 (326) Nach knapp 700 m an einem breiten Kreuzungsplatz dem Schotterweg mit dem Holzschild „Hetschmühle" halblinks folgen ⤳ nach 500 m gerader Wegstrecke überqueren Sie eine Kreuzung und halten sich nach weiteren 100 m an einem Abzweig rechts (erneutes Holzschild „Hetschmühle") ⤳ der Weg führt durch das Pfrimmtal vorbei an der **Pfrimmquelle** und einem Stausee.

Pfrimmquelle. Die hier entspringende Pfrimm ist ein 43 km langer Fluss, der nach 5 km Fließstrecke den Pfälzerwald in nördlicher Richtung verlässt, dann nach Osten abbiegt und schließlich in Worms in den Rhein mündet.

4 7,9 (301) Am Ende des Sees links über den Staudamm ⤳ an dessen Ende rechts ⤳ nach 160 m einen breiten Schotterweg links liegen lassen und erst auf der anderen Seite des Talgrundes links ⤳ vorbei am **Retzbergweiher**.

Retzbergweiher

Dammberg
360

Retzberghütte

5 Retzbergweiher

4

Pfrimmquelle

3

Salweidenkopf
355

Neuhemsbach

1c

Stumpfwald

1a

6 ✦ Stumpfwaldgericht

Scheimemkopf
370

Steinkopf
360

stillgelegt

Dreibornkopf
360

7

Hollerbach

Retzbergweiher (Sippersfeld)

🏠 **Retzberghütte**, Am Weiher 1, ☎ 06357/8880060, 🕐 Mai-Sept., Mi-Fr 11.30-17 Uhr, Sa, So 11.30-18 Uhr, Okt.-April nur bis 16/17 Uhr, @ dxc651

5 9,3 (312) An einer T-Kreuzung nahe einem Parkplatz links ∿ nun 2,6 km der Markierung mit dem weißen Kreuz folgen.

Stumpfwaldgericht

❋ **Stumpfwaldgericht**, ehemalige Gerichtsstätte der Grafen von Leiningen.

Dieser Ort diente wahrscheinlich schon zu germanischer Zeit als Gerichtsstätte. Die neun kleinen Stühle, die sich um den großen Stuhl in der Mitte gruppieren, symbolisieren die neun im Stumpfwald waldberechtigten Gemeinden der Umgebung. Sie wurden jedoch erst nachträglich zur Kennzeichnung der historischen Stätte aufgestellt.

6 12,1 (390) Weiter dem weißen Kreuz folgen, parallel dazu verläuft die regionale Markierung 14 ∿ die Landstraße überqueren.

7 13,5 (364) Gleich danach links der Nr. 14 folgen ∿ in drei Spitzkehren hinunter in den Talgrund bei einem kleinen See ∿ später auf einem Pfad über einen Eiswoog-Zufluss ∿ rechts des Stausees auf Asphalt zurück zum Start.

1 17,6 (247) Ende der Wanderung am Seehaus.

Eiswoog

Zum Ungeheuersee

Start/Ziel: Waldparkplatz an der K 31, 1,5 km
nördlich von Höningen

Gehzeit: 2½ - 3 Std.

Aufstieg: 280 m
Abstieg: 280 m
Hartbelag: 0 %
Wanderwege: 79 %
Wanderpfade: 21 %

Charakteristik: Auch dieses ausgesprochen weit im Norden des Pfälzerwaldes gelegene Gebiet bietet alle Charakteristika, die man von diesem Wandergebiet erwartet: angefangen von einem gemütlich erreichbaren Parkplatz in einem idyllischen Seitental geht es gleich steil bergan. Der einzige Sandsteinfelsen dieser Runde ist über einen kurzen Abstecher zu erreichen, bevor es hinab zum Ungeheuersee geht. Die dortige Weisenheimer Hütte bietet Möglichkeit zur Stärkung und Erholung. Es folgt die zweite, aber gemäßigte Steigung, und zuletzt

wandern Sie auf der Westflanke des Höninger Tals wieder bergab Richtung Ausgangspunkt. Hier erstaunt der für die nördliche Haardt charakteristische Sandboden mit seinem beinahe als Trockenvegetation zu bezeichnenden Bewuchs, der im Vergleich zur feuchten Gegend um den Ungeheuersee beinahe mediterrane Assoziationen weckt. Vorbei am versteckten Kesselbrunnen erreichen Sie schnell wieder den Parkplatz.

Öffentliche Verkehrsmittel: Die Bushaltestelle Waldparkplatz liegt direkt am Start. Die Linie Altleiningen-Grünstadt verkehrt wochentags stündlich, samstags bis zum frühen Nachmittag zweistündlich, am Sonntag gibt es nur wenige Verbindungen.

Parkplatz an der K 31

1 0,0 (266) Vom Waldparkplatz Richtung Nordosten (Markierung grünes Kreuz Richtung Ungeheuersee) ↝ bald rechts bergauf in den Wald.

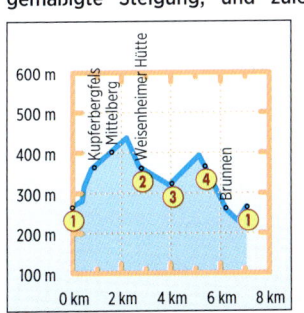

Nach gut 15 Min. ist ein 300 m langer Abstecher scharf rechts zum Kupferbergfelsen beschildert.

✪ Naturdenkmal Kupferbergfels

Weiter dem grünen Kreuz folgen 〜 bergab zum **Ungeheuersee**.

Ungeheuersee (Weisenheim am Berg)

🏠 **Weisenheimer Hütte,** 🕐 Mitte März-Ende Nov., So/Fei 10-18 Uhr, Mitte Mai-Okt., zusätzl. Mi 12-17 Uhr, @ blr311

Der etwa 150 mal 50 Meter große Teich wurde erstmals 1599 als künstlich angelegte Viehtränke erwähnt. Er stellt mit seiner Umgebung das einzige Hochmoor des Pfälzerwaldes dar. Starke Wasserstandsschwankungen lassen ihn gelegentlich ganz austrocknen. Der Name könnte von den altdeutschen Begriffen „Unger" für Waldweide und „Heyer" für Ge-hege abgeleitet sein. Der Legende nach brachten die Weisenheimer im Dreißigjährigen Krieg im See ihre Kirchenglocken in Sicherheit, fanden sie jedoch nach dem Krieg nicht mehr wieder, da der genaue Standort in Papieren verzeichnet war, die im Krieg vernichtet worden waren. Noch heute soll man die Glocken gelegentlich an lauen Sommerabenden läuten hören können.

2 ²,⁸ (362) Links am See vorbei talabwärts 〜 am Seeende dem linken der drei Wege folgen (weiß-roter Balken).

3 ⁴,¹ (323) Nach 1,2 km links auf einen unmarkierten Forstweg, dies ist das zweite Seitental nach dem See 〜 250 m später, in der Linkskehre, geradeaus talaufwärts 〜 auf der Höhe

Ungeheuersee

vor einer Rastbank rechts auf den Höhenweg ∼ nach 20 m links auf einen unmarkierten Weg ∼ an der T-Kreuzung an dessen Ende rechts, ⚠ ab hier folgen Sie der alten weiß-blaue Markierung, diese ist allerdings sehr lückenhaft.

4 5,4 (367) Nach 60 m links auf einen fallenden Pfad ∼ dieser kreuzt nach einigen Metern einen breiteren Fahrweg und führt gegenüber schlecht sichtbar weiter bergab ∼ 250 m später ein Seitental in einer Linkskurve queren ∼ jetzt auf dem unmarkierten Talweg gerade bergab, der mit weiß-blauem Balken markierte Wanderweg zweigt hier rechts bergauf ab ∼ kurz vor dem Höninger Tal links bergab auf einen querenden Pfad ∼ der Pfad geht in einen Weg über (stellenweise weiße Punktmarkierung) ∼ vorbei am **Kesselbrunnen** bachaufwärts zurück zum Ausgangspunkt.

1 7,1 (266) Ende der Tour am Waldparkplatz.

Parkplatz an der K 31

Tour 3

Tour 3

13,7 km

Ruinen um den Hochspeyerbach

Start/Ziel: Hochspeyer, Parkplatz am östlichen Ortsausgang

Gehzeit: 4 ½ - 5 Std.

Aufstieg: 433 m

Abstieg: 433 m

Hartbelag: 19 %

Wanderwege: 48 %

Wanderpfade: 33 %

Charakteristik: Auf dieser Tour ist nicht nur die Ruine Frankenstein das Ziel, sondern auch der abwechslungsreiche Weg selbst, der vielerorts zum Staunen und Verweilen einlädt. Das einsame Diemersteinertal, das Sie auf dem Hinweg durchqueren und wo Sie die versteckte Ruine Diemerstein passieren, mündet direkt zu Füßen der Ruine Frankenstein, deren Besteigung Sie sogleich in Angriff nehmen. Danach liegen bis zum Schlossberggipfel noch einige Höhenmeter vor Ihnen, doch gehört der Rücken dieses Berges Ihnen dann ganz allein – Verkehr und An-strengungen liegen tief unten im Tal. Ein schöner Pfad durch Fichtenwälder bringt Sie schließlich direkt zum Ausgangspunkt zurück.

Öffentliche Verkehrsmittel: Die S-Bahn Rhein-Neckar hält jede halbe Stunde am Bahnhof Hochspeyer, von wo aus es 250 Meter Fußweg zum Ausgangspunkt der Wanderung sind. Der Bahnhof Frankenstein liegt ebenfalls an der S-Bahnstrecke und kann für die vorzeitige Abreise genutzt werden.

Hochspeyer

1 0,0 (273) Sie laufen vom Parkplatz ortsauswärts entlang der Bundesstraße durch die beiden Eisenbahnunterführungen, der Weg ist mit weiß-blauem Balken markiert ～ nach der zweiten Eisenbahnbrücke zweigen Sie links ab ～ bergauf in den Wald und unter der Autobrücke hindurch ～ dem Weg folgend weiterhin durch den Wald.

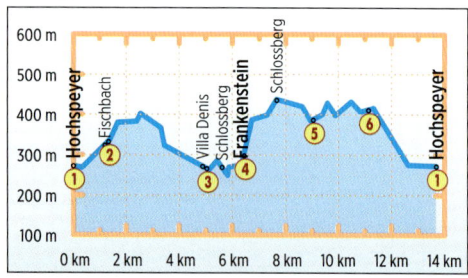

Ruine Frankenstein

2 ^{1,3 (333)} Nach 950 m auf der Höhe dem grün-roten Balken nach rechts folgen ~ nach einem längeren Wegstück geht es dann an der Talflanke sanft hinab in den Weiler **Diemerstein** 🏠.

Diemerstein (Frankenstein)

❇ **Villenanwesen Villa Denis** des Eisenbahnpioniers Paul Camille von Denis (19. Jh.). Die unterhalb der Burgruine gelegene Villa wird heute als Tagungszetrum genutzt.

♂ **Diemerstein**, vor 1216 errichtete und im Dreißigjährigen Krieg zerstörte Spornburg, deren Ruine im 18. Jh. als kleiner Landschaftsgarten umgestaltet wurde. Die Unterburg kann jederzeit besichtigt werden, die Oberburg ist verschlossen.

3 ^{5,0 (266)} Nach der Villa Denis auf der Straße weiter geradeaus ~ der Ort geht nahtlos in den Hauptort **Frankenstein** über ~ am Landgasthoft vorbei links entlang der Straße.

Frankenstein

Vorwahl: 06329

🏠 **Landgasthof Schlossberg**, Hauptstr. 1, 📞 06329/8050805, 📞 0152/23282115,

33

🕐 Di-Fr 12-14 Uhr und 17-21 Uhr, Sa, So 12-22 Uhr, @ rmr358

♂ **Burg Frankenstein** ㉔ Die Burg wurde vermutlich in der ersten Hälfte des 12. Jhs. im Namen des Klosters Limburg zu Sicherungszwecken des Hochspeyerbachtals angelegt. Anfang des 13. Jhs. ließen die Grafen von Leiningen den ursprünglichen Bergfried erweitern. Im Dreißigjährigen Krieg kam es zur Eroberung der Burg, welche später auch stark beschädigt wurde. Im 19. und 20. Jh. wurden Sanierungen vorgenommen. Heute können einzelne Mauern der Unterburg und die Fundamente der Oberburg besichtigt werden.

Sie wechseln auf die andere Straßenseite und folgen der grün-blauen Balkenmarkierung durch die Bahnunterführung 〰 nun rechts der Schienen weiter 〰 🔲 auf einem Pfad hinauf zur Ruine mit ihrer schönen Aussicht über das Tal. **4** ⁶,⁶ **(298)** Dem grün-blau markierten Weg vorbei an der Burgruine folgen 〰 Sie treffen auf die Markierung wei-

ßer Balken mit schwarzem Punkt, die Sie hinauf auf den Schlossberg leitet ∿ am Bergrücken auf der Höhenstraße dahin.

5 9,0 (387) Vorbei an den „**Drei Linden**" ∿ längere Zeit dem Rücken und dem schwarzen Punkt folgen.

6 11,0 (412) Bei einer Rastbank rechts auf einen Pfad mit weiß-blauer Markierung Richtung Hochspeyer ∿ kurz bergauf und dann lange bergab ∿ im Tal am Bahndamm entlang ∿ schließlich scharf rechts bergab durch eine schmale Unterführung ∿ an ihrem Ende rechts zurück zum Startpunkt der Wanderung.

1 13,7 (273) Ende der Tour am Parkplatz.

Hochspeyer

Tour 4　　　　　　　　　　　　　　18,0 km

Tälerrunde im Diemersteiner Wald

Start/Ziel: Frankenstein, Bahnhof
Gehzeit: 5 ½ - 6 Std.

Aufstieg: 528 m
Abstieg: 528 m
Hartbelag: 16 %
Wanderwege: 58 %
Wanderpfade: 26 %

Charakteristik: Die Ausmaße der längsten Rundtour dieses Buches sollen nicht abschrecken, sondern stattdessen den Besucher dieser Region neugierig machen auf die Sehenswürdigkeiten und Wege in dieser erstaunlich einsamen Ecke des Pfälzerwaldes. Denn kaum sind Sie vom Örtchen Frankenstein aus in den Wald eingetaucht, begrüßt Sie die Ruhe hübscher Wanderpfade, die sich langsam die Hänge emporschlängeln. Vorbei an einem Waldfriedhof erreichen Sie den – dank nahem Parkplatz – schon wieder touristisch belebteren Isenachweiher, der zur Rast einlädt. Anschließend folgen Sie der Isenach, einem der größeren in West-Ost-Richtung fließenden Gewässer des Pfälzerwaldes, durch ihr enges Kerbtal hinauf bis zu ihrer Quelle. Von dort ist es nicht mehr weit bis zum Wattenheimer Häuschen, einer größeren Schutzhütte am höchsten Punkt dieser Runde. Die letzten Kilometer durch den Diemersteiner Wald folgen Sie dann einfach dem Höhenrücken gen

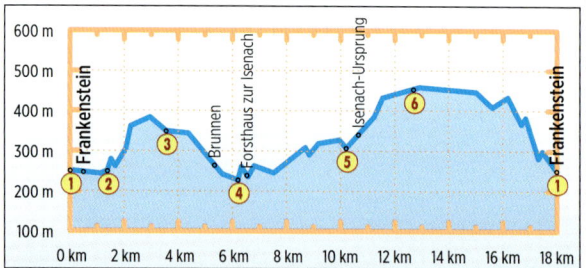

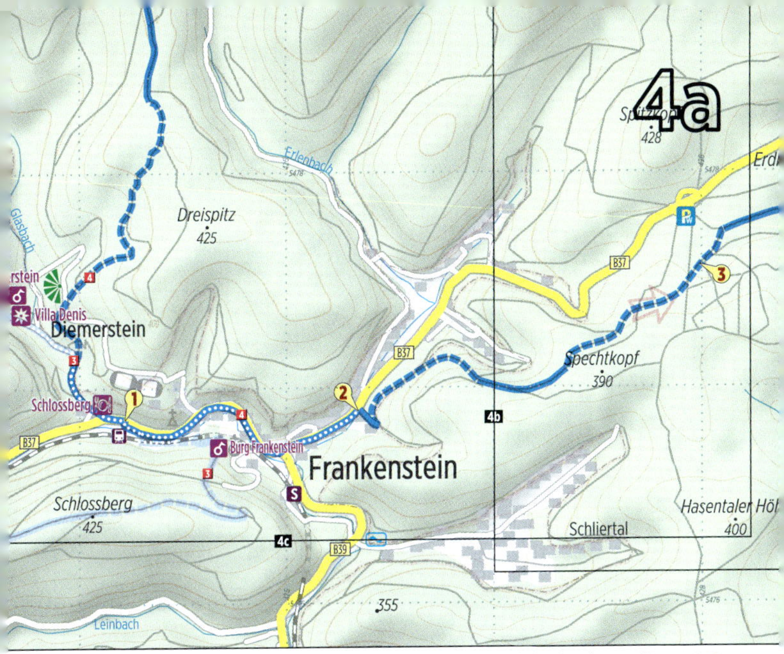

Frankenstein, bis schließlich ein steiler Pfad wieder in den Trubel des kleinen Ortes Frankenstein hinunter führt.

Öffentliche Verkehrsmittel: Die S-Bahn Rhein-Neckar ermöglicht regelmäßige Anreise u. a. von Karlsruhe, Heidelberg, Mannheim, Kaiserslautern und Homburg (Saar).

Frankenstein

Vorwahl: 06329

Landgasthof Schlossberg, Hauptstr. 1, ☏ 06329/8050805, ☏ 0152/23282115, ⏰ Di-Fr 12-14 Uhr und 17-21 Uhr, Sa, So 12-22 Uhr, @ rmr358

Burg Frankenstein ㉔ Die Burg wurde vermutlich in der ersten Hälfte des 12. Jhs. im Namen des Klosters Limburg zu Sicherungszwecken des Hochspeyerbachtals angelegt. Anfang des 13. Jhs. ließen die Grafen von Leiningen den ursprünglichen Bergfried erweitern. Im Dreißigjährigen

Krieg kam es zur Eroberung der Burg, welche später auch stark beschädigt wurde. Im 19. und 20. Jh. wurden Sanierungen vorgenommen. Heute können einzelne Mauern der Unterburg und die Fundamente der Oberburg besichtigt werden.

1 0,0 (252) Sie laufen vom Bahnhof entlang der Bundesstraße in den Ort hinein (grün-roten Balkenmarkierung) 〰 nach 800 m links in die **Dürkheimer Straße** in Richtung Bad Dürkheim ⊷, nun orientieren Sie sich an der Markierung mit weißem Balken und schwarzem Punkt.

2 1,4 (250) Nach knapp 500 m rechts weg und bald oberhalb am Hang auf einem Pfad dahin.

3 3,6 (350) Auf der Höhe vorbei am Waldfriedhof **Ruheforst** 〰 sanft bergab durch das Althütten- und das Glastal erreichen Sie wieder die Bundesstraße.

4 6,2 (229) Dem blau-weißen Balken folgend über die Straße zum **Forsthaus zur Isenach** am gleichnamigen Weiher.

Forsthaus zur Isenach

🏠 **Forsthaus zur Isenach**, Am Isenach-Weiher, ✆ 06329/8147, ⊙ April-Okt., Di-So 11-19 Uhr, Jan.-März, Mi-So 11-19 Uhr, @ gql367

✳ **Isenachweiher**. Der ab 1736 aufgestaute See sollte eine gleichmäßige Wasserführung der Isenach gewährleisten. Heute ist der Woog ein beliebtes Ausflugsziel.

Dem blau-weißen Balken 3,7 km talaufwärts entlang der Isenach folgen.

Forsthaus zur Isenach

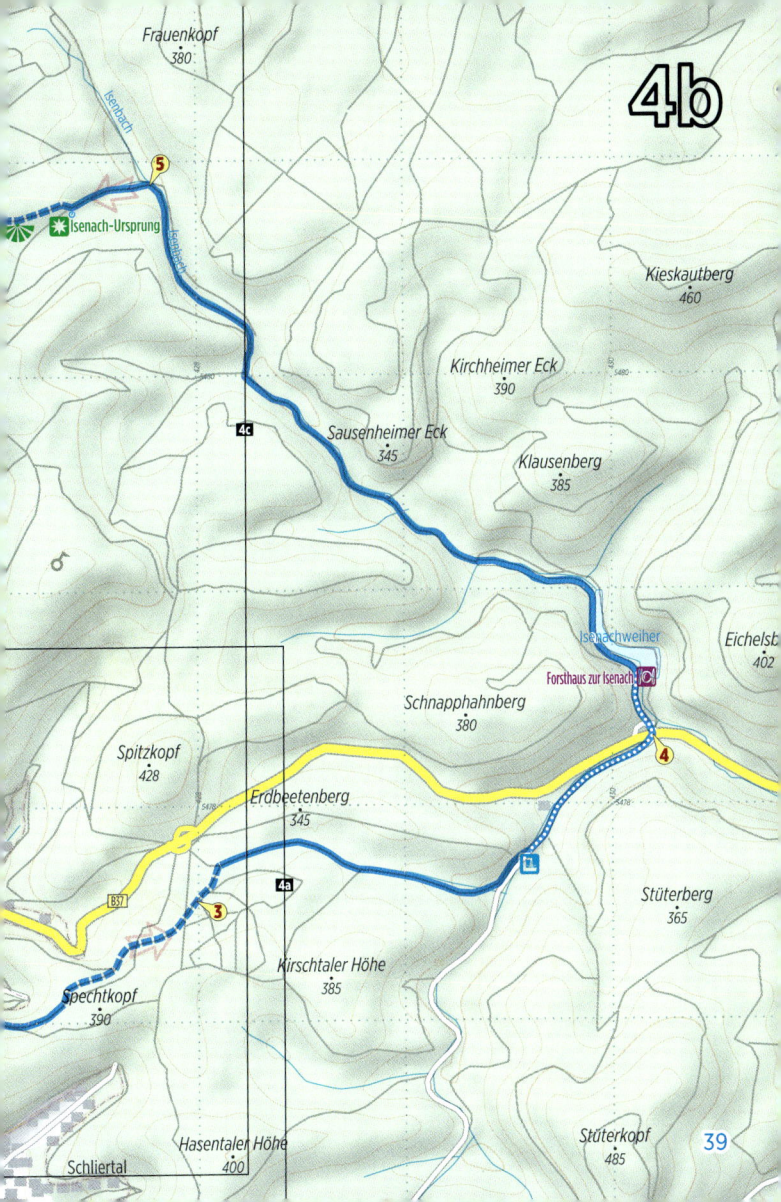

Frauenkopf
380

Isenach

5

Isenach-Ursprung

Kieskautberg
460

Kirchheimer Eck
390

4c

Sausenheimer Eck
345

Klausenberg
385

Isenach

Isenachweiher

Eichelsb
402

Forsthaus zur Isenach

4

Schnapphahnberg
380

Spitzkopf
428

Erdbeetenberg
345

Stüterberg
365

4a

B37

3

Kirschtaler Höhe
385

Spechtkopf
390

Hasentaler Höhe
400

Stüterkopf
485

Schliertal

Kiefernwälder um Frankenstein

5 10,2 (308) An der Grabenteilung links halten (weiß-gelber Balken Richtung Isenach-Ursprung).

Isenach-Ursprung

In dieser künstlich festgelegten Quelle entspringt eines der wichtigeren Flüsschen der Region. Die Isenach trennt den nördlichsten Teil des Pfälzerwaldes von den südlicheren, höheren Gebieten und mündet nach 44 Flusskilometern südlich von Worms in den Rhein.

Nach der Quelle auf einem Pfad am rechten Hang aufwärts (weiß-gelbe Markierung) zum **Wattenheimer Häuschen**.

6 12,7 (454) Dort links Richtung Frankenstein ⌁ immer der Markierung mit dem gelben Balken folgen, die lange Zeit am Höhenrücken entlang führt ⌁ gegen Ende auf einem aussichtsreichen Pfad hinab ins Tal nahe Diemerstein und zurück zum Ausgangspunkt.

1 18,0 (252) Ende der Wanderung am Bahnhof.

Frankenstein

Frauenkopf

4C

Isenbach

⑤

Isenach-Ursprung

Krummes Eck
450

Wattensteiner Häuschen ⑥

Diemersteiner Wald

4a

Spitzkopf
428

Erlenbach

Dreispitz
425

B37

Isen

Glasbach

④

Villa Denis
Diemerstein

⑤

Schlossberg ①

B37

Burg Frankenstein

③

Frankenstein

S

Schlossberg
425

B37

②

Spechtkopf
390

4b

Schliertal

Hasental

41

Tour 5   **11,4 km**

Tour 5

Zu Rahnfels und Ruine Schlosseck

Start/Ziel: Parkplatz Klaustal an der B 37, 300 m westlich vom Bad Dürkheime Ortsteil Hardenburg

Gehzeit: 4 - 4 ½ Std.

Aufstieg:	468 m
Abstieg:	468 m
Hartbelag:	0 %
Wanderwege:	45 %
Wanderpfade:	55 %

Charakteristik: Zunächst geht es auf der nördlichen Talseite steil über sandige Pfade hinauf zur Heidenfels-Grotte, einer kleinen natürlichen Höhle auf der Höhe, von der aus eine gute Aussicht nach Süden möglich ist. Über die Rote Hohl umrunden Sie nun das Pfaffental, um zur Frankenthaler Hütte auf dem Gipfel des Rahnfels zu kommen – einer paradiesisch abgelegenen Schutzhütte, an der jeder Wanderer schon allein wegen der Aussicht eine längere Rast einlegen möchte.

Von hier aus geht es fast nur noch bergab, durch das restaurierte Portal der Ruine Schlosseck, hinab zur Isenach und zurück zum Start.

Tipp: Die bekannte Ruine Hardenburg ist nur 300 Meter von der Route entfernt. Der Besuch der großen und schönen Anlage ist sehr zu empfehlen.

Öffentliche Verkehrsmittel: Die Bushaltestelle Waldschlössel liegt direkt am Start, wochentags bis zum Abend stündliche Verbindung vom Bad Dürkheimer Bahnhof, am Wochenende nur einzelne Busse.

Hardenburg (Bad Dürkheim) s. S. 45

1 0,0 (173) Rechts der Parkplatzeinfahrt auf den Wanderweg nach Battenberg, markiert mit dem weiß-blauen Balken ∿ knapp 200 Höhenmeter müssen überwunden werden.

2 1,3 (365) Der Pfad mündet in einen Fahrweg, ab hier bis zur Frankenthaler Hütte dem roten Punkt folgen ∿ leicht

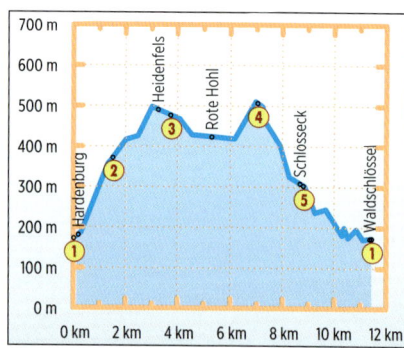

Mittelberg
395

Weilerskopf
470

5

Rote Hohl

Grähberg
480

3

Bismarckturm

Heidenfels-Grotte

Heidenfels
495

6

Frankenthaler Hütte

4

5

Kleiner Peter.
425

2

Schlosseck
305

...kopf

Baucheck
345

1

P

Waldschlössel

Hardenburg

H

Hardenburg

Lindenklause

Haus

B37

Russenkuppe
395

Iserbach

Eppental

ansteigend am Hang entlang, dann in Kehren hinauf zur **Heidenfels-Grotte**.

🔲 **Heidenfels-Grotte**

3 3,7 (477) 500 m darauf über die Landesstraße ～ in ihrem Nahbereich weiter stets dem roten Punkt folgen ～ ein zweites Mal über die Straße ～ vorbei am Ritterstein bei der **Roten Hohl**.

✳️ Der Ritterstein **Rote Hohl** erinnert an die Kreuzung zweier alter Straßen.

In einer knappen halben Stunde hinauf zur **Frankenthaler Hütte**.

Frankenthaler Hütte

Die unbewirtschaftete, aber gemütliche Hütte wurde 1906 vom Pfälzerwald-Verein auf dem Gipfel des Rahnfels errichtet und bietet einen tollen Ausblick zur Isenach.

4 7,0 (507) An der Hütte selbst finden Sie einen weißen Punkt, diese Markierung führt Sie links auf einen Pfad in den Wald ～ zunächst in Kehren, dann in gerader Linie zur **Ruine Schlosseck**.

Ruine Schlosseck

Die Burg wurde im 13. Jahrhundert am Standort einer 300 Jahre älteren Fliehburg errichtet. Nach einem Brand war sie zwar noch bis ins 14. Jahrhundert bewohnt, danach aber dem Verfall preisgegeben. Im 19. Jahrhundert wurde das Portal aus Originalstücken wieder errichtet, daneben sind der Burggraben und die Fundamente der Außenmauer und des Bergfrieds erkennbar.

5 8,8 (303) Dem weißen Punkt durch die Ruine hindurch folgen ～ in einer

Rahnfels bei Bad Dürkheim

Ruine Schlosseck

weit ausholenden Linkskehre hinab zur Bundesstraße ∿ nach der Überquerung nach links einige Meter daran entlang ∿ rechts über die erste Brücke ∿ danach der Markierung blauer Balken nach links folgen ∿ vorbei an einer Papierfabrik in ca. 1 km zurück Richtung Start.

> **TIPP** Am Waldschlössel rechts kommen Sie in wenigen Minuten zur Schloss- und Burgruine Hardenburg, die für manch einen die schönste Ruine im Pfälzerwald ist.

Nach dem Besuch der Burganlage laufen Sie wieder zurück zur Bundesstraße und queren diese.

1 11,4 (173) Ende der Wanderung am Parkplatz.

Hardenburg (Bad Dürkheim)

Vorwahl: 06322

- 🍽 **Waldschlössel**, Kaiserslauterer Str. 393, ✆ 9872450, 🕐 Di-Do, Sa, So 11.30-20 Uhr, @ fhf553
- 🍽 **Lindenklause**, ✆ 67777, 🕐 Mi-So 10-18 Uhr, @ kxb737
- 🏰 **Burgruine Hardenburg**, ✆ 7530, 🕐 Mitte März-Okt., Di-So, Fei 10-18 Uhr, außerhalb der Saison nur WE und Fei. Eine der größten Burgruinen der Pfalz. Die Burg wurde 1206-14 von den Grafen von Leiningen gegründet und im 16. Jh. zur Renaissance-Residenz ausgebaut. Eine Dauerausstellung informiert über die Geschichte der mächtigen Festungsanlage. @ yae653

Tour 6

9,7 km

Auf keltischen Spuren zum Bismarckturm

Start/Ziel: Parkplatz am Bad Dürkheimer Fass, direkt an der B 37

Gehzeit: 3 ½ – 4 Std.

Aufstieg: 440 m
Abstieg: 440 m
Hartbelag: 17 %
Wanderwege: 17 %
Wanderpfade: 66 %

Charakteristik: Wie eine Perlenschnur reiht diese Waldrunde bei Bad Dürkheim die Sehenswürdigkeiten auf, die die Gegend zu bieten hat – kein Wunder, dass dort bei schönem Wetter ganze Scharen von Wanderern unterwegs sind. Dennoch ist es den eventuellen Trubel wert – lassen Sie sich vom Vorschlaghammer-Charme des Dürkheimer Riesenfasses und der allgegenwärtigen Wurstmarkt-Mentalität nicht abschrecken. Nach einem kurzen Anstieg haben Sie bereits den Kaiser-Wilhelm-Aussichtsturm erreicht. Der weitere Weg entlang einer 2.500 Jahre alten Schutzmauer und vorbei an einem alten Kultplatz weist deutlich auf die lange Besiedlungsgeschichte hin. Auf der Höhe passieren Sie mit dem Bismarckturm den zweiten Aussichtsturm, bevor Sie – vorbei an mehreren Einkehrmöglichkeiten – bequem durch Maronenwälder wieder bis vor die Dürkheimer Stadttore spazieren.

Öffentliche Verkehrsmittel: Der Bahnhof Bad Dürkheim ist nur 500 Meter vom Start entfernt. Es gibt mindestens halbstündliche Verbindungen von und nach Neustadt (Weinstr.), Grünstadt und Ludwigshafen/Mannheim.

Bad Dürkheim

Vorwahl: 06322

🛈 **Tourist-Information Bad Dürkheim**, Kurbrunnenstr. 14, ☎ 935140, @ vqn651

🏛 **Pfalzmuseum für Naturkunde - POLLICHIA-Museum**, Kaiserslauterer Str. 111, ☎ 94130 ⌨ Sammlungen aus den Bereichen Geologie, Mineralogie, Paläontologie, Zoologie, Botanik, Landespflege, Natur-

und Artenschutz mit Zielrichtung Kinder und Jugendliche, Sonderausstellungen. @ mpa873

🏛 **Stadtmuseum**, Römerstr. 20, im Kulturzentrum Haus Catoir, ✆ 935404, ⏲ Di-So 14-17 Uhr Führungen n. V. In dem Barockbau von 1781 befinden sich Exponate zu Weinbau und -kultur, Volkskunde, Stadtgeschichte und archäologische Funde. @ cgg865

🔯 **St. Ludwigskirche**, Kurgartenstr. 20. Kirche (1828/30) im klassizistischen Weinbrennerstil mit Freskengemälde.

🔯 Protestantische **Schlosskirche** (1300) mit 70 m hohem Turm

⚔ **Klosterruine Limburg**, Luitpoldweg 1, ⏲ 7-20 Uhr. Die Benediktinerabtei Limburg zählt zu den bedeutendsten Bauwerken des frühromanischen Stils nördlich der Alpen. Erbaut 1025-30 durch König Konrad II., von 1035-1065 Aufbewahrungsort der Reichsinsignien. Erhalten sind große Teile des Sommerrefektoriums und die Krypta, die als eine der schönsten dieser Epoche gilt. Im Sommer Konzerte und Theateraufführungen. Auskünfte bei der Tourist-Information. @ gox856

✳ **Ältestes Haus**, Kaiserslauterer Str. 30. 1559 erbaut, überstehendes Fachwerk auf steinernem Untergeschoß.

✳ **Dürkheimer Riesenfass**, Weinstr.-Nord, am Wurstmarktpl., ⏲ Restaurant: tägl. ab 10 Uhr. Meisterwerk der Küferkunst, Fass mit 1,7 Mio l Fassungsvermögen (dient als uriges Restaurant für über 400 Gäste, ✆ 63222143).

✳ Der **Gradierbau** Bad Dürkheim, einer der längsten seiner Art in Deutschland, ist letzter von ursprünglich sechs Gradierwerken, die zur ehemaligen Salinenanlage Philippshall gehörten.

Bad Dürkheimer Fass

✳ **Kurhaus und Kurpark** am Rand der Altstadt

✳ **Wurstmarkt**. 2. und 3. Sept.-Wochenende, größtes Weinfest der Welt.

✳ **Wurstmarktbrunnen**, am Bahnhof. Die Figuren und Figurengruppen des Brunnens (1988) stellen Geschichte und Geschichten des Marktes dar.

💧 **Salinarium**, Kurbrunnenstr. 28, ✆ 935865, @ src517

Der Kurort ist vor allem für eine Veranstaltung bekannt, den Dürkheimer Wurstmarkt, der seit 1416 stattfindet. Der Name ist etwas irreführend, denn hauptsächlich geht es um den Wein. Hunderttausende Besucher sorgen dafür, dass sich Bad Dürkheim alljährlich am zweiten und dritten Septemberwochenende anlässlich des größten Weinfestes der Welt im Ausnahmezustand befindet.

1 0,0 (122) Vom Parkplatz laufen Sie links am Fass vorbei in westlicher Richtung auf die **St.-Michaels-Allee** ⌁ nach 120 m an der Ampel rechts über die Bundesstraße ⌁ vor dem roten Haus links in die **Maxbrunnenstraße** und dieser 500 m folgen (später als **Hinterbrunnenstraße**) ⌁

Kriemhildenstuhl

kurz nach der zweiten linksseitigen Einmündung rechts auf einer Treppe bergauf, ab hier bis zum Peterskopf der blauen Balken-Markierung folgen ～ an der Straße rechts und nach 90 m links auf den Treppenweg 🚻 ～ nach der Straßenquerung hinauf in den Wald ～ dort links halten und über Stufen einen Pfad hinauf.

AUSFLUG Wenn Sie rechts abbiegen, kommen Sie zum Kriemhildenstuhl. Sie können auch noch später von der Kaiser-Wilhelm-Höhe einen Abstecher zum Kriemhildstuhl machen.

✹ Der **Kriemhildenstuhl** ist ein ehemaliger römischer Steinbruch, der um 200 n. Chr. von der römischen Armee betrieben wurde.

Über Stufen hinauf geht es hinauf zum Aussichtsturm.

Kaiser-Wilhelm-Höhe

◔ ✿ Der Aussichtsturm wurde 1887 vom Drachenfels-Club zum 90. Geburtstag von Kaiser Wilhelm erbaut, eine Aussicht bietet sich vor allem auf die Limburg und die Hardenburg. Ein kleiner Schutzraum bietet Zuflucht bei schlechtem Wetter.

2 1,8 (259) Bald an der **Heidenmauer** vorbei.

Heidenmauer

Dieser ca. 2,5 Kilometer lange, ringförmige Wall war ursprünglich auch noch von Palisaden aus Holz gekrönt. Einzelne Hügel im Inneren des Rings lassen auf die ehemalige Wohnbebauung schließen. Diese wurde um 500 v. Chr. von den Kelten errichtet und bereits nach wenigen Jahrzehnten wieder verlassen.

Schon nach 10 Min. kommen Sie zum nächsten steinernen Zeugen der Vergangenheit.

Teufelsfelsen

Dieser ca. 4 Meter hohe Felsblock dürfte zu keltischer Zeit als Kultstätte gedient haben. Die schüsselartige Vertiefung wurde dabei wahrscheinlich als Opferschale verwendet. Über die späteren Jahrhunderte wurden

auch immer wieder verschiedene Zeichen in den Felsen eingraviert.

Noch kurz leicht bergab, dann beginnt der Aufstieg zum höchsten Punkt der Tour.

Peterskopf

🔆 **Bismarckturm**, 🕐 April-Okt, Sa, So/Fei, 10-18 Uhr. 158 Stufen führen auf den 36 m hohen, 1903 fertiggestellten Aussichtsturm.

Kiosk, 🕐 April-Okt, Sa, So/Fei, 10-18 Uhr

3 4,9 (495) Nach Besteigung des Bismarckturms auf demselben Weg 130 m zurück 〰 nun links auf einen Pfad mit der Markierung grün-weißer Balken 〰 in einigen Kehren zum **Forsthaus Weilach**.

✳ Das **Forsthaus Weilach** wurde vor fast 200 Jahren als königlich-bayerisches Forsthaus errichtet. Es dient heute als Wohnhaus.

AUSFLUG Das frühere Waldrestaurant Forsthaus Weilach ist seit 2009 geschlossen. Wenn Sie vor dem Forsthaus scharf rechts talaufwärts laufen, erreichen Sie in 350 m die an den Wochenenden bewirtschaftete Hütte In der Weilach.

Pfälzerwald-Verein-Hütte In der Weilach, ☎ 06322/65278, 🕐 Sa, So/Fei 10-18 Uhr, @ tld876

Auf der Asphaltstraße einige Meter nach rechts zum Parkplatz 〰 dort dem roten (nicht dem weiß-roten) Balken Richtung Bad Dürkheim folgen 〰 nach gut 600 m an der nächsten Einkehrmöglichkeit vorbei.

Waldgaststätte Schützenhaus, Im Retzerwald 1, ☎ 06322/2617, 🕐 Mi-So ab 10.30 Uhr, @ bid276

4 7,5 (279) Über den Stadtteil Schlammberg und zwischen Weinreben hindurch immer am roten Balken orientieren 🚃 〰 an der Fußgängerampel vom Beginn der Runde links 〰 durch die **St.-Michaels-Allee** zurück zum Start.

1 9,7 (122) Ende der Wanderung am Dürkheimer Fass.

Bad Dürkheim

Kaiser-Wilhelm-Höhe

Tour 7   10,0 km

Von der Weinstraße zur Limburg

Start/Ziel: Parkplatz an der Deutschen Weinstraße (L 516), am südlichen Ortsende von Bad Dürkheim

Gehzeit: 3 - 3 ½ Std.

Aufstieg: 318 m
Abstieg: 318 m
Hartbelag: 46 %
Wanderwege: 23 %
Wanderpfade: 30 %

Charakteristik: Viele Besucher der Region erkunden die Deutsche Weinstraße mit dem Auto, vergleichsweise wenige wissen aber, dass im Nahbereich der Straße auf kurzer Wanderstrecke eine solche Aneinanderreihung toller Aussichtspunkte liegt. Nach dem Flaggenturm in den Weinbergen oberhalb von Bad Dürkheim durchqueren Sie den Stadtteil Seebach auf einem Nebenweg und erreichen die Klosterruine Limburg, die eine völlig andere Perspektive auf die Kleinstadt ermöglicht. Über den Zeppelinturm auf dem Ebersberg geht es auf dessen Ostrücken bequem zurück zur Weinstraße.

Öffentliche Verkehrsmittel: Vom Dürkheimer Bahnhof per Bus zur Haltestelle Amtsplatz (wochentags stündlich, am Wochenende nur einzelne Fahrten). Von dort auf der Schenkenböhlstraße 350 Meter bergauf (nach Süden) zur Einmündung in die Tour.

Parkplatz an der L 516

1 0,0 (148) Am stadtnahen (nördlichen) Ende des Parkplatzes links auf den Asphaltweg in die Weinberge ⮑ nach wenigen Metern rechts (Weg Nr. 10) ⮑ 350 m geradeaus bergauf ⮑ am höchsten Punkt links Richtung Flaggenturm ⮑ an zwei Gabelungen rechts bergauf ⮑ der Aussichtspfad führt einige Zeit unterhalb einer Stützmauer entlang und mündet schließlich auf den Fahrweg oberhalb der Mauer ⮑ dort direkt geradeaus auf einem Pfad in Richtung des schon sichtbaren Turms ⮑ am nächsten Schotterweg rechts.

⚔ Flaggenturm 24. Der 1854 als touristische Attraktion erbaute Turm wird wegen seiner

Silhouette im Volksmund auch „Kaffeemühlchen" genannt. Er ermöglicht Ausblicke ins Rheintal sowie zur hier etwas zurücktretenden Haardt. Im Erdgeschoss befindet sich ein überdachter, aber zugiger Raum als Schlechtwetterschutz.

Nach Besteigung des Turms auf demselben Schotterweg zurück ⮳ den Aufstiegspfad links liegen lassen ⮳ nach 250 m an einer Einmündung halb rechts.

2 **1,4 (201)** 200 m danach, an der Kreuzung mit einer Asphaltstraße, geradeaus (Markierung rot-weißer Balken) .

Seebach (Bad Dürkheim)

An der **Seebacher Straße** links ⮳ gegenüber des Restaurants **Käsbüro** gerade der **Hammeltalstraße** folgen, die mit rot-weißem Balken markierte Route zweigt hier rechts ab ⮳ in der Rechtskurve der Straße laufen Sie links in die **Obergasse** Richtung Sportplatz ⮳ im Wohngebiet noch einmal halb links in die Anliegerstraße

⮳ am Sportplatz vorbei steil bergauf ⮳ über eine Treppe in die **Rudolf-Bart-Siedlung** ⮳ dort an der ersten Kreuzung links bergauf und gleich wieder rechts (Hausnummern 17, 33).

3 **3,1 (273)** Am Ende dieser Straße rechts bergab ⮳ unten am Buswendeplatz rechts zwischen Rastbank und Haltestellenschild über die Treppe hinab ⮳ links der Markierung weißer Balken mit schwarzem Punkt Richtung Drei Eichen folgen ⮳ nach wenigen Metern an der T-Kreuzung links ⮳ an der Straße geradeaus ⮳ den Parkplatz links liegen lassen und nun dem blauen Balken zur **Limburg** folgen.

Limburg

Klosterruine Limburg, Luitpoldweg 1, ⏱ 7-20 Uhr. Die Benediktinerabtei Limburg zählt zu den bedeutendsten Bauwerken des frühromanischen Stils nördlich der Alpen. Erbaut 1025-30 durch König Konrad II., von 1035-1065 Aufbewahrungsort der Reichsinsignien. Erhalten sind große

Flaggenturm

Teile des Sommerrefektoriums und die Krypta, die als eine der schönsten dieser Epoche gilt. Im Sommer finden in der Klosteranlage Konzerte und Theateraufführungen statt. Auskünfte bei der Tourist-Information Bad Dürkheim, ☎ 06322 /935140. @ gox856

Die ursprünglich im 9. Jahrhundert als Schutzburg erbaute Anlage – nach Errichtung der nahen Hardenburg sollte diese fortan das Isenachtal bewachen – wurde 1035 zum Benediktinerkloster umgebaut. Das Kloster und seine dreischiffigen Basilika bestanden bis 1504, als es von den Grafen von Leiningen abgebrannt wurde. Heute ist die teilweise restaurierte Anlage kostenfrei zu besichtigen. Die in der ehemaligen Sakristei der Klosterkirche befindliche Klosterschänke ist seit einem Brand im Juli 2017 geschlossen.

4 4,2 (252) Auf demselben Weg 600 m zurück zum Parkplatz ⌇ dort halb rechts dem weißen Balken mit dem

Klosterruine Limburg

schwarzen Punkt Richtung Drei Eichen folgen ↝ nach 350 m steilem Anstieg zweigt die Markierung rechts ab, hier nach vorn zur Asphaltstraße und dort rechts ↝ nach 150 m links auf einem Laubweg bergauf in den Wald ↝ an der ersten Kreuzung scharf links ↝ 300 m weiter an einer Mehrfachkreuzung mit Rastbank scharf rechts bergauf ↝ nach weiteren 300 m bei der nächsten Bank scharf links ↝ nach 100 m an einer Kreuzung halb rechts schräg gegenüber auf dem Pfad weiter ↝ kurz darauf rechts.

🅰 Zeppelinturm ㉔. Der niedrige Aussichtsturm auf dem Ebersberg ist landläufig unter dem Namen „Schneckennudel" bekannt, da er durch eine spiralförmige Rampe bestiegen werden kann. Die Aussicht ist wegen des umgebenden Bewuchses nur mäßig.

5 6,5 (324) Links am Turm vorbei die Stufen hinunter ↝ auf dem kleinen Platz rechts, von den drei dort wegführenden Wegen den mittleren nehmen (links neben dem Weg Nr. 5) ↝ einen kreuzenden Pfad ignorieren ↝ kurz darauf an der T-Kreuzung links ↝ an der Gabelung nach 50 m rechts ↝ nun für 1 km sehr geradlinig weiter ↝ an einer Mehrfachkreuzung geradeaus ↝ nach dem Abstieg einen Fahrweg schräg links überqueren.

6 8,0 (271) Nach wenigen Metern links dem weiß-roten Balken folgen ↝ in die Siedlung **Guckinsland** ↝ 🚻 nun 570 m bergab und zurück zur Kreuzung vom Hinweg 🚏.

2 8,7 (201) Rechts auf den bekannten Weg Richtung Flaggenturm ↝ nach 170 m nicht links zum Turm, sondern rechts ↝ nach einigen Metern rechts die Mauer hinunter ↝ auf bekanntem Weg zurück zum Startpunkt.

1 10,0 (148) Ende der Wanderung an der Weinstraße.

Parkplatz an der L 516

Tour 8　　　　　　　　　　　　　　　　**16,1 km**

Drachenfelstour

Start/Ziel: Neidenfels, Gemeindeverwaltung
Gehzeit: 5 - 6 Std.

Aufstieg: 577 m
Abstieg: 577 m
Hartbelag: 10 %
Wanderwege: 57 %
Wanderpfade: 33 %

Charakteristik: Tief aus dem Tal des Hochspeyerbachs wandern Sie auf dieser schweren Runde zum mehr als 300 Meter höher befindlichen Drachenfels. Dieses abgelegene Felsplateau gibt einem ganzen Wanderverein seinen Namen – aber keine Sorge, Drachen gibt es hier schon lange nicht mehr. Gleich zu Anfang passieren Sie die Ruine Neidenfels, die einen guten Ausblick über die gleichnamige Industriesiedlung gibt. Anschließend geht es steil hinauf, bis Sie am Lambertskreuz Möglichkeit zu Rast und Einkehr haben. Von der nahen Kreuzung „Sieben Wege" ist es schließlich nur noch eine halbe Stunde zum Drachenfels und dem Westfels mit seinen tollen Ausblicken bis zum Donnersberg. Ein sanft abfallender Laubweg bringt Sie zurück zur Kreuzung, und auf abwechslungsreichen Pfa-

den gelangen Sie bald zurück nach Neidenfels – aber hoffentlich nicht, ohne in der bewirtschafteten Lichtensteinhütte noch einmal eingekehrt zu sein.

Öffentliche Verkehrsmittel: Zugverbindung mit der S-Bahn Rhein-Neckar in halbstündlichen Intervallen.

Neidenfels
Vorwahl: 06325
🛈 **Tourist-Information**, Sommerbergstr. 3, Lambrecht, ✆ 181110, @ taq387

1 0,0 (191) Vom Bürgerhaus laufen Sie links der Kirche in die **Kirchenstraße**

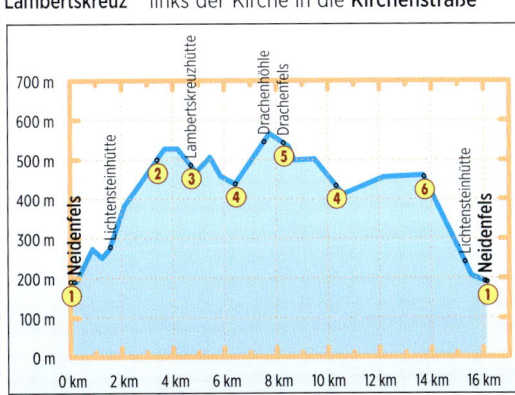

die Rampe vor der zweiten Kirche hinunter und geradeaus bergauf 〰 nach 70 m an der Gabelung halb rechts, von hier bis zum Wegpunkt 2, dem grün-weißen Balken folgen 〰  nach den letzten Häusern links hinauf zur **Ruine Neidenfels**.

Neidenfels ㉖. Die Burg Neidenfels wurde 1330 errichtet, nachdem die Burg Lichtenstein auf dem benachbarten Bergrücken schon 1281 zerstört worden war. 1689 wurde die Burg von französischen Truppen gesprengt.

Nach einer alten Sage sollen die Burgen Neidenfels und Lichtenstein – entgegen den historischen Tatsachen – zeitgleich von zwei Brüdern bewohnt worden sein. Der Burgherr von Neidenfels tötete seinen Bruder aus niederen Motiven. Fortan gab es nur noch die Burg Neidenfels, die dem Ort den Namen gab.

Vor der Ruine scharf rechts weiter bergauf 〰 später schräg am Hang entlang.

2 ³,⁴ (500) Nach 2,1 km, kurz vor einem Bergabstück, links auf den **Wilhelmsweg** (blau-weißer Balken) 〰 diesem bis zur Hütte am Lambertskreuz folgen.

Lambertskreuz (Neidenfels)

Waldhaus **Lambertskreuz**, ☎ 06321/188847, ⏱ Di-So 10-18 Uhr, @ haf742

Das kleine, namensgebende Steinkreuz nahe dem heutigen Waldhaus befindet sich an einer historischen Wegkreuzung. Es ist nach dem Bischof Lambertus von Maastricht benannt, der u. a. auch in Lambrecht als Namenspatron und Heiliger Lambertus verehrt wird.

3 ⁴,⁷ (486) Rechts um die Hütte herum und dahinter links weiter Richtung Friedrichsbrunnen 〰 der Weg ist weiterhin mit dem blau-weißen Balken gekennzeichnet.

4 ⁶,⁴ (439) An der **Kreuzung Sieben Wege** halb rechts dem blauen Balken Richtung Drachenfels folgen 〰 weiter auf den Hügelrücken.

Drachenhöhle, wie die nahe gelegene, kleinere Drachenkammer und das gesamte Plateau nach dem Drachen aus der Nibelungensage benannt.

Auf das Gipfelplateau hinauf 〰 oben an der T-Kreuzung rechts zum Westfels, dem Aussichtspunkt auf der höchsten Erhebung des Drachenfels.

Ruine Neidenfels

Drachenfels **5**

Römische Festung

Drachenhöhle

Hohe Kopf
505

Weisenberg
500

4

Steinkopf
510

3 Lambertskreuzhütte

Hohe Loog
520

Salweidenkopf
555

6

2

Lichtensteinhütte

Burg Neidenfels

Hermannsk
530

1

Neidenfels

Aussichtsplattform Drachenfels

Drachenfels

Das bis zu 571 Meter hohe Gipfelplateau aus Buntsandstein ist die höchste Erhebung des nördlichen Pfälzerwaldes. Es ist auch vom Rheintal aus gut sichtbar und wurde 1972 als Naturschutzgebiet ausgewiesen. Seinen Namen erhielt der Drachenfels nach der Nibelungensage. Im westlichen Teil sind noch sehr schwach die Reste eines römischen Ringwalls zu erkennen. Obwohl der Drachenfels mehrere Kilometer abseits von befahrbaren Verkehrswegen liegt, ist er von mehreren Seiten aus gut zu Fuß erreichbar und wegen der diversen Aussichtsfelsen an seinen Rändern ein beliebtes Wanderziel.

5 8,4 (543) Vom Westfels führt der blaue Balken scharf rechts einen Pfad hinunter ～ nach 200 m kreuzt er einen unmarkierten Fahrweg, dem Sie nach rechts sanft bergab folgen ～ 1,7 km an der Ostseite des Berges zurück zur **Kreuzung Sieben Wege**, dabei ignorieren Sie die zwei kreuzenden, markierten Pfade ～ an der Einmündung in den Hinweg laufen Sie links.

4 10,3 (439) An der Hauptkreuzung bei den Bänken rechts, von hier bis zum Ende der Tour folgen Sie nun der Markierung mit rotem Balken ～ vorbei am **Friedrichsbrunnen** in den Sattel mit der **Pottaschhütte** ～ flach auf dem breiten Weg am Hang entlang ～ später kurz bergab.

6 13,7 (454) An der folgenden Kreuzung scharf rechts auf einen Pfad mit dem roten Balken ～ in zwei Kehren in einen Graben hinein ～ weiter bergab nach Neidenfels ～ 🚌 am Ortseingang an der **Lichtensteinhütte** vorbei.

🏠 **Lichtensteinhütte,** Hintertalstr. 50, ☎ 06325/7605, ☎ 06325/980189, 🕐 Mi, Sa 13-19 Uhr, So/Fei 11-19 Uhr, @ utj121

Der Markierung durch den Ort bis zum Ausgangspunkt der Tour folgen.

1 16,1 (191) Ende der Wanderung an der Gemeindeverwaltung.

Neidenfels

Tour 9

Wald und Wein-Runde

Start/Ziel: Deidesheim, Parkplatz Sensental
Gehzeit: 3 Std.

Aufstieg: 310 m
Abstieg: 310 m
Hartbelag: 25 %
Wanderwege: 38 %
Wanderpfade: 37 %

Charakteristik: Der Name deutet es bereits an – diese Strecke von Deidesheim zur Wachtenburg ist zweigeteilt: Auf dem Hinweg erkunden Sie neben diversen Waldpfaden die ehemalige Fliehburg auf dem Kirchberg, die unter dem Namen Heidenlöcher bekannt ist. Nach einer zünftigen Einkehr auf der Wachtenburg, zu der insbesondere die letzten beiden Kilometer eine wahre Wanderfreude sind, überschreiten Sie eine geologische Grenze und wandern schließlich auf selbiger zurück zum Ausgangspunkt: die intensiv für den Weinbau genutzte Vorbergzone des Pfälzerwaldes ist die Schulter des Grabenbruchs und daher vergleichsweise instabil. In einigen Millionen Jahren wird das von hier sichtbare Mannheim nach weiterer Absenkung des Rheintals im Meer verschwunden sein, während die Wachtenburg einige hundert Meter über der Steilküste steht. Unter diesem Blickwinkel macht die Wanderung entlang der Grenzzone den naturwissenschaftlich Interessierten vielleicht noch etwas mehr Freude.

Anfahrt: Aus Richtung Neustadt kommend in Deidesheim von der L 516 in einer Rechtskurve vor dem Weingut Winning nach links in die Straße Kaisergarten. Diese führt hinaus in die Weinberge, dort ins Sensental hinab und dann aufwärts zum Parkplatz am Waldrand.

Öffentliche Verkehrsmittel: Der Bahnhof Deidesheim wird zweimal stündlich von Neustadt und Bad Dürkheim aus bedient. Er liegt

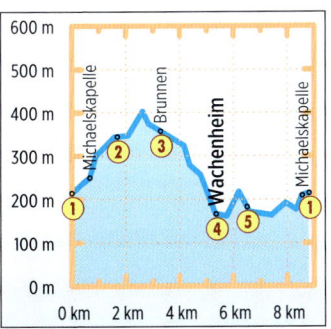

Rathaus Deidesheim

knapp 2 Kilometer vom Startpunkt entfernt. Näher gelegene Bushaltestellen gibt es nicht.

Tipp: Vom Startpunkt der Wanderung bis zum Wachtenberg verläuft die Route parallel zum Pfälzer Weinsteig, der mit ca. 170 Kilometern einer der rheinland-pfälzischen Top-Fernwege ist. Für einen Besuch des hübschen Städtchens Deidesheim können Sie am Ende der Tour dem markierten Pfälzer Weinsteig in die Innenstadt folgen.

Deidesheim

Vorwahl: 06326

- 🛈 **Tourist Service GmbH Deidesheim**, Bahnhofstr. 5, ☎ 96770, @ cgx722
- 🏛 **3F Deutsches Museum für Foto-, Film- und Fernsehtechnik**, Weinstr. 33, ☎ 6568 ☻ Mit über 3.000 Exponaten eine der reichhaltigsten Sammlungen film-, foto- und fernsehtechnischer Geräte in Deutschland. @ fig341

- 🏛 **Museum für Weinkultur**, Marktpl. 9, im Historischen Rathaus, ☎ 981561 ☻, @ swu564
- ⛪ **St. Ulrich**, Marktpl. Die kath. Pfarrkirche (1440-80) ist eine der schönsten gotischen Kirchen der Pfalz mit reichhaltiger Innenausstattung.
- ⛪ **Ehemalige Synagoge**, Bahnhofstr. 19. Das neuromanische Gebäude (1853) gilt als eine der besterhaltenen Synagogen in Rheinland-Pfalz. @ qri714
- ⛪ **Schloss**, Schlossstr. 2-6. An der Stelle einer ehem. Wasserburg aus dem 13./14. Jh. wurde 1729-1746 ein prachtvolles firstbischöfliches Schloss erbaut. Bereits 1794 fiel es den Revolutionskriegen zum Opfer. Das Anfang des 19. Jh. errichtete Gutshaus gehörte zu einem Weingut. Heute ist Schloss Deidesheim zum Restaurant ausgebaut. @ ict738
- ✿ **alla hopp!-Anlage**, Bgm.-Oberhettinger-Str. 1, ☎ 9770. Fantasievoll gestaltete und

einladende Bewegungs- und Begegnungsanlage für jung und alt. @ xem811

- ✳ **Erlebnisgarten**, Prinz-Rupprecht-Str., im Schlosspark. Erholungs- und Erlebnisbereich für alle Generationen. Mit 9-Loch-Erlebnisgolf-Anlage, Kletter- und Klangbereich, Wasserspielbereich und Sinnesparcours.
- ✳ **Geißbockversteigerung**. Traditionsreiches Fest (seit 1350) vor der Rathaustreppe am Pfingstdienstag.
- ✳ **Historisches Rathaus**, Marktpl. 9. Eines der schönsten und bekanntesten Bauwerke (16. Jh.) der Deutschen Weinstraße. Um 1720 als Barockbau mit Krüppelwalmdach erneuert, auffallend die große, zweiseitige Freitreppe unter einem Baldachin (1724).
- ✳ **Stadtführungen**. Auskunft: Tourist Service.
- 🔲 **Andreasbrunnen**, Marktpl. Angelehnt an das Vorbild der italienischen Renaissance gehört der Brunnen (1851) zu den bemerkenswertesten Arbeiten des Pfälzischen Eisengusses.
- ✉ Freibad **Oase im Paradiesgarten**, Schwimmbadstr. 23, ✆ 6466, @ kaj231

Zu den berühmtesten und meistbesuchten Weinstädten der Pfalz zählt zweifelsohne Deidesheim. Im reizvollen Stadtbild dominieren herrschaftliche Anwesen weltbekannter, traditionsreicher Weingüter, welche die mit dem Wein erworbene Wohlhabenheit dokumentieren. Schlagzeilen in der Weltpolitik machte der Ort durch Besuche von zahlreichen Staatsoberhäuptern, die sich in Deutschland zu Staatsbesuchen aufhielten.

Auch viele namhafte Autoren statteten Deidesheim einen Besuch ab. Seit dem Jahr 1978 wird von der Stiftung zur Förderung der Literatur in der Pfalz ein Stipendium an Literaten vergeben, die als „Turmschreiber" für 2 Jahre in einem Turm der Schlossbefestigung – zumindest symbolisch – residieren. Die Berufung hierzu ist geknüpft an die Bedingung, sich mit Land und Leuten der Pfalz literarisch auseinander zu setzen, was mit Honorar und reichlich Deputatwein belohnt wird.

Heidenlöcher

1 0,0 (215) Vom Parkplatz Sensental laufen Sie rechts an der Informationstafel vorbei Richtung Heidenlöcher, kurz danach knickt der Weg rechts ab ⌇ neben der weiß-roten Markierung des Pfälzer Weinsteigs finden Sie entlang der Route bis Wachenheim auch eine Kennzeichnung mit rotem Punkt ⌇ vorbei an der **Michaelskapelle**.

ⓘ **Michaelskapelle**, im Kern spätgotisch. Der heutige Bau stammt aus dem Jahr 1952 und geht zurück auf eine erste Kapelle aus der Zeit um 1470.

Es geht in einigen Kehren hinauf zu den **Heidenlöchern** ⌇ durch das Südtor.

Heidenlöcher

Die ovale Anlage mit einem Durchmesser von über 100 Metern zeigt die Reste einer Fliehburg, die vermutlich im 9. oder 10. Jahrhundert zum Schutz der Bewohner der Umgebung vor Plünderern angelegt wurde, aber kaum oder gar nicht genutzt werden musste. Eine permanente Besiedlung ist unwahrscheinlich. Die gut 80 Gebäude waren von einer etwa 2,50 Meter hohen Mauer aus Natursteinen umgeben. Heute sind lediglich noch einige rechteckige Hausfundamente sowie die Basis der Mauer sichtbar, teilweise wurden Anlagen restauriert. In einem Bogen durch das Gelände.

2 1,7 (344) Durch das Nordtor ⌇ stets der deutlichen Markierung nach.

3 3,3 (357) An der Wegkreuzung am Hinterbrunnen rechts ⌇ bald auf einem ⌇ der Weg wird breiter, schwenkt nach rechts und führt zur **Wachtenburg**.

Wachtenburg

⚔ **Wachtenburg** ㉔. Die aus dem 12. Jh. stammende Salierburg ist bereits 1471 zerstört worden. Der ursprünglich zur Hälfte gesprengte Bergfried wurde – ebenso wie weitere Teile der Burganlage – restauriert. Das kleine Burgmuseum kann während der Öffnungszeiten der Burgschänke besichtigt werden, am Wochenende mit Führung. @ wms447

🍴 **Burgschänke**, ✆ 06322/64656, ⊙ Mai-Okt., Mi-Fr 12-21 Uhr, Sa 11-21 Uhr, So/Fei 10-20 Uhr

Die Burgruine mit der dazugehörigen Burgschänke wird in Wachenheim gern als „Balkon der Pfalz" bezeichnet, da sie einen balkonartigen Ausblick auf das Rheintal um Wachenheim bietet.

Rechts der Burg ein steiles Treppchen hinab nach **Wachenheim** 🚏, hier verlassen Sie den Pfälzer Weinsteig ⌇ im Ort zweimal rechts.

Wachenheim a. d. Weinstraße

Vorwahl: 06322

ⓘ **Tourist-Information Wachenheim**, Weinstr. 15, ✆ 9580801, @ boy748

🏛 **Erstes Pfälzer Waagenmuseum**, Waldstr. 34, ✆ 63675 ⊙ Entwicklungsgeschichte der Wiege-Instrumente und 500 Waagen aller Art sowie 1.000 Gewichte von der Antike bis zur Gegenwart.

🏛 **Villa Rustica**, nordöstlich von Wachenheim, Zufahrt über die B 271, ✆ 958032 ㉔ Ausgrabungsstätte eines römischen Landguts mit Gebäudeteilen aus dem 1.-5. Jh. n. Chr. @ yea128

✺ **Historische Altstadt**: Barockhaus „Alte Münze", Dalberger Hof (1717), mittelalterliche Stadtmauer mit dem Diebsturm

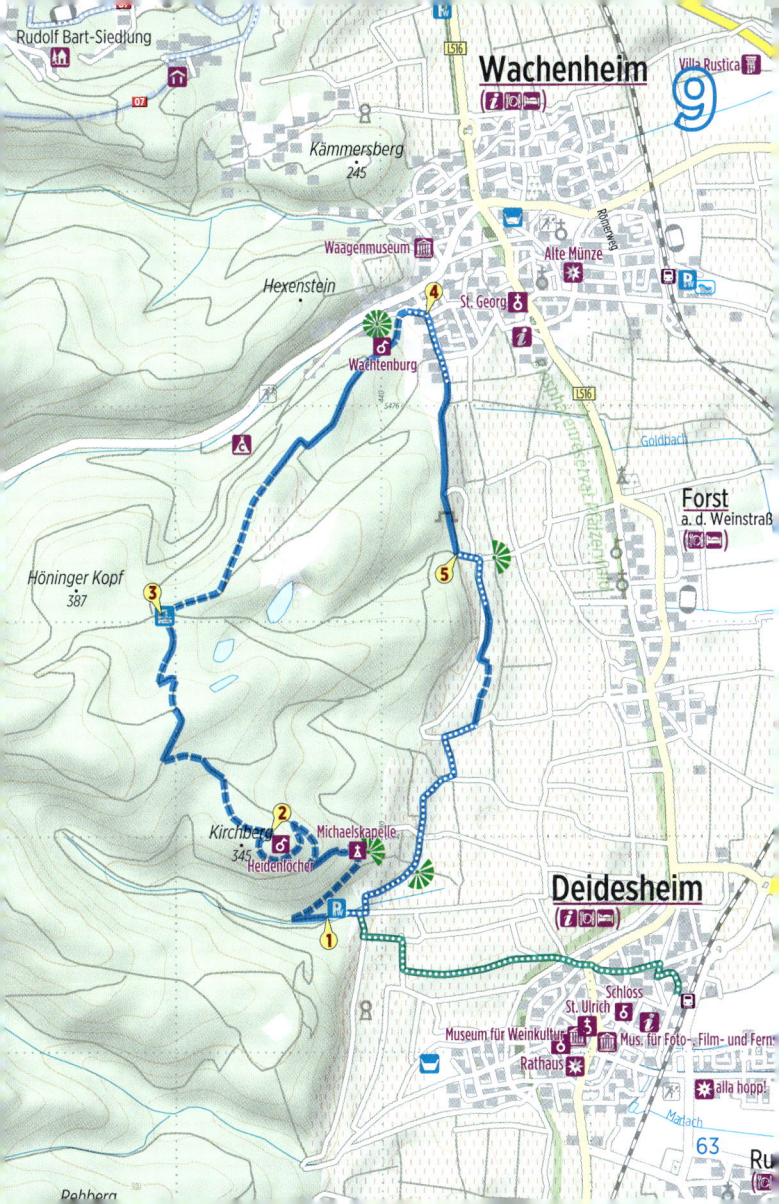

Wachtenburg

(1341), jüdischer Friedhof (ältester Grabstein von 1725), spätgotische Ludwigskapelle (wahrscheinlich 1443), Stadtschreiberwohnhaus (1607) u. v. m.

8 **Simultankirche St. Georg**, Ecke Weinstraße/Burgstraße. Ursprünglich aus dem 14 Jh., wurde die Kirche 1705 geteilt: Die Katholiken übernahmen den Chorraum mit Teilen des Turmunterteils, die Reste des Gebäudes und des Turmfußes gingen an die Evangelischen.

4 5,3 (166) An der nächsten Kreuzung (**Schlossgasse/Am Hauenstein**) rechts, ab hier folgen Sie der roten Balkenmarkierung ⌁ der Weg führt in die Weinberge ⌁ ⌁ am Waldrand vorbei an der **Bismarckhöhle**

⌁ danach links leicht bergab, auf Forst zu.

5 6,5 (182) An der nächsten Möglichkeit wieder rechts ⌁ auch weiterhin dem etwas verwinkelten, aber immer gut markierten und schönen **Weinwanderweg** folgen ⌁ nach einem Aussichtspunkt mit Fahne gelangen Sie ins Sensental ⌁ auf der Zufahrtsstraße zum Parkplatz dem roten Punkt geradeaus zum Ausgangspunkt folgen.

1 8,8 (215) Ende der Wanderung am Parkplatz Sensental.
Deidesheim

Tour 10   10,1 km

Weinstraßen-Weinbiet-Wolfsburg-Weg

Start/Ziel: Neustadt/Weinstraße, Stadtteil
Haardt, Waldparkplatz Meisental

Gehzeit: 3 ½ - 4 Std.

Aufstieg: 435 m
Abstieg: 435 m
Hartbelag: 20 %
Wanderwege: 31 %
Wanderpfade: 49 %

Charakteristik: Eine Spazierrunde von Neustadt auf das Weinbiet ist bei Besuchern wie Einheimischen an Schönwettertagen rund ums Jahr beliebt. Die zahlreichen Wanderwege, die den Wald zwischen den beiden Punkten durchschneiden, zeugen von der intensiven Nutzung für Freizeit und Sport. Von Ihrem Ausgangspunkt nahe dem Haardter Schloss nehmen Sie noch einen kleinen, aber aussichtsreichen Umweg in Kauf, der etwas weniger überlaufen ist und mit schöneren Pfaden aufwartet. Nach einer Rast auf der Weinbiet geht es schließlich hinab gen Südwesten – hier erwarten Sie noch die Aussichtspunkte Hohfels und Wolfsburg, die insbesondere im Herbst in ein wunderschönes Farbenmeer eingetaucht sind und zudem Traumaussichten auf Neustadt und den Speyerbach ermöglichen.

Öffentliche Verkehrsmittel: Der Neustädter Hauptbahnhof ist Verkehrsknotenpunkt mit sehr gutem Anschluss in alle Richtungen. Vom Bahnhof verkehren pro Stunde drei Busse (an Wochenenden nur einer) zur Haltestelle Haardt Winzer.

Tipp: Der Besuch der bezaubernden Altstadt von Neustadt a. d. Weinstraße mit den typischen Winzerhöfen ist zu empfehlen.

Neustadt a. d. Weinstraße

Vorwahl: 06321

🛈 **Tourist-Information,** Hetzelpl. 1, ☎ 926892, @ xsg861

🏛 **Eisenbahnmuseum,** Schillerstr. 3, direkt beim Bahnhof, ☎ 30390, 🕑 Di-Fr 10-13 Uhr, Sa, So und Fei 10-16 Uhr. Eine Sammlung bedeutsamer Dampflokomotiven aus dem süddeutschen Raum, daneben Triebwagen und Signalanlagen. @ qxg134

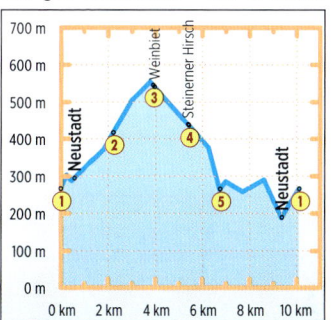

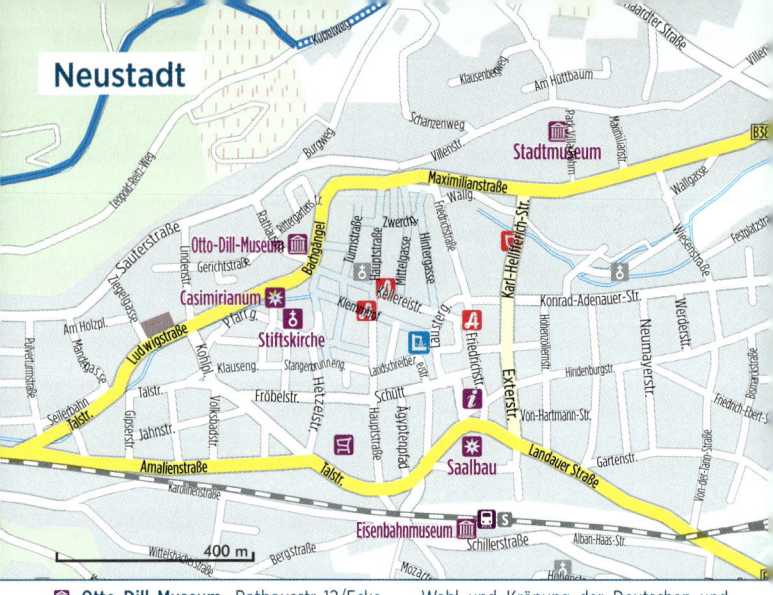

Neustadt

Stadtmuseum

Maximilianstraße

Otto-Dill-Museum

Casimirianum

Stiftskirche

Saalbau

Amalienstraße

400 m

Eisenbahnmuseum

🏛 **Otto-Dill-Museum**, Rathausstr. 12/Ecke
Bachgängel 8, ✆ 398321 ⊜ Ausstellung
mit Werken des Pfälzer Spätimpressionis-
ten von seinen Anfängen bis zu seinem
Spätwerk. @ atj371

🏛 **Stadtmuseum Villa Böhm**, Maximilianstr. 25
und Villenstr. 16b, ✆ 855540 ⊜ Prachtvolle
Gründerzeitvilla von 1886 mit großflächigen
Malereien an Stuckdecken und Wänden.
Wechselnde Ausstellungen des Kunstvereins.

🔯 **Stiftskirche**, Marktpl. ⊜ Grundsteinle-
gung 1368. Größte und eindrucksvollste
gotische Kirche der Pfalz mit zwei unglei-
chen Türmen. Die Kaiser-Ruprecht-Glocke
ist mit 14 t die schwerste schwingend ge-
läutete Gussstahlglocke weltweit und die
zweitgrößte Glocke Deutschlands nach der
St. Petersglocke im Kölner Dom.

✳ **Deutsches Weinlesefest mit Winzerfest-
umzug**. 1. und 2. Wochenende im Okt., mit

Wahl und Krönung der Deutschen und
Pfälzischen Weinkönigin.

✳ **Historische Innenstadt** mit vielen Fach-
werkhäusern

✳ **Haardter Schloss**, Mandelring 35. Auf den
Resten der ehem. Burg Winzingen entstand in der Gründerzeit (1876) eine stattliche Villa.

*Die Geschichte der Stadt lässt sich
auf das Jahr 774 zurückverfolgen. Aus
dem ehemaligen Dorf Winzingen entstand um 1200 durch eine planmäßige
Gründung die „Neue Stadt", die 1275
von König Rudolf von Habsburg die
Stadtrechte verliehen bekam. Die
Kriege vom Mittelalter bis in die Neuzeit verschonten die Stadt vor großen
Zerstörungen, sodass die historische
Bausubstanz weitgehend erhalten
blieb. Den absoluten Glanzpunkt*

Weinbiet
*3*555

2

Haardt

Steinerner Hirsch

4

1

H

5

Wolfsburg

Berstein
410

Villa Böhm

Speyerbach

B39

Sattelstraße

B38

Otto-Dill-Museum

Stiftskirche

Friedrichstr.

B39

Nollenkopf
491

Nollensattel
320

Häuselberg
320

Neustadt

Kanzgraben

Weinbietturm

bildet deswegen die Fachwerkidylle in den malerischen Gassen der Altstadt mit typischen Winzerhöfen des 18. Jahrhunderts.

Haardt (Neustadt a. d. Weinstraße)

1 0,0 (267) Vom hinteren Ende des Parkplatzes links talaufwärts Richtung Silbertal der Markierung weißer Balken mit schwarzem Punkt folgen ∼ auf Asphalt rechts aus dem Graben hinaus ∼ vorbei an einer Hütte, danach auf einem Pfad weiter ∼ von rechts mündet ein mit grünem Punkt markierter Weg ein.

2 2,2 (417) Ca. 300 m später dem grünen Punkt links Richtung Weinbiet folgen ∼ kurz über einen Fahrweg ∼ in mehreren Serpentinen zum Gipfel.

Weinbiet (Neustadt a. d. Weinstraße)

🏠 **Weinbiethaus**, ✆ 06321/32596, ⊙ März-Okt., Sa-Do, Fei 10-18 Uhr, Nov.-Feb., Sa-Mi, Fei 10-17 Uhr, @ iti287

⛰ ❀ **Weinbietturm**. Vom 22 m hohen Turm haben Sie Ausblick auf einige andere Gipfel der Haardt, auf Neustadt und auf Ludwigshafen am Rhein.

3 3,9 (546) Rechts am Weinbiethaus und links am Aussichtsturm vorbei, ab hier bis Neustadt der Markierung mit rotem Punkt folgen ∼ in wechselnder Steigung bergab ∼ kurz auf einem etwas breiteren Weg.

4 5,4 (437) Sie kommen vorbei am **Steinernen Hirsch**.

❀ **Steinerner Hirsch**. Dieses Steinrelief soll an die letzten Rothirschen dieser Gegend erinnern, der hier 1866 erlegt worden sein soll.

An einer Kreuzung gerade weiter ∼ vorbei an spektakulären Felsen-Aussichtspunkten zuletzt steil bergab zur **Wolfsburg**.

Wolfsburg

♂ **Wolfsburg** (13. Jh.). Die Burg am Ausgang des Speyerbachtals wurde erbaut, um den Talweg zu sichern, der bereits seit römischer Zeit genutzt wurde. Im Dreißigjährigen Krieg wurde sie 1633 zerstört. Die Burgruine besitzt eine recht langgestreckte Form und kann im Sommer zur Gänze besichtigt werden.

🍴 **Burgschänke** mit kleinen Speisen und Getränken, ⊙ April-Okt., Sa, So 10-18 Uhr

5 6,8 (266) Vor der Ruine scharf links ∼ den Asphaltweg bergab, dann links auf einen Höhenweg ∼ einige Zeit flach am Hang entlang ∼ am Ende auf einem alten Hohlweg zwischen Weinbergen hinunter nach Haardt ∼ ∼ vor einer Garagenwand links ∼ bei der Wandertafel geradeaus dem weißen Balken mit dem schwarzen Punkt zum Ausgangspunkt folgen, nach Neustadt ginge es rechts.

1 10,1 (267) Ende der Wanderung am Waldparkplatz Meisental.

Haardt (Neustadt a. d. Weinstraße)

Mittlerer Pfälzerwald – West

70 **Tour 11** *SCHWER* 17,6 km
Aschbachtal, Geltersswoog und Ruine Hoheneck

79 **Tour 12** *LEICHT* 10,7 km
Aussichtsrunde Kaiserslautern

83 **Tour 13** *LEICHT* 9,3 km
Karlstalschlucht

87 **Tour 14** *MITTEL* 10,5 km
Vom Johanniskreuz zum Eschkopf

90 **Tour 15** *SCHWER* 16,2 km
Schwarzbachtal, Brünnlein und alte Köhleranlagen

95 **Tour 16** *LEICHT* 9,5 km
Maria Rosenberg

98 **Tour 17** *SCHWER* 16,8 km
Ruine Gräfenstein – Hubertusfelsen

104 **Tour 18** *LEICHT* 5,7 km
Luitpoldturm

107 **Tour 19** *MITTEL* 8,7 km
Kirschfels – Forsthaus Annweiler

110 **Tour 20** *LEICHT* 7,8 km
Burgen und Felsen am Queichknie

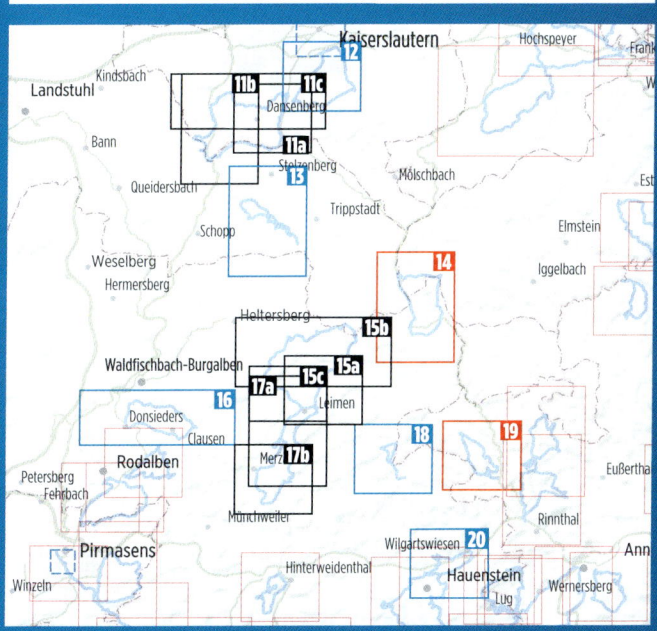

Aschbachtal, Gelterswoog und Ruine Hohenecken

Start/Ziel: Kaiserslautern, Parkplatz an der L 503

Gehzeit: 5 Std.

Aufstieg: 487 m

Abstieg: 487 m

Hartbelag: 13 %

Wanderwege: 74 %

Wanderpfade: 13 %

Charakteristik: Am Stadtrand Kaiserslauterns beginnt diese Dreitälerrunde mit einigen sehenswerten Orten am Weg. Auf das breite Aschbachtal, vor dem die Verkehrserschließung halt gemacht zu haben scheint, folgt ab dem Weiler Breitenau ein kleines geographisches Verwirrspiel, das den plötzlich so zahlreich vorhandenen Verkehrswegen geschuldet ist: Sie kreuzen Bahnstrecke, Bundesstraße und zwei Landesstraßen, bevor Sie den Gelterswoog mit seinen Naherholungsanlagen erreichen. Von dort ist es nicht weit zum Kaiserslauterer Stadtteil Hohenecken, über dem die gleichnamige stauferzeitliche Ruine thront. Nach diesem höchsten Punkt der Runde geht es zwar nicht nur bergab, doch sind es zum Ausgangspunkt nur noch einige hübsche Forstwege, die sich genüsslich die Hänge hinauf- und hinabschrauben. **Öffentliche Verkehrsmittel:** Ca. 600 Meter südlich des Starts befindet sich unmittelbar an der Route

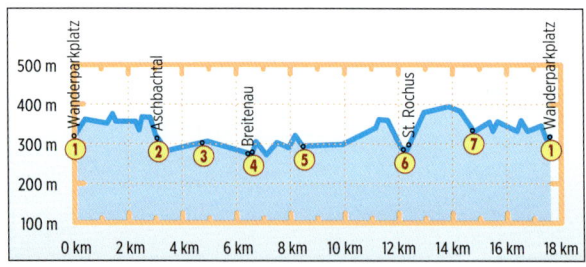

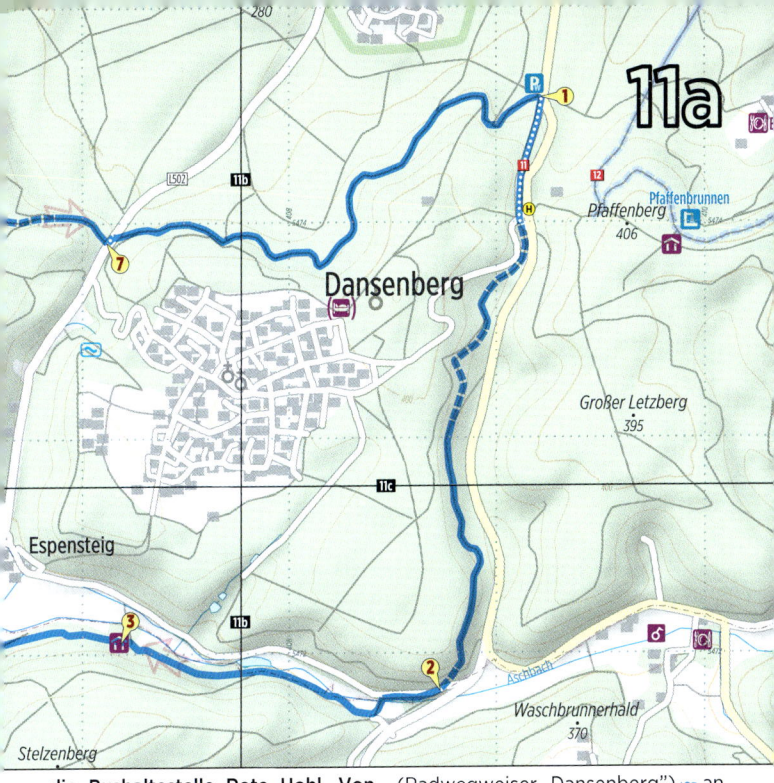

die Bushaltestelle Rote Hohl. Von Kaiserslautern in der Woche stündliche Verbindungen mit den Stadtbussen, am Wochenende mindestens im 2-Stunden-Takt.

Tipp: Der Parkplatz befindet sich südwestlich von Kaiserslautern (ca. 500 Meter nach den letzten Gebäuden der Technischen Universität).

Parkplatz an der L 503

1 0,0 (320) Der kleinen Asphaltstraße folgen, die am Parkplatzende halbrechts von der Landesstraße abzweigt

(Radwegweiser „Dansenberg") ⌇ an der Gabelung nach 550 m links bergab, wieder in Richtung Straße ⌇ kurz vor der Einmündung in die Landesstraße rechts auf einen Pfad, nun folgen Sie der Markierung „Grünes N mit rotem Strich" für 2,5 km ⌇ es geht – stets in Hörweite der Straße – talabwärts.

2 3,1 (315) Im Talgrund, bei einer Brücke, rechts auf einen breiten Schotterweg ⌇ nach 300 m links über eine kleine Holzbrücke ⌇ auf der anderen

Talseite rechts auf den unmarkierten Schotterweg ∿ nach 270 m an einer Gabelung rechts ∿ nun dem Tal innerhalb des Waldrandes etwa 1 km folgen.

3 ⁴,⁸ (304) An dem Wegedreieck links (Fahrradwegweiser und Markierung Nr. 2) ∿ weitere 1,6 km entlang der Talflanke ∿ nahe einem Haus an der T-Kreuzung rechts zum Waldrand ∿ dort erneut rechts nach **Breitenau** 🏠.

Breitenau (Stelzenberg)

🍴 **Zur Breitenau**, Maudensteig 5, 📞 06307/912170, 🕐 Di-Sa 17-23 Uhr, So/Fei 11-23 Uhr, @ oao522

4 ⁶,⁶ (280) In der Ortsmitte rechts zur Bushaltestelle und weiter zur Hauptstraße ∿ 🚌 auf dieser rechts ∿ nach der Brücke links auf die abzweigende Straße ∿ nach 400 m links an der Bundesstraße entlang Richtung Pirmasens ∿ in den ersten rechts abzweigenden Schotterweg (Schild Tierarztpraxis) ∿ nach 450 m rechts unterhalb eines Hauses entlang ∿ nach der Linkskurve an der Asphaltgabelung rechts wieder talauswärts.

5 ⁸,⁵ (295) Über die Hauptstraße und am **Seehotel** vorbei.

🏨 **Seehotel Gelterswoog**, Gelterswoog 20, 📞 0631/35300, 🕐 Mo-Sa 18-22 Uhr, So 11.30-15 Uhr, @ nlt622

Vor einer Linkskurve gerade auf den schmaleren Gehweg (Markierung schwarzes W und rotes Kreuz) ∿ vorbei an einem Campingplatz ∿ wieder am breiten Weg zum Seeende ∿ danach rechts, von hier bis zum Ende

Jakobsweg-Stein in Breitenau

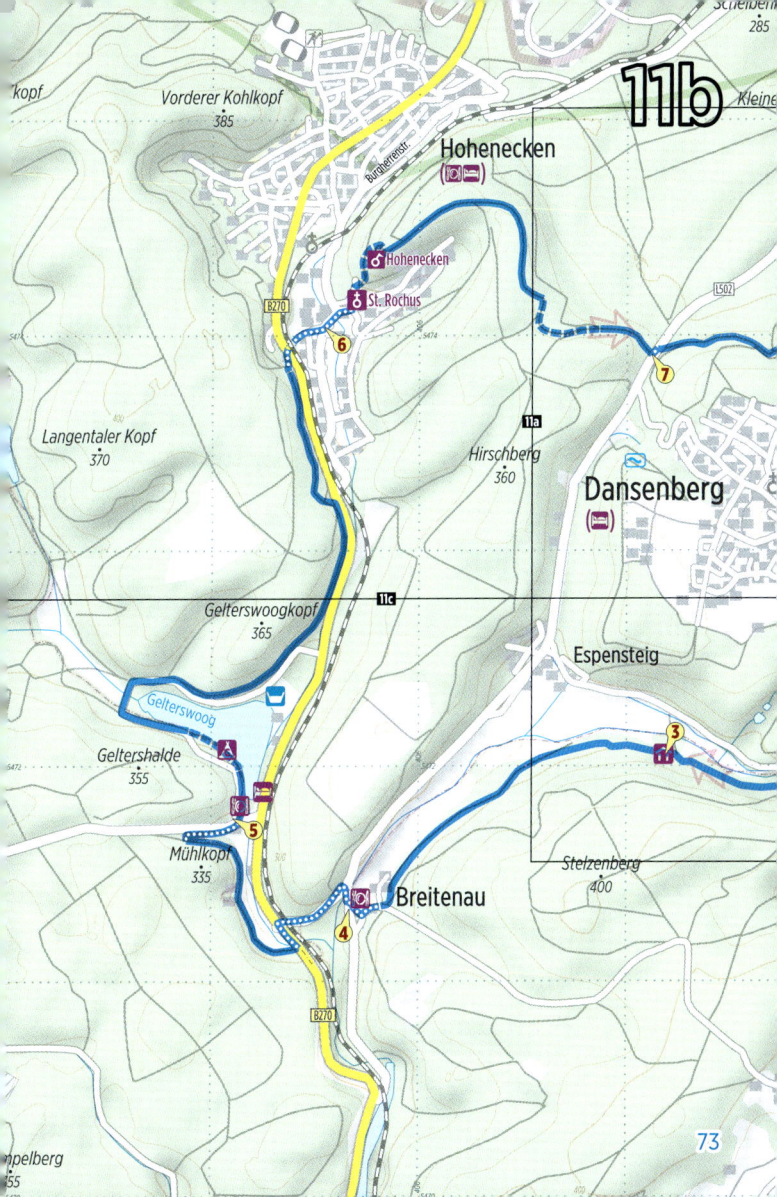

Scheiben
285

kopf

Vorderer Kohlkopf
385

Kleine

Hohenecken

Hohenecken

St. Rochus

6

B270

L502

7

Langentaler Kopf
370

Hirschberg
360

11a

Dansenberg

Gelterswoogkopf
365

11c

Espensteig

Gelterswoog

Geltershalde
355

3

Mühlkopf
335

5

Stelzenberg
400

Breitenau

4

B270

pelberg
55

der Tour folgen Sie der Markierung mit weißem Balken und schwarzem Punkt ⌣ auf der gegenüberliegenden Seeseite zurück ⌣ später einige Zeit in Hörweite der Bundesstraße dahin ⌣ hinunter zu einer Unterführung ⌣ hindurch und nach **Hohenecken** 🚉.

Hohenecken (Kaiserslautern)

🔵 **Kath. Kirche St. Rochus**, Rochusweg 2. Die neugotische Pfarrkirche aus dem Jahr 1897 wurde 2014-2017 saniert. @ cgy555

6 12,2 (287) Durch den Ort, vorbei an der Kirche und über einige Stufen ⌣ 🖼 steil hinauf zur Ruine.

🔵 **Burg Hohenecken**. Die stattliche Ruine mit dem fünfseitigen Bergfried ist eines der beeindruckendsten Bauwerke aus der Zeit der Staufer (um 1200). Die östlich oberhalb des Ortes liegende Burg wurde während des Pfälzischen Erbfolgekrieges im Jahre 1689 weitgehend zerstört. Die Anlagen mit dem fünfeckigen Bergfried können frei besichtigt werden. @ cmw817

TIPP Die Wiese rund um die Ruine bietet sich mit zahlreichen Bänken und einer schönen Aussicht auf Hohenecken zur Rast an.

Nach Besichtigung der Ruine lassen Sie diese rechts liegen ⌣ über den Höhenrücken, dann links davon ⌣ auf einem Pfad wechseln Sie zum tiefer liegenden Fahrweg ⌣ auf diesem hinunter zur Landesstraße.

7 14,7 (335) Schräg gegenüber wieder in den Wald ⌣ kurz bergauf ⌣ auf einem kurvigen Höhenweg zurück zum Startpunkt.

1 17,6 (320) Ende der Wanderung am Parkplatz.

Parkplatz an der L 503

285
Kleiner Scheibenkopf
280

11c

P. ①

Bremerhof

[L502]
11b

11

12

H

Pfaffenbrunnen

Pfaffenberg
406

Dreieckstein

Dansenberg

Großer Letzberg
395

Ruine Hohenecken

Kaiserslautern

Vorwahl: 0631

ⓘ Tourist Information, Fruchthallstr. 14, ☎ 3652317, @ yci567

🏛 Kulturzentrum Kammgarn, Schoenstr. 10, ☎ 3652607, ☎ 950034. Ehemalige Spinnerei: wird für Kultur- und Freizeitveranstaltungen und wechselnde Ausstellungen genutzt. @ yfu471

🏛 Pfalzgalerie, Museumspl. 1, ☎ 3647201 ♿ 1875-80 im Neo-Renaissance-Stil erbaut, ursprünglich Gewerbemuseum, beherbergt sie heute die bedeutendste Gemäldesammlung der Pfalz, außerdem Skulpturen und Kunsthandwerk vom 14. Jh. bis zur Neuzeit. @ rvn877

🏛 Theodor-Zink-Museum, Steinstr. 48, ☎ 3652327 ♿ Volkskundliche und stadtgeschichtliche Sammlungen; malerischer Innenhof des Fuhrmannsgasthofs „Rheinkreis" von 1817. @ vxw788

🏛 Wadgasserhof, Steinstr. 55, ☎ 3652326, ☎ 3652327 ♿ Ehemaliger Klosterwirtschaftshof der Prämonstratenser, später Adelswohnsitz mit prachtvollem Stuckzimmer und Möbeln des 18. Jhs. Heute: kunsthandwerkliche Ausstellungen historischer und aktueller Art, Gewürz- und Heilkräutergarten. @ pyi576

⛪ St. Martinskirche, St.-Martins-Pl. 5, ☎ 93183 ♿ (Anfang 14. Jh./Erweiterung 15. Jh.) Die Barockdecke der ursprünglichen Bettelordenskirche stammt aus dem 18. Jh. Auffallendes Merkmal ist das nur einseitige Längsschiff und der schräggestellte Chor. @ gsi225

Pfalzgalerie

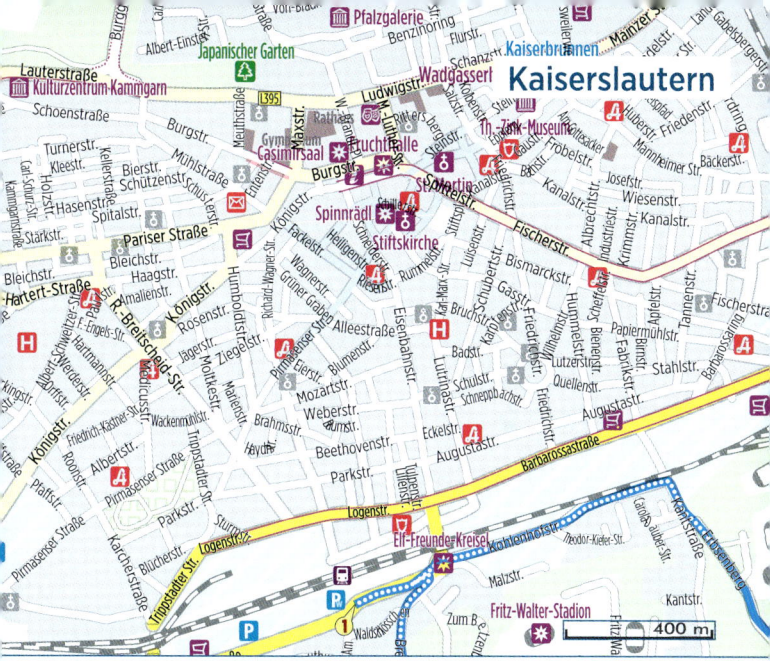

Kaiserslautern

⚲ Stiftskirche, Marktstr. 13 🕐 Mitte 13. bis Ende 14. Jh. Bedeutendste spätgotische Hallenkirche Südwestdeutschlands.

⚲ Humbergturm, am südlichen Stadtrand, ☎ 58910. Der 33 m hohe Turm (1899/1900) bietet einen schönen Blick auf die Stadt. @ llr443

❀ Adler-Apotheke, Marktstr. 11, ☎ 64007. Entstanden 1811 aus einer ehemaligen Kapelle.

❀ Albrechtsbrunnen, Bremer-/Kurpfalzstr. 1890 vom Bildhauer Heinrich Bernd geschaffen und von seinem ursprünglichen Platz 1895 hierher verlegt.

❀ Altstadtfest. Das Altstadtfest findet immer am 1. Wochenende im Juli statt.

❀ Casimirsaal des ehemaligen Casimirschlosses, Willy-Brandt-Pl. 1, ☎ 5508.

Im Jahr 1571 von Pfalzgraf Johann Casimir als Renaissanceschloss errichtet. Im Laufe der Jahrhunderte wurde das Schloss durch kriegerische Einflüsse nach und nach zerstört. 1935 wurden die noch vorhandenen Teile freigelegt, gesichert und überdacht. Der Casimirsaal wurde nach Originalplänen wiederaufgebaut und ist heute Teil des Rathaus-Komplexes. @ kmj326

❀ Fritz-Walter-Stadion, Fritz-Walter-Str. 1, Betzenberg, ☎ 31880. Führungen möglich nach Absprache. Das traditionsreiche Stadion der „Roten Teufel vom Betze" (1. FC Kaiserslautern) zählt zu den stimmungsvollsten Arenen Deutschlands. @ bhu874

❇ **Fruchthalle**, Fruchthallstr. 10, ☎ 3653450. 1846 fertig gestellte ehemalige Markthalle für Getreide, im Stil der italienischen Renaissance erbaut. Hier war während des Pfälzer Aufstands gegen Bayern der Regierungssitz, heute als Veranstaltungshalle genutzt. @ vaf516

❇ **Kaiserbrunnen**, Steinstr. Der 1987 von Barbara und Gernot Rumpf gestaltete Brunnen mit einem Durchmesser von ca. 12 m stellt in humorvoller, teilweise kurioser Formensprache die Vergangenheit und Gegenwart der Stadt dar.

❇ **Kaiserpfalz**, Willy-Brandt-Pl. 1, ☎ 5508. Von der 1152 entstandenen Kaiserpfalz (Kaiser Friedrich I. Barbarossa) sind nur noch wenige Buckelquader vom Fundament des Kaisersaals, Mauerwerksreste der Burgkapelle und die Fluchtgänge erhalten. @ gjt131

❇ **Rathaus**, Willy-Brandt-Pl. 1. Das 1968 eingeweihte Gebäude besitzt 25 Stockwerke. Im 21. Stock befindet sich ein Restaurant mit Ausblick über die ganze Stadt.

❇ **St.-Martins-Platz**. Umgeben vom Alten Stadthaus von 1745, heute Sitz der Städtischen Musikschule, und herrschaftlichen Bürgerhäusern des 18./19. Jh. sowie dem St. Martinsbrunnen (1891).

❇ **Wildpark Betzenberg**, Entersweiler Str., ☉ tägl. 25 ha großer Wildpark. @ ngq864

❇ **Gartenschau**, An der Kalause 9, ☉ April-Okt. Gartenschaugelände mit Japanischem Garten und einer Weidenkirche. @ esw156

❇ **Warmfreibad Entersweilerstraße**, Am Warmfreibad 1, ☎ 4146884, @ oul268

❇ **Waschmühle**, Waschmühle 1, ☎ 3704108. Im Jahr 1908 eröffnet, größtes Naturfreibad Europas in gepflegtem nostalgischen Flair, Wasserfläche 10.000 m². @ ulc582

Kaiserslautern ist mit knapp 100.000 Einwohnern die größte Stadt des Pfälzerwaldes und nach Ludwigshafen die zweitgrößte der Pfalz. Die Stadtgründung geht auf die Errichtung einer Königspfalz, d. h. eines Regierungsstützpunktes, durch König Barbarossa im 12. Jahrhundert zurück, weshalb die Stadt sich bis heute als „Barbarossastadt" bezeichnet und man vielerorts in der Stadt Anspielungen auf den Herrscher vorfindet. Im 19. Jahrhundert entwickelte sich Kaiserslautern zu einer Industriestadt, in der vor allem die Textilindustrie sowie die Nähmaschinenfabrik Pfaff für Arbeitsplätze sorgten. Trotz nahezu vollständiger Zerstörung im 2. Weltkrieg hat sich die Stadt zum Zentrum der Pfalz entwickelt, woran die Stationierung der US-Truppen in der größten US-Garnison Europas einen maßgeblichen Anteil hatte. Seit dem teilweise Abzug der amerikanischen GIs haben in der Stadt strukturpolitische Änderungen stattgefunden: der Ausbau der Universität und verschiedene Technologieparks mit informationstechnologischer Ausrichtung sind Beispiele hierfür.

Aussichtsrunde Kaiserslautern

Start/Ziel: Kaiserslautern, Hauptbahnhof
Gehzeit: 3 Std.

Aufstieg: 208 m
Abstieg: 208 m
Hartbelag: 18 %
Wanderwege: 36 %
Wanderpfade: 46 %

Charakteristik: Vom Kaiserslauterer Hauptbahnhof ist der Humbergturm hoch droben am Hang schon zu sehen – kaum zu glauben, dass eine Runde dorthin und zurück nur gute 10 Kilometer lang ist. Nach den wenigen Schritten aus der Stadt hinaus und mit weichem Waldboden unter den Füßen stellt sich schon bald richtiges Wanderfeeling ein. Sanft steigt der Weg an, nur gegen Ende wird es kurz steil – und plötzlich stehen Sie am Pfaffenbrunnen mit seiner langen steinernen Rinne. Nicht einmal eine halbe Stunde später haben Sie den Humbergturm erreicht, und schon sehen Sie die „kleine Großstadt am Waldrand" aus der Vogelperspektive. Der Rückweg schließt dann den Kreis, und auch hier haben Sie nur gute 800 Meter das Rauschen von Verkehr im Ohr und den Blick verstellt von Gebäuden anstatt von Bäumen. Um solche kurzweiligen Freizeitmöglichkeiten direkt vor der Haustür sind die „Laut'rer" wirklich zu beneiden.

Öffentliche Verkehrsmittel: Halbstündliche bis stündliche Zugverbindungen aus allen Richtungen.

Tipp: Die Parkplätze am Bahnhof sind gebührenpflichtig.

Kaiserslautern s. S. 76

1 0,0 (254) Vom Südausgang-Zollamtstraße 250 m nach links (Osten) bis kurz vor den Kreisverkehr ～ rechts ein Treppchen hinunter ～ dann nochmals rechts an der Straße entlang in Richtung Ortsausgang ➤ ～ die nächsten 2,7 km können Sie sich an der Markierung mit dem grünen Balken orientieren ～ Sie kommen vorbei an einem Brunnen ～ ziemlich

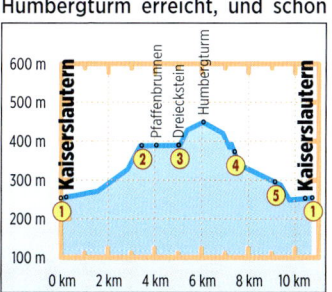

Pfalztheater

geradlinig und immer leicht ansteigend weiter.

2 3,4 (388) An einem recht steilen und steinigen Hang scharf links auf einen Pfad, bis zum Humbergturm folgen Sie der Markierung roter Kegel auf weißem Grund ～ bald vorbei am **Pfaffenbrunnen**.

Pfaffenbrunnen

Von hier wurde früher der einige hundert Meter nördlich gelegene Bremerhof mit Wasser versorgt, indem man es über 57 mit Rinnen behauene Buntsandsteinblöcke den Berg hinab leitete. Sie laufen am Hang entlang, dann kurz bergab.

3 5,0 (388) Sie erreichen den Dreiecks-stein.

Dreieckstein

Hier treffen Wälder von drei verschiedenen Besitzern zusammen, was durch deren Wappen symbolisiert wird: Die Kurpfalz steht für Staats-, das Kaiserlauterer Wappen für Stadt- und das Stiftswappen für geistlichen Grundbesitz.
Nun geht es wieder bergauf ⌣ *Sie halten sich links und gelangen auf schnurgeradem Weg zum Turm.*

Humbergturm

Der 36 Meter hohe Turm wurde 1900 eröffnet. Er steht an einer eigens freigehaltenen Schneise an der Bergkante mit freiem Blick auf die Innenstadt von Kaiserslautern. Außerdem können Sie neben diversen Erhebungen des Pfälzerwaldes auch nördlich den Donnersberg und westlich die steile Abdachung der Sickinger Höhe erkennen.

TIPP Der weitere Weg ist zunächst unmarkiert, stellt jedoch die geradlinige Fortsetzung des Anstieges dar.

Humbergturm

Sanft bergab ∿ der Weg wird bald zum Pfad ∿ an einer Dreifachgabelung nach 950 m rechts den steilen Pfad bergab ∿ nach 150 m, an der nächsten Pfadteilung, links halten ∿ nach 70 m dem zweiten Weg von links, einem Hohlweg, bergab folgen.

4 7,4 (372) An einem Schotterweg gerade abwärts (Markierung: gelber Balken) ∿ später kurz links auf einem Pfad ∿ an der Kreuzung bei den zwei Sitzbänken und einer großen Infotafel halb rechts Richtung Kniebrech ∿ einen schmaleren Linksabzweig zu den Häusern ignorieren ∿ 60 m später an der Gabelung links halten, um in der Nähe der Häuser zu bleiben ∿ rechts entlang des Wohngebiets auf einem breiten Schotterweg im Wald bergab.

5 9,1 (294) An einem Sternplatz nach gut 600 m (gelber Fernleitungspfosten) den zweiten Weg von links bergab, der fast parallel zum Hauptweg führt ∿ geradlinig auf dem Hauptweg mehrere Abzweige ignorieren ∿ an der Mündung in Asphalt beim **Erbsenberg-Stadion** weiter geradeaus bergab ∿ 🚏 an der Hauptstraße halbrechts zur Bahnüberführung ∿ davor links in die **Kohlenhofstraße** ∿ diese endet nach 700 m am bereits bekannten Elf-Freunde-Kreisel, offizieller Name des Kreisverkehrs ist **Löwenburgkreisel** ∿ nun laufen Sie direkt am Denkmal Elf Freunde vorbei, das an die lange Fußballtradition der Stadt erinnert ∿ gerade zurück zum Ausgangspunkt der Tour.

1 10,7 (254) Ende der Wanderung am Bahnhof.

Kaiserslautern

Karlstalschlucht

Start/Ziel: Parkplatz am Naturfreundehaus Finsterbrunnertal

Gehzeit: 3 Std.

Aufstieg: 259 m
Abstieg: 259 m
Hartbelag: 1 %
Wanderwege: 79 %
Wanderpfade: 20 %

Charakteristik: Das Finsterbrunnertal, ein Seitental des bekannteren Karlstals, ist mit seinem Naturfreundehaus ein guter Ausgangspunkt für eine Rundwanderung zur Karlstalschlucht. Zunächst geht es an der südlichen Talflanke entlang kurzweilig bis auf Höhe Wilensteinerhof. Ein Trampelpfad führt Sie dann hinab zum Ausgang der Karlstalschlucht, die nur aus dieser Richtung gut begehbar ist. Der einige hundert Meter lange Abschnitt ist gesäumt von Holzbrücken, einzelnen Denkmälern und Felsblöcken; an verschiedenen Orten gibt es auch Möglichkeit zur Rast. Nach der Besichtigung müssen Sie lediglich der Moosalbe flussabwärts folgen, in einem schon angenehm verbreiterten Tal und vorbei an Einkehrmöglichkeiten, um zurück zum Finsterbrunnertal zu gelangen.

Anfahrt: Zwischen Schopp und Gelterswoog von der B 270 auf die L 500 nach Trippstadt abzweigen. Nach 2,2 Kilometern ist der Rechtsabzweig zum Finsterbrunnertal beschildert.

Öffentliche Verkehrsmittel: Die nahegelegenen Orte Stelzenberg, Langensohl und Trippstadt werden regelmäßig mit dem Bus von Kaiserslautern angefahren.

Tipp: Am idyllischsten ist die Karlstal-Schlucht am frühen Morgen im Frühjahr oder Herbst.

Finsterbrunnertal

🔲 **Naturfreundehaus,** ✆ 06306/2882, 🕐 tägl. 10-21 Uhr, @ jdq333

1 0,0 (327) Auf dem kaum markierten Weg am Naturfreundehaus vorbei talaufwärts 〰 nach einem steilen Pfadabschnitt halb rechts weiter auf einem Schotterweg (hier erste

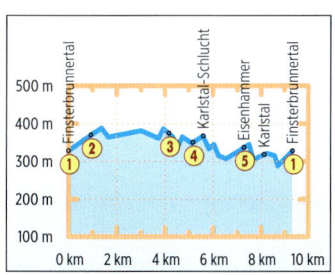

Markierung mit grünem N) 〜 einen Schotter-Abzweig links liegen lassen.

2 1,0 (368) 300 m später links, ab hier folgen Sie die nächsten 3 km der Mountainbike-Beschilderung Route 3 〜 über einen sanft ausgeprägten Sattel 〜 in einem Seitengraben an einer Hütte vorbei 〜 weiterhin auf dem kurvenreichen Höhenweg an das Karlstal heran.

3 4,2 (373) Nach einer aussichtsreichen Stelle unmittelbar an der Abbruchkante zum Tal links auf einen Pfad (Markierung grün-gelbes Kreuz) 〜 in Kehren bergab 〜 im Talgrund vor dem Bach rechts 〜 nach 300 m bei einem Steinmonolithen beginnt die Karlstalschlucht.

Karlstalschlucht

Das Karlstal ist ein etwa 800 Meter langer Abschnitt des Moosalbtals, für den enge Talwände, moosbewachsene Sandsteinfelsen, kleine Wasserkaskaden und zahlreiche Holzbrücken charakteristisch sind. Wegen der naheliegenden Parkplätze ist die Schlucht bei Schönwetter gut besucht.

4 5,2 (350) Vom beliebtesten Fotomotiv der Schlucht, der kleinen Rundhütte am oberen Ende, auf demselben Weg wieder zurück 〜 jetzt den Abstiegsweg links liegen lassen und weiterhin an der Moosalbe entlang.

Unterhammer (Trippstadt)

Vorwahl: 06306

✳ **Ehemaliges Eisenhammerwerk**

🄲 **Café Unterhammer**, Unterhammer 1-3, ✆ 701460, ⏰ Mo-Sa 12-18 Uhr, So 10-18 Uhr, @ oqo445

Naturfreundehaus Finsterbrunnertal

Stelzenberg

Kohlhübel
415

Langensoh

Nabenberg
400

Karlstal

Eisenhammer

Unterhammer

Wilenstein

Schwallhübel
435

Scharderkopf
435

Karlstal-Schlucht

Trautmannsberg
415

Schmalenberg

13

Karlstal-Schlucht

Ab 1727 entstanden im Karlstal nach und nach eine Eisenschmelze und mehrere Hammerwerke. Das Herrenhaus wurde 1821 erbaut, unter anderem auch als Wohnsitz des Verwalters. Von der Bedeutung dieses Eisenwerkes zeugt auch die Adelserhebung der Besitzerfamilie Gienanth. Im Unterhammer wurde übrigens die erste deutsche Betriebskrankenkasse gegründet. Wegen der verkehrsungünstigen Lage wurde das Eisenwerk 1864 nach Kaiserslautern verlegt.

In weiterer Folge waren hier ein Beamtenerholungsheim, ein Entbindungsheim und bis 1960 ein Sanatorium untergebracht. Heute beherbergt der unter Denkmalschutz stehende Gebäudekomplex ein Gesundheitszentrum, ein Cafè sowie einen Kultur- und Veranstaltungssaal.

5 ^{7,3 (336)} Auch weiterhin dem Tal an seiner linken Seite folgen (Markierung rotes Kreuz) und ohne Orientierungsschwierigkeiten zurück zum Startpunkt.

1 ^{9,3 (327)} Ende der Wanderung am Naturfreundehaus.

Finsterbrunnertal

Tour 14   10,5 km

Vom Johanniskreuz zum Eschkopf

Start/Ziel: Johanniskreuz

Gehzeit: 3 - 3 ½ Std.

Aufstieg: 340 m

Abstieg: 340 m

Hartbelag: 3 %

Wanderwege: 65 %

Wanderpfade: 32 %

Charakteristik: Der Weiler Johanniskreuz ist eine historische Wege- und Straßenkreuzung (auch heute noch Treffpunkt aller Pfälzerwald-Wanderwege mit Kreuz-Markierung). Die einzige Siedlung entlang eines 36 Kilometer langen Abschnittes der Bundesstraße 48 wird in der warmen Jahreszeit vor allem von der Motorradszene besucht, die die kurvenreichen Straßen der Umgebung genießt. Zugleich bildet der Ort einen exzellenten Ausgangspunkt für Wanderungen in alle Richtungen. Ziel dieser Runde ist der 608 Meter hohe Eschkopf mit seinem Aussichtsturm, den Sie nach einem kleinen Abstecher ins Tal des Erlenbachs mit seinem gleichnamigen Weiler besuchen. Zurück zum Ausgangspunkt geht es dann zwar stets in der Nähe der Bundesstraße – aber keine Sorge, das Verkehrsaufkommen dieser Gegend hält sich im Rahmen der Bevölkerungsdichte.

Öffentliche Verkehrsmittel: Es gibt nur wenige Busse täglich von Neustadt an der Weinstraße und Lambrecht (Pfalz).

Johanniskreuz (Trippstadt)

Vorwahl: 06306

🛈 **Tourist-Information Trippstadt**, Hauptstr. 26, ☎ 06306/341, @ egk412

🏛 **Haus der Nachhaltigkeit**, Johanniskreuz 1a, ☎ 9210130, ⏱ So-Fr 10-17 Uhr, Ausstellung „zum Anfassen" zur Vermittlung von Nachhaltigkeitskonzepten

Johanniskreuz kann als Taufort des Pfälzerwaldes gelten: 1843 trafen sich hier, an der Gemarkungsgrenze mehrerer waldbesitzender Gemeinden, Forstbeamte u. a. zur Festlegung des

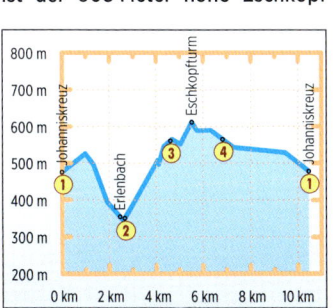

Briefkasten in Erlenbach

Namens „Pfälzerwald" für das gesamte Mittelgebirge.

1 0,0 (477) Vom Wegweiser am Parkplatz dem grün-gelben Kreuz Richtung Erlenbach folgen ᨈ über die Bundesstraße ᨈ nach einem kurzen Pfad auf einem Schotterweg bergauf ᨈ dann auf Pfaden steil bergab in einen Graben ᨈ durch diesen in den Weiler **Erlenbach** ᨈ hier an dem Briefkasten rechts talaufwärts.

Erlenbach (Elmstein)

Der nur neun Gebäude zählende Weiler ist in seiner Abgelegenheit selbst eine Sehenswürdigkeit; 9 waldreiche Kilometer trennen den Ort von „seiner" Gemeinde Elmstein. Am einzigen Eckhaus des Ortes befindet sich noch ein historischer Metallbriefkasten der Bundespost, an dem die Privatisierung des Unternehmens 1994 vorbeigegangen zu sein scheint.

2 2,7 (351) Nach 150 m an der Brücke schräg links bergauf (blau-gelbe Balkenmarkierung Richtung Hofstätten) ᨈ gut 200 Höhenmeter sind zu bewältigen ᨈ oben wird es dann flacher.

3 4,6 (561) Schräg rechts die Kreisstraße überqueren ᨈ jetzt dem gelb-roten Balken Richtung Eschkopf folgen ᨈ nach 350 m über die B 48 ᨈ teils steil bergauf zum Gipfel.

Eschkopf (608 m)

Genau 99 Stufen führen auf den 1902 errichteten Eschkopfturm. Im Osten ist die noch etwas ansteigende Haardt zu sehen und nach Norden über den niedriger werdenden Pfälzerwald der Donnersberg.

Am Turm rechts vorbei, nun orientieren Sie sich bis zum Ende der Tour an der roten Kreuzmarkierung ᨈ erst steil, dann nur mehr flacher bergab.

4 6,8 (565) An einem Wanderparkplatz die Landesstraße überqueren ᨈ der Weg schwenkt nach rechts ᨈ später immer nahe der Bundesstraße zurück zum Startpunkt.

1 10,5 (477) Ende der Wanderung am Johanniskreuz.

Johanniskreuz (Trippstadt)

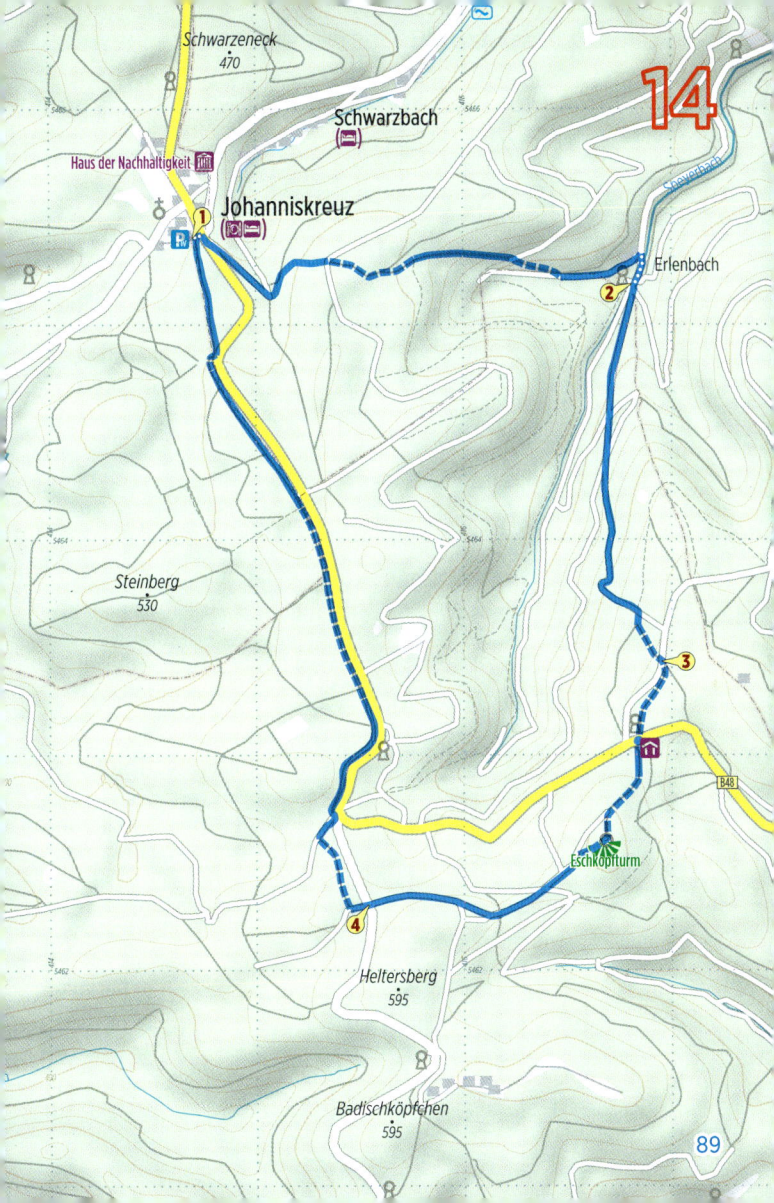

Schwarzeneck
470

Schwarzbach

14

Haus der Nachhaltigkeit

Johanniskreuz

① Erlenbach ②

Steinberg
530

③

B 48

Eschkopfturm

④

Heltersberg
595

Badischköpfchen
595

Tour 15

16,2 km

Tour 15

Schwarzbachtal, Brünnlein und alte Köhleranlagen

Start/Ziel: Leimen, Bushaltestelle Post
Gehzeit: 5 - 6 Std.

Aufstieg:	492 m
Abstieg:	492 m
Hartbelag:	20 %
Wanderwege:	65 %
Wanderpfade:	15 %

Charakteristik: Die ausführliche Nordrunde um Leimen hat viele kleine Höhepunkte, die die Anstrengung der insgesamt drei längeren Anstiege lohnend machen: das vollkommen abgelegene, tief eingekerbte Tal des Schwarzbaches selbst strahlt schon eine große Verwunschenheit aus, die durch die Köhleranlagen mit ihrer über den Bach gebauten Hütte noch unterstrichen wird. Molkenborn und Hermersbrunnen sind zwei hübsch eingefasste Quellen, die kleine Seitenbäche in den Schwarzbach fließen lassen, und am idyllisch gelegenen Kieselweiher auf einer Lichtung bietet sich eine Rast an. Von der Lichtung um Röderhof her erreichen Sie schließlich wieder den Start.

Anfahrt: Von der L 496 in der Leimener Ortsmitte auf die Waldfischbacher Straße. Nach wenigen Metern liegt der Startpunkt auf der rechten Seite, Parkmöglichkeiten bestehen entlang der Straße.

Öffentliche Verkehrsmittel: Die Haltestelle Wildfischbacher Straße in Leimen wird wochentags im Schüler- und Berufsverkehr aus/in Richtung Münchweiler an der Rodalb (mit

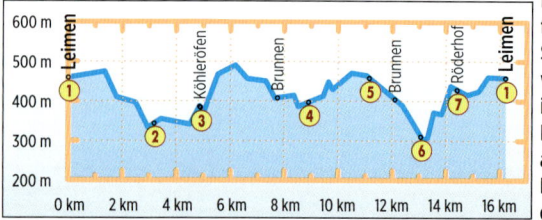

einer großen Lücke am Vormittag) angefahren. Von/nach Pirmasens gibt es täglich wenige Busverbindungen.

Leimen

Vorwahl: 06397

- 📷 **Kiosk im Freizeitpark**, Hinterfeldstr. 10, 📞 9937984, 🕐 Fr ab 17 Uhr, Sa ab 14 Uhr, So ab 11 Uhr, @ obh876
- 📷 **Zum Stern**, Hauptstr. 22, 📞 1411
- ♟ **St. Katharina**. Kath. Kirche aus dem Jahr 1932 mit einem Bruchsandsteinsaal.

1 ⁰,⁰ ⁽⁴⁵⁹⁾ Auf der **Trippstadter Straße** laufen Sie in Richtung Norden ⤧ 〰 knapp 5 km folgen Sie der weißen Kreuzmarkierung Richtung Johanniskreuz 〰 zunächst flach auf Schotter, dann auf einem Pfad bergab 〰 der nächsten Forststraße rechts leicht bergab ins Schwarzbachtal folgen.

2 ³,² ⁽³⁴⁵⁾ 250 m nach einer Hütte auf die andere Talseite 〰 für 1,8 km, vorbei an zwei Hütten bis zu den **Köhleröfen**, links des Baches bleiben.

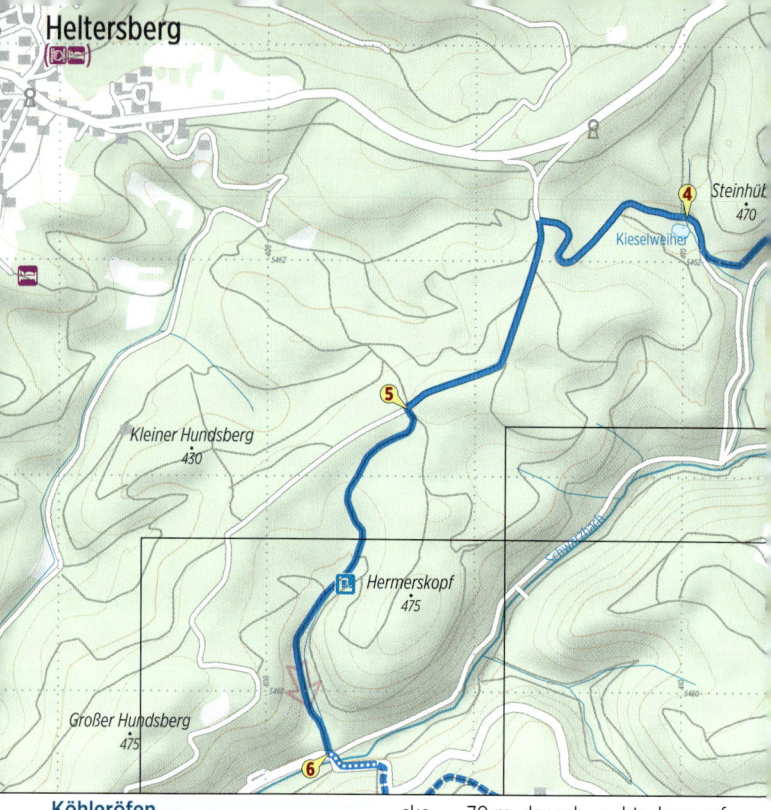

Heltersberg

Köhleröfen

Die drei Brennöfen im Schwarzbachtal wurden 1943/44 angelegt, um Holzkohle als Ersatzbrennstoff für die Dienstfahrzeuge der Forstverwaltung herzustellen. Nach Kriegsende wurde noch bis 1951 Holzkohle u. a. zur Belieferung der französischen Besatzungstruppen hergestellt, 1991 wurde die Anlage als technisches Denkmal renoviert.

3 4,9 (384) Nun auf demselben Weg zurück, vorbei an der letzten Brücke ～ 70 m danach rechts bergauf auf einen unscheinbaren Pfad (Schild „Spurensuche/Nr. 7") ～ 600 m bergauf ～ am zweiten kreuzenden Schotterweg links, nun orientieren Sie sich für ca. 5,5 km an der gelben Kreuzmarkierung ～ bald vorbei am Ritterstein **Weiserstein** ～ ein weiteres Mal wird kurz die Landesstraße berührt ～ dann geht es auf einem schlängelnden Waldweg vorbei am **Molkenborn** zum idyllischen **Kieselweiher**.

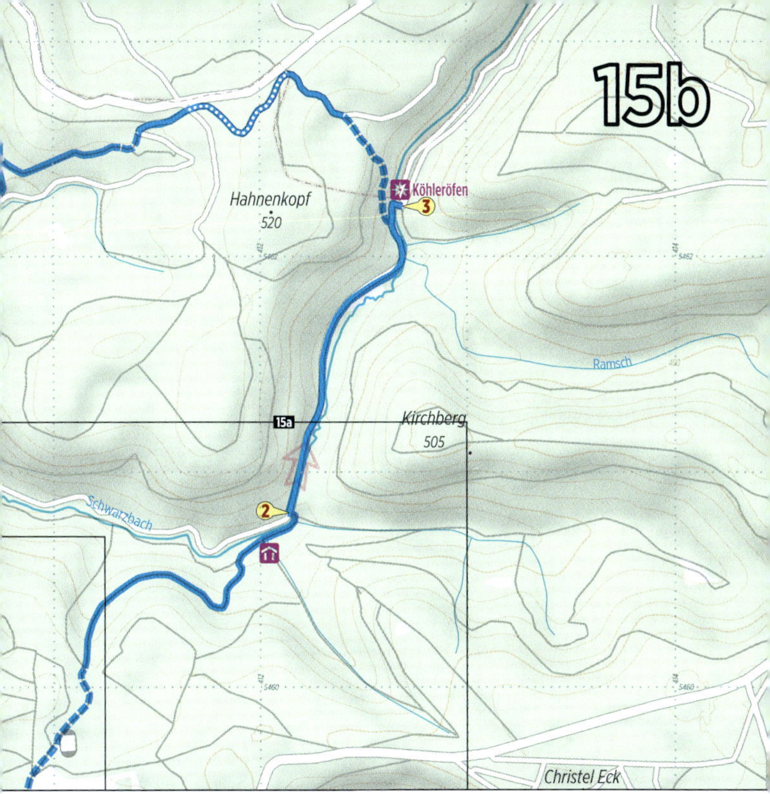
15b
Hahnenkopf
520
Köhleröfen
3
Ramsch
15a
Kirchberg
505
2
Schwarzbach
Christel Eck

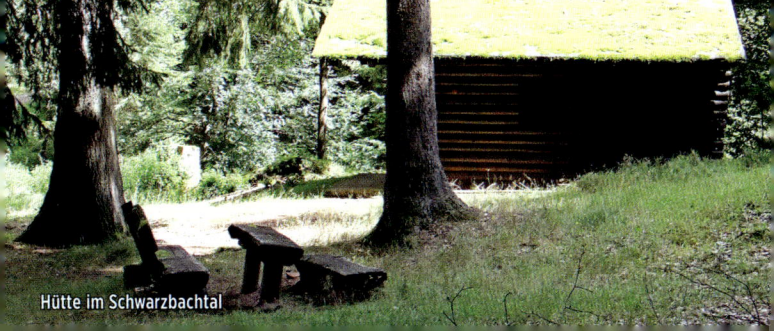

Hütte im Schwarzbachtal

Der **Kieselweiher** war früher Standort einer Mühle und anschließend Wohnort der Försterfamilie. 1882 wurde das Haus aufgegeben.

4 8,9 (398) Danach leicht bergauf zu einem Wegedreieck, dort links ∿ auf der breiten Forststraße über eine längere Gerade.

5 11,1 (458) An einem Sternplatz am Anfahrpunkt 912 halb links, ab hier folgen Sie der blauen Punktmarkierung ∿ durch ein Tal bergab zum sehenswerten **Hermersbrunnen** ∿ 300 m danach links ∿ Sie kommen wieder hinunter ins Schwarzbachtal.

6 13,1 (311) Unten links der Hauptstraße folgen ∿ nach 300 m rechts auf einen Pfad bergauf Richtung Röderhof.

Röderhof (Leimen)

7 14,4 (429) Auf der Straße durch den Weiler und nach Leimen ∿ vor dem Ort in der Linkskurve der Straße dem blauen Punkt folgend geradeaus ∿ oben auf die **Waldfischbacher Straße** und in den Ort.

1 16,2 (459) An der Kreuzung erreichen Sie wieder den Ausgangspunkt der Tour.

Leimen

Tour 16   9,5 km

Maria Rosenberg

Start/Ziel: Clausen, Ecke Hauptstraße/
Schwarzbachstraße

Gehzeit: 3 Std.

Aufstieg: 264 m
Abstieg: 264 m
Hartbelag: 44 %
Wanderwege: 43 %
Wanderpfade: 13 %

Charakteristik: Das Gebiet um Donsieders weist nur wenig Waldflächen auf. Dennoch ist dieser äußerste Westen des Pfälzerwalds noch immer Teil des ansonsten fast geschlossen bewaldeten Naturparks. Und das zu Recht: nicht nur das Schwarzbachtal weist den typischen, stark verwachsenen Kerbtalcharakter auf, auch die Topographie beim Aufstieg zum Wallfahrtsörtchen Maria Rosenberg ist dem restlichen Pfälzerwald sehr ähnlich. Die Ausblicke nach Waldfischbach und auf Maria Rosenberg sind indes seltene Besonderheiten im Naturpark. Der Abschnitt von Donsieders nach Clausen ist dann durch seine Ebenheit, die Sichtweite

und den Asphalt unter den Schuhen ebenfalls etwas außergewöhnlich.

Öffentliche Verkehrsmittel: Clausen und Donsieders sind nur mit sehr vereinzelt fahrenden Schulbussen aus Münchweiler und Waldfischbach zu erreichen.

Clausen

🔵 **Heidelsburg**, auf der Nordseite des Schwarzbachtals, etwa 1 km vom Ort entfernt. Verteidigungsanlage mit Fundamenten aus dem 4. Jh. oder älter, in der römische Münzen und Grabplatten gefunden wurden. Heute sind einige Treppen und Mauern sowie jüngere Reste einer Zisterne zu sehen.

1 0,0 (390) Der **Schwarzbachstraße** ortsauswärts bergab folgen 🚭 〰 nach dem Ortsende links auf einen Pfad (grüne Balkenmarkierung) 〰 bergab ins Schwarzbachtal.

2 1,2 (269) Im Tal unterhalb der Burgruine scharf links auf einen Schotterweg (gelb-roter Balken Richtung Waldfischbach) 〰 2,8 km auf der linken Talseite dahin 〰 danach auf Asphalt Richtung Straße.

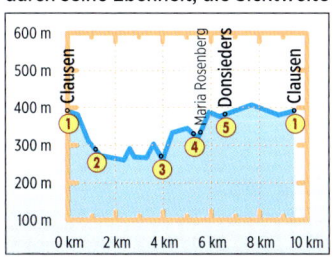

3 ³'⁹ ⁽²⁶⁹⁾ Vor Querung der Talsohle links auf Schotter 〰 nach 20 m, bei einem Wegestein, links einen steilen Weg mit der lokalen Markierung 2 hinauf 〰 auf der aussichtsreichen Hochebene mehrere Abzweige links liegen lassen und die Ebene in einem weiten Linksbogen überqueren 〰 bei einem Wasserbehälter rechts hinab 〰 an der Gabelung rechts in den schlechteren Schotterweg und auf die Klosteranlagen zu.

Maria Rosenberg (Waldfischbach-Burgalben)
Vorwahl: 06333

🛈 Tourist-Information Waldfischbach-Burgalben, Friedhofstr. 3, ☎ 925160, @ yjn424

🕍 Wallfahrtskirche Maria Rosenberg, Rosenbergstr. 22, ☎ 923200 ㉾ Mit Gnadenkapelle (1150) – eines der ältesten ro-

manischen Baudenkmäler des Landes. @ qxw336

Maria Rosenberg wurde bereits 1430 erstmals als Wallfahrtsort erwähnt. Mit der neuen, 1912 fertiggestellten Wallfahrtskirche und den weitläufigen Parkanlagen mit Kreuzweg und nachgebauter Lourdes-Grotte ist der friedliche und besinnliche Ort sehr sehenswert.

4 ⁵'³ ⁽³²⁹⁾ Vor den Kirchengebäuden links die Straße hinauf 〰 beim letzten Haus weist der grün-gelbe Balken geradeaus auf den steil bergauf führenden Schotterweg 〰 🔄 am Rand von **Donsieders** geradeaus auf die Straße und bis in die Ortsmitte.

Donsieders

🕍 Herz Jesu. 1934 von Albert Boßlet aus Bruchsandstein erbaut.

Clause

Clausen

Heidelsburg

Hesselsberg
465

Kröten
46

Erzenbühl
440

🏠 **Al Mediterraneo**, Wiesenstr. 33,
📞 06333/4545, 🕐 Mi-Mo 17-22 Uhr,
@ smr333

🏠 **Café Lickteig**, Burgalber Str. 10,
📞 06333/1565, 🕐 Di-Do 6-13 Uhr und
14.30-18 Uhr, Fr 6-13 Uhr, Sa 8.30-13 Uhr

5 6,6 (381) An der Hauptkreuzung links
in die **Clauser Straße** ~ der gelben

Balkenmarkierung zum Ortsrand folgen ~ 🏃 ab dort auf einem asphaltierten Feldweg nach Clausen ~ 🏠 entlang der Hauptstraße zurück zum Startpunkt der Tour.

1 9,5 (390) Ende der Wanderung in Clausen.
Clausen

Maria Rosenberg

Tour 17

16,8 km

Ruine Gräfenstein – Hubertusfelsen

Start/Ziel: Wanderparkplatz an der Ruine Gräfenstein

Gehzeit: 5 - 6 Std.

Aufstieg: 482 m
Abstieg: 482 m
Hartbelag: 15 %
Wanderwege: 51 %
Wanderpfade: 34 %

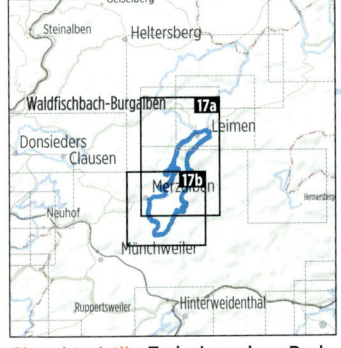

Charakteristik: Zwischen dem Parkplatz an der Ruine Gräfenstein und dem Besuch der Ruine selbst liegen bei dieser Wanderung fast 17 lohnende Kilometer. Zunächst geht es einige Meter hinab zur ehemaligen Karlsmühle im Tal der Merzalbe, bevor Sie das Schamborner Tal vorbei an Seen, Quellen und dem Geisau- und Fritz-Claus-Stein hinauf nach Leimen führt. Der hübsche Ort bietet Gelegenheit zur Einkehr. Danach wandern Sie weiter über den Höhenrücken zum Hubertusfels, einem beeindruckenden Felsenkomplex, der komplett umrundet werden kann. Nach Durchquerung von Merzalben passieren Sie ein mit Wiesen gesäumtes und nach oben immer enger werdendes Seitental. Schließlich führen Pfade recht spektakulär zwischen Bergrücken und

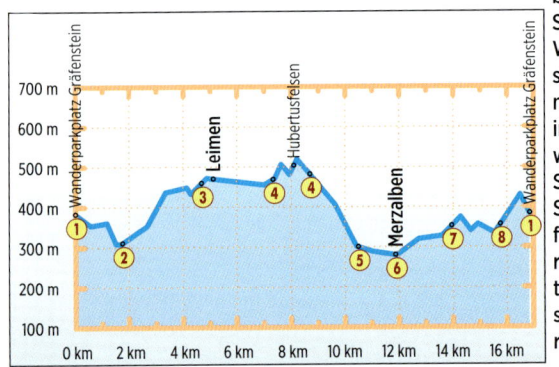

Am Hubertusfelsen

tiefem Talgrund bis an den Burg-berg heran. Oben angekommen, ist der Rundumblick vom Bergfried eine tolle Belohnung.

Anfahrt: Die Ruine Gräfenstein ist vom östlichen Ortsausgang von Merzalben beschildert.

Öffentliche Verkehrsmittel: Die Hal-testelle Rathaus Merzalben – Einstieg in die Tour dann bei Kilometer 11,8 – liegt an der Hauptstraße 200 Me-ter abseits der Runde und wird wo-chentags im Schüler- und Berufs-verkehr in Richtung Münchweiler mit einer mehrstündigen Lücke am Vormittag von Bussen bedient. Zu-sätzlich und auch in der Woche kann zum Bus-Tarif ein Anruf-Sammel-Taxi (Tel.: 06331/228899) genutzt werden.

Tipp: Für eine Besteigung des Turms in der Ruine bitte eine Taschenlam-pe mitnehmen, da die Wendeltrep-pe völlig unbeleuchtet ist.

Wanderparkplatz Gräfenstein

1 0,0 (383) Am – von der Ruine Gräfen-stein abgewandten – Ende des Park-platzes auf den linken Schotterweg Richtung Aussichtsfelsen Winschert ∿ an der Gabelung nach 50 m weiter auf dem linken, unteren Weg ∿ nach etwa 250 m, hinter einer Rechtskurve, links auf einen Pfad, von hier bis Leimen leitet Sie nun die Markierung mit rotem Balken ⌁ zunächst leicht, dann stärker bergab.

2 1,8 (311) An der ehemaligen **Karlsmühle** am Ritterstein und am Fischweiher vorbei ⌁ durch das romantische Schamborner Tal ⌁ vorbei am **Fritz-Claus-Stein**.

🖪 **Fritz-Claus-Stein**. Johann Martin Jäger lebte 1853-1923. Er verbrachte einige Jahre seiner Kindheit bei Münchweiler und wurde später katholischer Priester. Seine zahlreichen volkstümlichen Theaterstücke und Erzählungen verfasste er – teilweise in Pfälzer Mundart – unter dem Pseudonym Fritz Claus. Er trat auch als Sänger auf und war einer der Mitbegründer des Pfälzerwald-Vereins.

800 m darauf passieren Sie den bemoosten **Geisaustein**.

🖪 **Geisaustein** (1790) Der „wirchliche geheime Rath und Ober Jäger Meister" Carl Freiherr von Geisau stiftete Waldwege und gab seinen dankbaren „Gräfensteiner Unterthanen" die Erlaubnis, hier ihrem Broterwerb nachzugehen.

Am Rand von Leimen kurz auf die Straße, dann links und in den Ort 🚏 ⌁ an der Straße links, gleich wieder rechts in die **Pfarrstraße**.

Leimen

Vorwahl: 06397

🖫 **Kiosk im Freizeitpark**, Hinterfeldstr. 10, ✆ 9937984, 🕐 Fr ab 17 Uhr, Sa ab 14 Uhr, So ab 11 Uhr, @ obh876

🖫 **Zum Stern**, Hauptstr. 22, ✆ 1411

🖪 **St. Katharina**. Kath. Kirche aus dem Jahr 1932 mit einem Bruchsandsteinsaal.

3 4,7 (459) Bei der Bushaltestelle links in die **Waldfischbacher Straße** ⌁ dieser durch den Ort folgen ⌁ am Ortsende links in die **Ringelsbergstraße** 🔀, nun folgen sie für 1,5 km der weißen Kreuzmarkierung ⌁ geradeaus am Waldrand entlang ⌁ leicht bergab zu einer Kreuzung auf einem Sattel, hier geradeaus ⌁ danach zwei Mal links halten ⌁ ⚠ 20 m nach der zweiten Gabelung rechts auf einen unmarkierten, schnurgeraden Weg ⌁ auf die Kuppe hinauf ⌁ dort sowie an einer Wegteilung bei einem Hochsitz halb links ⌁ dann sanft hinunter zu einer Kreuzung mit breiteren Wegen.

4 7,3 (468) An dieser Kreuzung rechts zu einer Gabelung bei einer Rastbank ⌁ dort links bergauf, ein Holzschild markiert hier den Felsenpfad ⌁ einen abzweigenden Weg rechts liegen lassen und nach 180 m scharf links den Pfad hinauf, Sie laufen weiterhin auf dem Felsenpfad ⌁ in Kehren bergauf, dabei grob an der lokalen Markierung Nr. 2 orientieren ⌁ den **Hubertusfelsen** halb im Uhrzeigersinn umrunden.

❇ **Hubertusfelsen**

Danach erneut einen abzweigenden Pfad links liegen lassen und die Runde um den Fels schließen ⌁ bei der Einmündung in einen breiteren Weg rechts ⌁ zurück zum Aufstiegsweg und rechts zur bekannten Kreuzung.

4 8,8 (468) Diese gerade durchqueren ⌁ dahinter an der Wegteilung rechts bergab, von hier bis nach Merzalben folgen Sie wieder der weißen Kreuzmarkierung ⌁ hinab in den Talgrund.

5 10,5 (300) Unten links talauswärts ⌁ auf Asphalt nach **Merzalben** ⌁ 🚏 geradeaus auf die Hauptstraße.

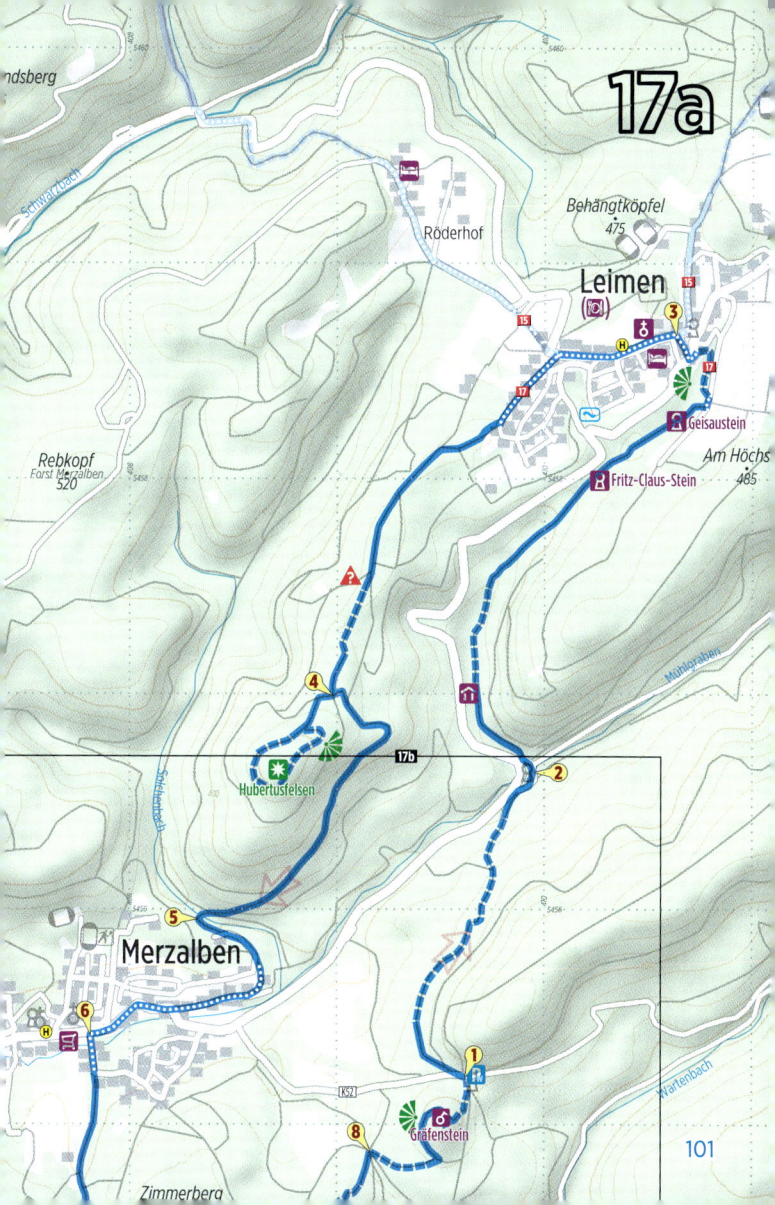

Behängtköpfel
475

Röderhof

Leimen

Geisaustein

Am Höchs
485

Fritz-Claus-Stein

Rebkopf
Forst Merzalben
520

Hubertusfelsen

17b

Merzalben

Gräfenstein

Zimmerberg

Ruine Gräfenstein

Merzalben

ℹ️ **Tourist-Information Gräfensteiner Land**, Am Rathaus 9, Rodalben, ☎ 06331/234180, @ nce563

Der Ortsname leitet sich vom Namen eines fränkischen Siedlers namens „Merchio" und dem germanischen „albiz" für Bach ab. Das Dorf und der gleichnamige Bach des Merchio waren stets den Herren der nahen Burg Gräfenstein unterworfen und litten in der Regel unter der Nähe zu den wechselnden Herrschern mehr, als davon zu profitieren.

6 11,9 (280) In der Ortsmitte links in die **Zimmerbergstraße** ～ nach 170 m, in der Linkskurve, geradeaus auf den unmarkierten Schotterweg ～✈ ein schönes Tal hinauf ～ einen Abzweig auf die Wiese rechts liegen lassen ～ 450 m später teilt sich der Weg, hier links im Talgrund bleiben ～ nach weiteren 300 m an einem Wegedreieck halb rechts dem Tal weiter folgen.

7 13,9 (352) Oberhalb eines Brunnens an einem Querweg links, ab hier bis zum Ausgangspunkt der Wanderung folgen Sie der Markierung mit dem grünen Kreuz ～ auf der Höhe an einer Kreuzung geradeaus ～ der Weg schlängelt sich am Hang entlang ～ unter einer Hochspannungsleitung durch.

8 15,8 (356) An einer Mehrfachkreuzung rechts bergauf und zur Ruine.

Ruine Gräfenstein

🏰 **Burgruine Gräfenstein**. Von der fast 450 m hoch liegenden Burganlage (12.-

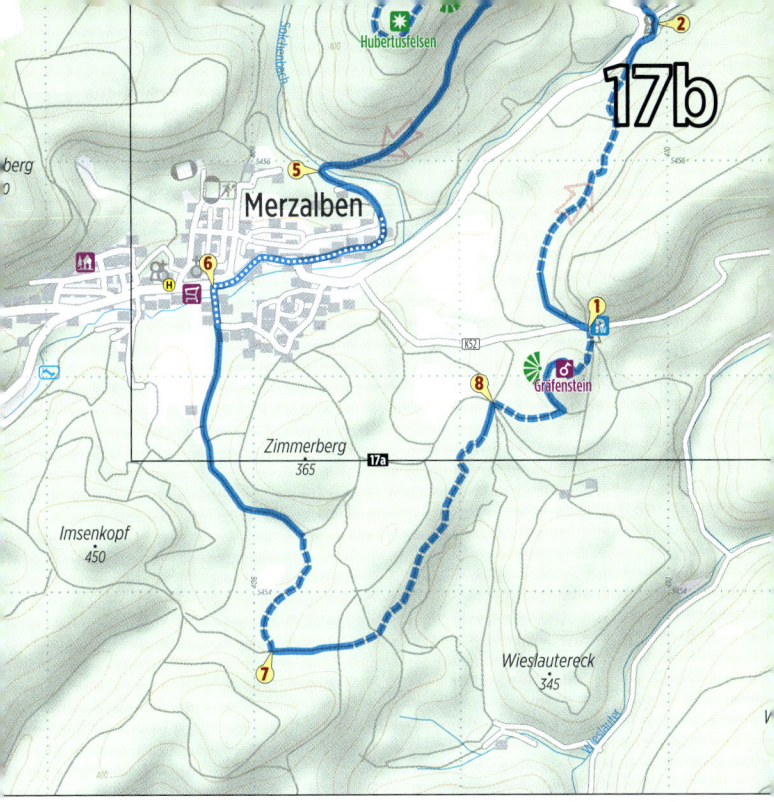

13. Jh.) ist der Grundriss fast vollständig erkennbar. Erhalten sind die hohe Ringmauer, Teile des Palas und der fensterlose, siebeneckige Bergfried, der in Deutschland einmalig ist.

Die Burg wurde Ende des 12. Jahrhunderts erbaut, diente als Amtssitz der Grafen von Leiningen und wurde im Dreißigjährigen Krieg 1635 endgültig zerstört. Der siebeneckige Bergfried, der inmitten der Oberburg steht, kann bestiegen werden und bietet eine tolle Aussicht in alle Richtungen. Die gesamte Anlage – auch als „Merzalber Schloss" bekannt – ist eine der schönsten Stauferburgen der Pfalz und wird heute vom Staat erhalten.

Vom Burgportal geht es hinunter zum Ausgangspunkt der Tour.

1 16,8 (383) Ende der Wanderung am Parkplatz.

Wanderparkplatz Gräfenstein

Tour 18

5,7 km

Luitpoldturm

Start/Ziel: Hermersbergerhof
Gehzeit: 1½ - 2 Std.

Aufstieg: 98 m
Abstieg: 98 m
Hartbelag: 9 %
Wanderwege: 60 %
Wanderpfade: 31 %

Charakteristik: Da Start und Ziel dieser Tour auf demselben Höhenrücken liegen, ist der Weg beinahe vorgegeben. Trotz der Kürze dieser Wanderung beinhaltet sie einige Höhepunkte, die mit wenig Kraftaufwand erlebt werden können.

Vom Hermersbergerhof, der mit 540 Metern höchstgelegenen Dauersiedlung des Pfälzerwaldes, passiert man zunächst den alten Dreiherrenstein. Vom Luitpoldstein zum Luitpoldturm führt dann ein breiter Weg empor, der auf den letzten Metern deutlich an Abenteuerlichkeit gewinnt. Nach Besichtigung des eindrucksvollen Turms steigen Sie zum Holländerklotz ab – und kehren auf einer Strecke zurück, die nicht jeder Wanderer in dieser Ecke mitnimmt. Mit tollen Ausblicken auf das tief eingeschnittene Tal des Floßbachs und den gegenüberliegenden Ort

Leimen sind Sie schnell zurück am Hermersbergerhof.

Anfahrt: Der Hermersbergerhof gehört zur Gemeinde Wilgartswiesen, eine Anfahradresse für Navigationsgeräte kann auch die Straße Horstweg sein.

Öffentliche Verkehrsmittel: Die Bushaltestelle Hermersbergerhof ist mit einem Anruf-Sammel-Taxi (Tel.: 06398/298) nach vorheriger Anmeldung aus Wilgartswiesen und Hauenstein erreichbar. Die Ruftaxen haben den gleichen Tarif.

Hermersbergerhof (Wilgartswiesen)
Vorwahl: 06392
🅿 **Café Ingrid**, Mühlweg 1, ✆ 1764, ⊙ Mi-So 11-18 Uhr, @ ovb552
🅿 **Landgasthof Luitpoldsturm**, Horstweg 2, ✆ 994090
❶ **0,0 (540)** Von der Bushaltestelle auf der Straße Richtung Kaiserslautern (nach Westen) am Gasthaus vorbei 🚌, bis zum Wegpunkt 3 folgen Sie

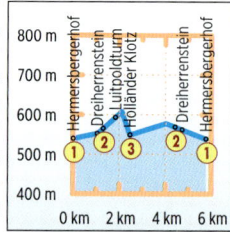

der blauen Kreuzmarkierung ～ bald rechts der Straße zum **Dreiherrenstein**.

✳ **Dreiherrenstein**. An diesem Grenzstein trafen drei verschiedene Grundbesitzungen aufeinander, deren Wappen in den Stein eingemeißelt sind.

Danach links der Straße weiter bergauf zum **Luitpoldstein**.

🪧 Der **Luitpoldstein** wurde anlässlich des 90. Geburtstages des Prinzregenten aufgestellt.

2 1,3 (565) Den Park- und Rastplatz geradlinig überqueren ～ nun steil hinauf zum **Luitpoldturm**.

Luitpoldturm

🏰 **Luitpoldturm** ㉔. Der gut 35 m hohe Aussichtsturm steht in 610 Meter Höhe auf dem Weißenberg.

Die Idee zum Bau des Aussichtsturmes hatte der Pfarrer Martin Jäger (1853-1923), der unter dem Pseudonym Fritz Claus als Heimatdichter Bekanntheit erlangte. Als Mitglied des Pfälzerwald-

Luitpoldturm

Vereins engagierte er sich stark für den Bau des Turmes. Von dem 1909 fertig gestellten Bauwerk aus können dank mehrerer Orientierungstafeln bei gutem Wetter zahlreiche Orte in Pfälzerwald, Schwarzwald, Odenwald und im Elsass angepeilt werden. Bei schlechter Witterung bietet ein Aufenthaltsraum im Erdgeschoss reichlich Platz für eine Rast.

Dem blauen Kreuz weiter folgend den Gipfel verlassen ∿ 600 m sanft bergab.

8 **Holländerklotz.** Dieser Ritterstein soll an die Holländer erinnern, die im 17. Jh. im Pfälzerwald Holz für den Bau ihrer Schiffe kauften.

3 2,4 (549) Vor dem Parkplatz links auf einen unmarkierten Weg abbiegen ∿ an der unmittelbar folgenden Gabelung den linken, etwas höheren Weg nehmen ∿ einen erdigen, ebenfalls nach wenigen Metern abzweigenden Weg links liegen lassen ∿ 850 m flach dahin ∿ am Anfahrpunkt 954 links halten ∿ die blau-weiße Balkenmarkierung führt Sie zurück zum Luitpoldstein.

2 4,4 (569) Auf bekannter Strecke zurück zum Startpunkt.

1 5,7 (540) Ende der Wanderung.
Hermersbergerhof (Wilgartswiesen)

Kirschfels – Forsthaus Annweiler

Start/Ziel: Parkplatz an der B 48 am Ausgang des Kaltenbachtals

Gehzeit: 3 Std.

Aufstieg: 362 m
Abstieg: 362 m
Hartbelag: 11 %
Wanderwege: 70 %
Wanderpfade: 19 %

Charakteristik: Es ist nicht ganz leicht, entlang des unbesiedelten, 36 Kilometer langen Bundesstraßenabschnittes zwischen Rinnthal und Hochspeyer den Ausgangspunkt dieser Tour auszumachen. So sind es denn auch ziemlich abgelegene Ziele, die Sie auf dieser Tour besuchen. Selbst im nahen Rinnthal werden die meisten Bewohner mit dem Namen Kirschfels nichts anzufangen wissen, obwohl dieser den steilen und abwechslungsreichen Aufstieg wert ist und sich mit einer Runde zum bekannteren Forsthaus Annweiler auch gut kombinieren

lässt. Wer im Forsthaus eine Einkehr plant, der sollte sich vor der Tour unbedingt erkundigen, ob dies wieder für Gäste geöffnet ist.

Nach dem Forsthaus geht es nur noch bergab, zunächst steil zur ersten Quelle, dann immer flacher und schließlich entlang des Kaltenbachs zurück zum Ausgangspunkt.

Anfahrt: Der Parkplatz befindet sich an der B 48 gegenüber dem beschilderten Abzweig zum Forsthaus Annweiler, 2,9 Kilometer nördlich des Abzweiges von der B 10.

Öffentliche Verkehrsmittel: Der nächstgelegene Bahnhof befindet sich in Rinnthal, ist aber über 4 Kilometer entfernt, sodass die Anreise mit dem Auto empfohlen wird.

Parkplatz an der B 48

1 0,0 (223) Auf der asphaltierten Straße Richtung Forsthaus Annweiler 〰 nach 550 m rechts auf Schotter Richtung Schlesierbrunnen 〰 erst kommt eine Rechts-, dann eine Linkskehre, danach geradeaus weiter.

✿ **Schlesierbrunnen**

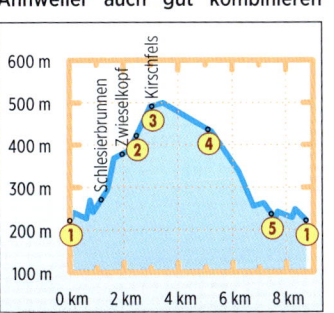

Aussichtsplattform am Kirschfels

Vor dem Schlesierbrunnen scharf rechts einen sehr steilen Weg hinauf ᔎ von diesem zweigt nach 250 m bei zwei großen anstehenden Felsplatten links ein Pfad ab, diesem folgen Sie ᔎ der Pfad mündet bald in einen breiteren Weg, diesem halb rechts folgen ᔎ am Bergsporn auf dem Hauptweg durch die Linkskurve, dabei den links in den Wald abzweigenden Weg ignorieren.

2 2,5 (422) 500 m später, an einer Dreifachgabelung, ganz rechts halten ᔎ nach wenigen Metern links auf einen schmäleren Pfad abbiegen ᔎ dieser mündet in einen Sägeplatz, hier rechts zur Hütte ᔎ daran vorbei und dahinter den linken Weg nehmen ᔎ nach 150 m links auf einen steileren Pfad ᔎ von diesem nach 80 m links auf einen unmarkierten, aber gut sichtbaren, noch schmäleren Pfad ᔎ in Kehren bergauf ᔎ am

Ende kurz vor der Kuppe rechts zum Schotterweg ᔎ auf diesem links zum Aussichtspunkt.

Kirschfels (495 m)

Der Kirschfels ist zu Unrecht einer der weniger bekannten Aussichtspunkte des Pfälzerwaldes und wird überwiegend von Spaziergängern vom Forsthaus Annweiler aus besucht. Das macht es umso spannender, aus der Gegenrichtung die oft einsam daliegende Aussichtsplattform zu betreten und den verdienten Blick nach Süden und Osten zu genießen.

3 3,0 (492) Auf dem Schotterweg zurück und geradlinig weiter ᔎ nach 200 m mündet ein Weg von links ein ᔎ hier halb rechts weiter, Sie folgen nun bis zum Forsthaus Annenweiler der Markierung Nr. 1 ᔎ 1,7 km auf der Höhe dahin ᔎ unweit des Forsthauses an der Gabelung halb links ᔎ kurz darauf nochmals

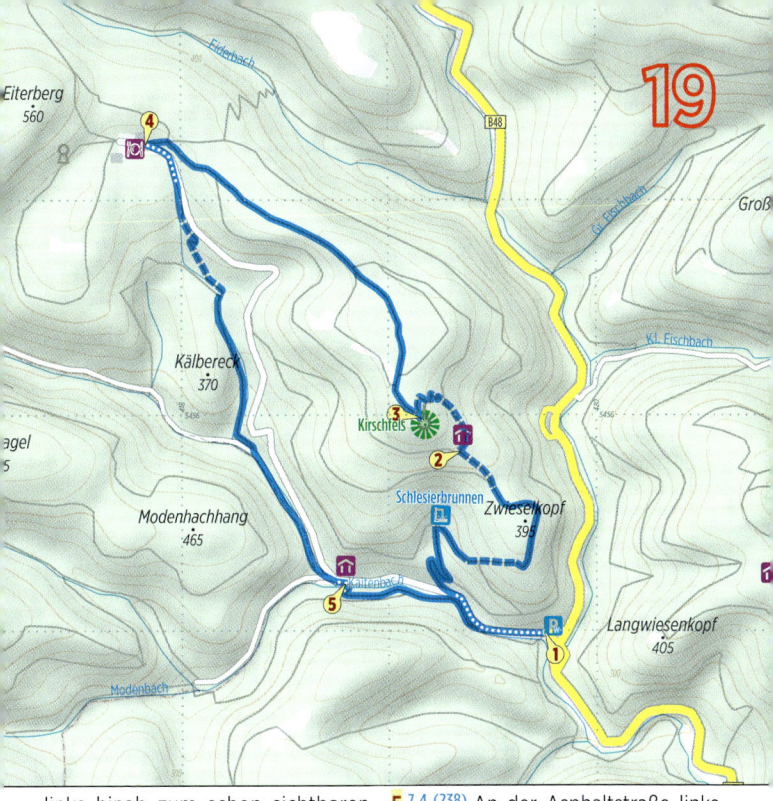

links hinab zum schon sichtbaren Forsthaus.

Forsthaus Annweiler

Forsthaus Annweiler, ☎ 0175/2060000, Wiedereröffnung nach Renovierung voraussichtlich ab März 2019, ⏰ Mi-So 11-19 Uhr

4 5,1 (436) Auf Asphalt durch die scharfe Linkskurve vor dem Forsthaus (blaugelbe Balkenmarkierung Richtung Wilgartswiesen) ～ bald rechts auf einen Wanderpfad ～ bergab ins Tal.

5 7,4 (238) An der Asphaltstraße links ～ gleich wieder rechts über eine Holzbrücke ～ dahinter der rot-weißen Balkenmarkierung nach links folgen ～ auf einem Schotterweg talauswärts ～ nach ca. 800 m über den Bach ～ auf der Asphaltstraße zurück zum Startpunkt.

1 8,7 (223) Ende der Wanderung.

Parkplatz an der B 48

Tour 20   **7,8 km**

Burgen und Felsen am Queichknie

Start/Ziel: Bahnhof Hauenstein Mitte

Gehzeit: 2 ½ - 3 Std.

Aufstieg: 292 m

Abstieg: 292 m

Hartbelag: 30 %

Wanderwege: 35 %

Wanderpfade: 35 %

Charakteristik: Beiderseits des verkehrsreichen Queichtals führt diese Runde an gleich mehreren Aussichtspunkten und Sehenswürdigkeiten vorbei. Direkt am Bahnhof beginnt der Aufstieg auf den Neding, einen der Hauensteiner Hausberge, der neben interessanten Auswaschungsformen mit einer tollen Aussichtsplattform besticht. Hinab ins Queichtal sehen Sie den hier noch kleinen Fluss kurz vor seinem markanten Rechtsknick, dem „Queichknie". Anstatt dem Bach jedoch abwärts zu folgen, nehmen Sie noch den Sattel zwischen Großem und Kleinem Rauhberg mit, von dem aus Sie eine gute Aussicht auf den kleinen Ort Wilgartswiesen mit seiner beeindruckenden Kirche haben. Nach einigen Metern durch den Ort beginnt der steile Anstieg zur Ruine Falkenburg, die auf einem Felsblock nördlich der Queich in großer Höhe steht. Nach deren Besichtigung führt Sie ein ebenso schöner wie erstaunlich einsamer Weg zwischen Bundesstraße 10, Queichtalbahn und Neding zurück nach Hauenstein.

Anfahrt: Der Bahnhof Mitte befindet sich am Ende der Falkenburgstraße und ist nicht zu verwechseln mit dem alten Bahnhof Hauenstein.

Öffentliche Verkehrsmittel: Der Bahnhof wird stündlich aus den Richtungen Landau und Pirmasens bedient.

Hauenstein
Vorwahl: 06392

🛈 **Tourist-Informations-Zentrum Pfälzerwald**, Schuhmeile 1, ✆ 9233380, @ jud324

🏛 **Deutsches Schuhmuseum**, Turnstr. 5, ✆ 9233340 ♿ An originaler Produktionsstätte wird der Werdegang der Schuhindustrie in einer ehemaligen, im Bauhaus-Stil errichteten Schuhfabrik von 1740 bis heute nachvollzogen. Mit Schusterwerkstatt, Schuhsalon der 50er Jahre, Prominentenschuhen und dem größten Schuh der Welt. @ rfn555

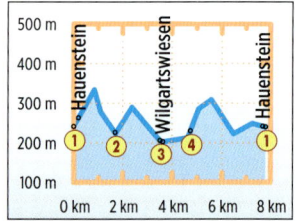

Blick auf Hauenstein und den Nedingfelsen

🔲 **Schuhmacherdenkmal**, Hauptstr. Symbolisiert den Bezug des Dorfes zum Schuhhandwerk.

❄ **Gläserne Schuhfabrik**, Waldenburger Str. 1, 📞 9221371, 🕐 Mo-Fr 10-12 Uhr und 12.45-16.30 Uhr, So/Fei 13-16.30 Uhr, Führungen nur n. V. Schuhfabrikation direkt erleben: Schritt für Schritt durch die Produktion - von der Materialauswahl bis zum fertigen Schuh. @ gwj253

❄ **Schuhmeile Hauenstein**, Industriestr. 1, 📞 9233380. Deutschlands größtes Schuh-Outlet-Zentrum lockt mit 26 Schuhgeschäften, @ hvr441

🔲 Spätgotische Sandsteinkapelle **St. Katharina** (1512)

🔲 **St. Bartholomäus**, fertiggestellt 1788, mit mittelalterlichen Heiligenfiguren und Malereien im Innenraum

❄ **Schuhmeile**, Einkaufsstraße mit vielen Schuhgeschäften, 🕐 Mo-Sa 9.30-18 Uhr, im Sommer auch So 13-18 Uhr

🔲 **Freibad Wasgaubad**, Backelsteinstr., 📞 409480. Beheizt. @ vbn766

Hauenstein wirbt heute vor allem mit seiner Geschichte als vormals wichtiger Standort der Schuhindustrie um Touristen. 1886 wurde hier die erste Schuhfabrik eröffnet, 1914 gab es 14 und 1961 schon 36 Schuhfabriken im Ort. Durch die Verlagerung nach Fernost gibt es heute nur noch eine einzige, das Schusterdenkmal im Ortskern erinnert an die Zeit der Schuhindustrie.

1 0,0 (240) Vom Bahnhof auf der Straße Richtung Ort 〰 kurz vor der Höhe, bei einer Rastbank und dem Holzschild zum Einstieg am Neding, halb links die Stufen hinauf 〰 Sie folgen nun dem markierten Hauensteiner Schusterpfad steil bergauf 〰 am **Nedingfelsen** und der Aussichtsplattform entlang.

❄ **Nedingfelsen**. Im Gipfelbereich ist der max. bis 12 m hohe Felsen wie ein Band

Stufen zur Ruine Falkenburg

ausgeprägt. Das Plateau bietet eine hervorragende Aussicht.

Nach kurzem Abstieg verlassen Sie den Schusterpfad, nun auf einem unmarkierten Fahrweg nach links ∿ nach einigen Metern sehen Sie die gelb-rote Balkenmarkierung, der Sie bis nach Wilgartswiesen folgen ∿ hinunter zur **Queich** ∿ an der kleinen Straße links.

2 ¹,⁷ ⁽²²⁵⁾ Bei nächster Gelegenheit rechts ∿ nach 600 m links auf Schotter ∿ über den **Rauhbergsattel** ∿ bergab und unter der B 10 hindurch ∿ nach **Wilgartswiesen** 🚏 ∿ nach der Bahnunterführung geradeaus ins Ortszentrum.

Wilgartswiesen

8 🔲 **Sandsteinkirche,** einzige Kirche des Pfälzerwaldes mit zwei Türmen

3 ³,⁵ ⁽²⁰⁵⁾ An der Hauptstraße links das Rathaus umrunden ∿ durch die Schulstraße, ab hier der Markierung mit dem gelben W folgen ∿ am Straßenende auf einem Pfad weiter ∿ im weiteren Verlauf auf Schotter ∿ nach dem Parkplatz vom Pflegeheim rechts, dann die **Hauptstraße** queren.

4 ⁴,⁷ ⁽²³⁰⁾ Kurz darauf links steil bergauf Richtung Ruine ∿ 🚃 nach einigen Kehren ist der Fuß der **Falkenburg** bei einer ehemaligen Zugbrücke erreicht.

Ruine Falkenburg

♂ **Falkenburg** ㉔. Die vermutlich in der zweiten Hälfte des 12. Jhs. gegründete Felsenburg war im Mittelalter und der frühen Neuzeit eine der wichtigsten Burgen der Region. 1681 wurde sie durch französische Truppen zerstört, einige Jahre später dann geschleift.

Von der Unterburg, an der eine Zugbrücke am Originalstandort nachge-
baut wurde, führen steile Holz- und
Felstreppen zur Oberburg, die noch
einige Fundamente und einen Teil
des Bergfrieds zeigt. Die durch die
Schleifung entstandene Aussichtsplattform ermöglicht Ausblicke auf
Wilgartswiesen, das Queichtal und
einige Gipfel der Frankenweide.
Über die alte Zugbrücke ∿ auf der
anderen Seite des Burgfelsens hinab
∿ nahe dem Talgrund an einer Kreu-

zung bei mehreren Sitzbänken links
bergab, ab hier folgen Sie der rot-
weißen Balkenmarkierung ∿ unter
der B 10 und bald danach unter der
der Bahnlinie durch ∿ an der Nordseite des Nedingfelsens entlang zurück
zum Bahnhof.

1 7,8 (240) Ende der Wanderung.
Hauenstein

Mittlerer Pfälzerwald – Ost

115   **Tour 21**   *MITTEL*   *12,2 km*
Hochstraße und Leinbachtal

119   **Tour 22**   *MITTEL*   *11,0 km*
Drei Burgruinen

124   **Tour 23**   *LEICHT*   *6,8 km*
Helmbachweiher – Dritter Kopf

127   **Tour 24**   *LEICHT*   *7,2 km*
Über die Kalmit nach Maikammer

131   **Tour 25**   *MITTEL*   *8,4 km*
Rund um Kalmit und Felsenmeer

134   **Tour 26**   *LEICHT*   *8,4 km*
Ludwigsturm und Ruine Rietburg

137   **Tour 27**   *MITTEL*   *10,1 km*
Höhepunkte im Siebeldinger Wald

140   **Tour 28**   *LEICHT*   *10,0 km*
Wellbach und Langenbächel

143   **Tour 29**   *MITTEL*   *9,3 km*
Trifelsblick und St. Anna-Kapelle am Teufelsberg

146   **Tour 30**   *LEICHT*   *7,6 km*
Drei Hütten um den Orensberg

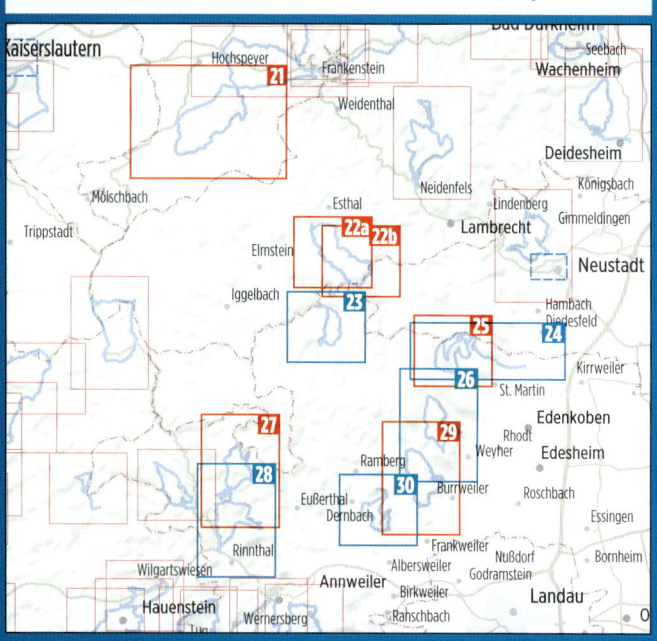

Tour 21

12,2 km

Hochstraße und Leinbachtal

Start/Ziel: Waldleiningen, Wanderparkplatz am östlichen Ortsende

Gehzeit: 3 ½ - 4 Std.

Aufstieg: 228 m

Abstieg: 228 m

Hartbelag: 33 %

Wanderwege: 51 %

Wanderpfade: 16 %

Charakteristik: Das kleine Dorf Waldleiningen scheint zwischen den umgebenden Bergen fast zu verschwinden – man muss schon sehr genau hinsehen, um zu bemerken, dass es auch einen nicht bergauf führenden Weg aus dem Ort heraus gibt: das Leinbachtal. Dem verschlungenen und idyllischen Tal folgend erreichen Sie nach einer Gehstunde einen markanten Wegestein mit Rastplatz. Ab hier geht es recht steil bergauf zur Hochstraße, deren ebenen Verlauf Sie dann folgen. Auf dem letzten Wegstück gelangen Sie wieder hinunter nach Waldleiningen.

Anfahrt: Von Norden (Hochspeyer) nach Waldleiningen kommend von der Durchfahrtsstraße nach links in die Harzofenstraße abbiegen, von Süden (Elmstein) her rechts in die Hauptstraße. Der Parkplatz liegt nach 350 Metern am Treffpunkt der beiden Straßen am Ortsrand.

Öffentliche Verkehrsmittel: Die Haltestelle Waldleiningen Alte Scheune liegt 350 Meter südlich der Route und wird mehrmals am Tag von Kaiserslautern angefahren.

Waldleiningen

🏠 Landgasthof Leinhof, Leinhofstr. 12, 📞 06305/1792, 🕐 Mi, Do 17.30-24 Uhr, Fr, Sa 12-24 Uhr, So 11-24 Uhr, @ yxu157

✳ Ehemaliges Forstamtsgebäude, Lauterstr. 6-8. Klassizistischer Bau mit Walmdach (Anfang des 19. Jhs.).

1 0,0 (298) Auf dem Asphaltweg an der linken Talflanke ortsauswärts 〜 ✈ nach 250 m rechts über eine Brücke; Sie queren hier den Leinbach, der etwas west-

Hoch

Humberg
375

West Heillgenberg
365

Heiligenberg
395

Bremenberg
385

Sindelsbe
360

Jungbranenkopf
390

Bäckerpfadkopf
405

5

B48

Fe

M

rter Kopf
450

Mittelbornberg
390

1

P wc

Waldleiningen

Ehemaliges Forstamtsgebäude

Brunnenberg
365

Jägerhübel

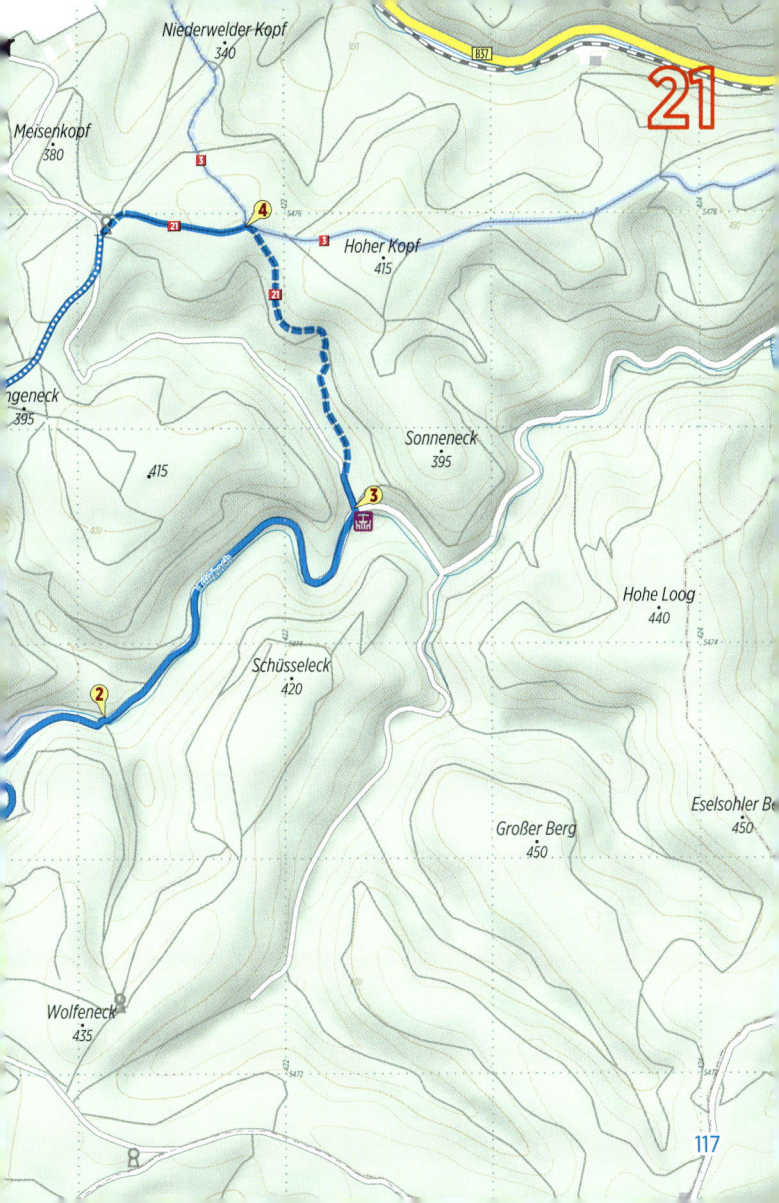

Niederwelder Kopf
340

Meisenkopf
380

Hoher Kopf
415

Sonneneck
395

Hohe Loog
440

Schüsseleck
420

Großer Berg
450

Eselsohler Be
450

Wolfeneck
435

Im Leinbachtal

lich von Waldleiningen entspringt und nach ca. 14 km bei Frankenstein in den Hochspeyerbach mündet ∿ hinter der Brücke dem zweiten Weg links folgen (der erste ist eine Grundstückszufahrt) ∿ rechts des Baches stets im Talgrund bleiben (Radwegweiser).

2 2,4 (278) Am Anfahrpunkt 541 links über die Brücke ∿ weitere 2,2 km dem Tal folgen.

3 4,6 (282) An einem Platz mit mehreren Bänken und einem Ritterstein links aufwärts dem Sorgental folgen ∿ nach 180 m rechts auf einen Pfad (weiß-blaue Balkenmarkierung) ∿ steil an der Talflanke hinauf ∿ kurz einem breiteren Weg, dann wieder einem Pfad folgen.

4 6,2 (411) Kurz vor der Höhe links auf einen kreuzenden Schotterweg, nun folgen Sie für knapp 4 km bis zur B 48 der Markierung mit weißem Balken und schwarzem Punkt ∿ nach 600 m links auf einen Pfad ∿ kurz darauf links einem asphaltierten Fahrweg folgen ∿ diese Hochstraße leitet Sie bis zur B 48.

5 9,9 (402) An der Bundesstraße links der Straße Richtung Waldleiningen folgen, nun orientieren Sie sich an der weißen Kreuzmarkierung ∿ nach 200 m rechts weg ∿ der Pfad mündet in eine Schotterstraße ∿ auf dieser in einiger Entfernung zur Straße zurück nach Waldleiningen ∿ im Ort beim Landgasthaus nach links in die **Harzofenstraße** ∿ kurz danach sind Sie wieder auf dem Parkplatz, von wo Sie gestartet sind.

1 12,2 (298) Ende der Wanderung. **Waldleiningen**

Drei Burgruinen

Start/Ziel: Esthal-Breitenstein, Parkplatz
Ruine Breitenstein

Gehzeit: 3 ½ - 4 Std.

Aufstieg: 393 m
Abstieg: 393 m
Hartbelag: 5 %
Wanderwege: 45 %
Wanderpfade: 50 %

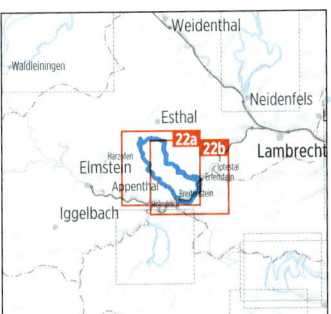

Charakteristik: Keine Sorge, von den drei Burgruinen, die dieser Runde den Namen geben, müssen Sie nur eine besteigen – die beiden anderen lassen sich auch von unten bzw. gegenüber gut bewundern. Zunächst folgen Sie dem Breitenbachtal zur Wolfsschluchthütte. Nach einer Einkehr geht es einen sandigen Hang hinauf an den Rand des nahen Dörfchens Esthal. Von hier aus ist die Ruine Erfenstein schon beschildert. Diese erreichen Sie von oben, also von der Hangseite her, damit ist kein zusätzlicher Aufstieg nötig. Der Blick von der Aussichtsplattform auf die gegenüberliegende Ruine Spangenberg will ausgiebig genossen werden. Letztere können Sie bei Bedarf auch noch auf einem steilen Weg ersteigen, ansonsten geht es entlang des Speyerbachs zu Fuß oder – wenn Jahres- und Uhrzeit stimmen – mit dem Kuckucksbähnel zurück nach Breitenstein.

Anfahrt: Der Parkplatz liegt direkt an der L 499 gegenüber dem Abzweig zur Totenkopf-Höhenstraße nach Maikammer.

Öffentliche Verkehrsmittel: An Sonn- und Feiertagen im Sommerhalbjahr ist die schönste Art der Anreise sicherlich mit dem Kuckucks-

bähnel, das an diesen Tagen einige Male verkehrt und in Breitenstein hält. Ansonsten besteht von montags bis samstags – sonntags etwas seltener – ca. stündlich eine Busverbindung aus Neustadt und Lambrecht zur Bushaltestelle Breitenstein, direkt am Ausgangspunkt.

Breitenstein (Esthal)

Vorwahl: 06328

🔲 **Forsthaus Breitenstein**, ☎ 227, 🕐 Aug.-Okt, Mi-Mo, Fei ab 10 Uhr, Nov.-Juli, Mi-So, Fei ab 10 Uhr

von Neustadt/Lambrecht nach Elmstein und zurück fahren. @ wap535

1 0,0 (208) Der grün-weißen Balkenmarkierung talaufwärts folgen 〰 wenn die Markierung auf die linke Bachseite wechselt, geradeaus rechts bleiben und der lokalen Markierung Nr. 4 folgen 〰 nach 2,4 km wechselt der grün-weiße Balken wieder zur rechten Seite und führt zur **Wolfsschluchthütte**.

🔲 **Wolfsschluchthütte**, ☎ 06325/8863, 🕐 Sa, Mi 11-19 Uhr, So/Fei 10-19 Uhr, @ bju382

Wolfsschluchthütte

♂ **Breitenstein** 🅚. Die um 1246 von Papst Innozenz IV. erbaute und bereits um 1470 zerstörte Burg ist im umgebenden Wald kaum sichtbar.

✳ **Kuckucksbähnel**, ☎ 06321/30390. Mit dem historischen Dampfzug, der aus dem Fahrzeugbestand des Eisenbahnmuseums Neustadt zusammengestellt wird, kann man von Mai bis Okt. alle 14 Tage sonntags (zusätzliche Fahrten nach Sonderfahrplan)

2 3,6 (270) An der Hütte vorbei noch 300 m dem grün-weißen Balken halb rechts bachaufwärts folgen 〰 gegenüber einer Autobrücke scharf rechts einen steilen Pfad mit der lokalen Markierung Nr. 1 hinauf 〰 an einem kreuzenden Fahrweg führt der Pfad schräg gegenüber als Weg Nr. 7 weiter bergauf 〰 die Markierung kreuzt noch mehrere Fahrwege und trifft

schließlich auf den südlichen Ortsrand von **Esthal**.

Esthal

3 4,7 (372) An der ersten Kreuzung beim Wegkreuz rechts einige Meter bergab ～ den ersten links abbiegenden Weg nehmen ～ flach am Waldrand dahin ～ nach 250 m nicht links bergauf in den Ort, sondern geradeaus auf einen Pfad ～ an einer Kreuzung mit Rastbank halb rechts auf einem Fahrweg bergauf, ab hier bis zur Ruine Erfenstein dem weiß-grünen Balken folgen ～ an mehreren Verzweigungen vorbei ～ nach 800 m Anstieg geht es ca. 200 m sanft bergab.

4 6,5 (403) An einer Mehrfachkreuzung in einem Sattel halb links weiter ～ bald links auf einen Pfad ～ meist bergab zur **Ruine Erfenstein**.

Ruine Erfenstein

♂ **Ruine Erfenstein** ㉔. Die Grafen von Leiningen errichteten 1237-1272 zum Schutz ihres Waldbesitzes eine erste Burg, Alt-Erfenstein. Diese wurde jedoch spätestens

1380 aufgegeben und durch Neu-Erfenstein ersetzt. Von letzterer ist der markante Bergfried gut erhalten.

Unterhalb der Burg besteht eine tolle Aussicht ins Speyerbachtal und auf Burg Spangenberg. Diese ist in Luftlinie nur 280 Meter entfernt, gehörte aber stets einem anderen Herrn. Einer alten Sage zufolge war zwischen den beiden Burgen eine lederne Brücke gespannt, die den befreundeten Burgherren gegenseitige Besuche erleichterte. Nach einem Streit trat der Erfensteiner seinen Heimweg über die Brücke an. Als er in der Mitte angelangt war, trennte der Spangenberger die Halteriemen durch und legte den Grundstein für die von da an bestehende Feindschaft zwischen den Burgenbesitzern.

Vor der Ruine links steil bergab ∼ auf Asphalt zur Landesstraße.

Ruine Erfenstein

Erfenstein (Esthal)

5 9,0 (193) Dem weiß-grünen Balken Richtung Spangenberg folgend die Straße, den Speyerbach und das Gleis queren ⌁ nach der Treppe vom Bahnübergang an der Gabelung rechts.

AUSFLUG Links geht es hinauf zur Ruine Spangenberg. Beachten Sie bitte, dass der Besuch der Ruine nur zu den Öffnungszeiten der Burgschänke möglich ist.

Ruine Spangenberg (Esthal)

♂ **Ruine Spangenberg**, Schankenstalstr. 3, ⊙ Besichtigung: nur zu den ÖZ der Burg-

schänke mit einem Führer. Im 11. Jh. erbaute und ab 1100 zum Hochstift Speyer gehörende Burg, 1688 zerstört. @ gqb384

🍴 **Burgschänke**, ⊙ Mi, Sa, So/Fei 10-18 Uhr, @ cal542

Nun dem gelben Kreuz rechts talaufwärts folgen ⌁ parallel zum Speyerbach nach Breitenstein ⌁ 🚌 dort das Gleis zur Landesstraße hin überqueren und zurück zum Ausgangspunkt.

1 11,0 (208) Ende der Wanderung.

Breitenstein

Tour 23   **6,8 km**

Helmbachweiher – Dritter Kopf

Start/Ziel: Parkplatz Helmbachweiher bei Helmbach

Gehzeit: 2 - 2 ½ Std.

Aufstieg: 216 m
Abstieg: 216 m
Hartbelag: 7 %
Wanderwege: 63 %
Wanderpfade: 30 %

Charakteristik: Vom je nach Wetterlage und Wochentag paradiesisch einsamen oder hoffnungslos überlaufenen Helmbachweiher im Helmbachtal aus erwandern Sie sich auf dieser Tour zunächst die Stammstrecke vieler Spaziergänger zum Naturfreundehaus Elmstein. Auf der übrigen Tour jedoch werden Sie nur selten andere Wanderer zu Gesicht bekommen, denn gleich hinter dem Naturfreundehaus wird es deutlich steiler – von hier bis zur Sattelhöhe am „Dritten Kopf" sind gute 100 Höhenmeter zu überwinden. Der Dritte Kopf ist ironischerweise die vierte (und niedrigste) Erhebung des Bergrückens zwischen Dernbach- und Elmsteiner Tal. Auf dem Weg vom Sattel zwischen Zweitem und Drittem Kopf hinunter ins Tal haben Sie wunderbare Ausblicke zum einsamen Pferdstrappental im Osten, bevor der Weg Sie wieder in das bunte Treiben um den Helmbachweiher wirft.

Anfahrt: Der Parkplatz liegt an der Kreisstraße 18 (Helmbach-Iggelbach), 300 Meter nach der Helmbachbrücke.

Öffentliche Verkehrsmittel: Die Bushaltestelle Helmbachweiher wurde bis 2012 mit Ausflugsbussen angefahren, leider ist jetzt nur noch eine Autoanreise möglich.

Tipp: Der romantische Waldsee mutet besonders schön an, wenn Sie ihn früh morgens an einem sonnigen Herbsttag aufsuchen.

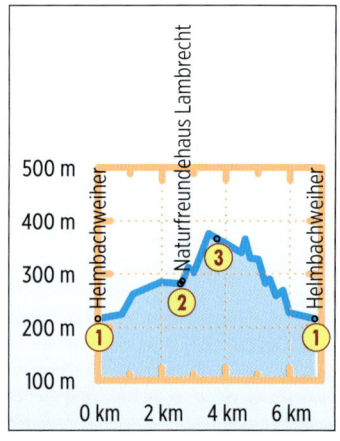

Parkplatz Helmbachweiher

✤ **Helmbachweiher.** Der 0,6 ha große Stausee liegt idyllisch am Treffpunkt von Helmbach und Kohlbächel. Ersterer ist für den Namen verantwortlich, aus letzterem stammt das Wasser des Sees.

1 **0,0 (216)** Oberhalb des Parkplatzes nach links zum Helmbachweiher – der See hat übrigens eine ausgezeichnete Wasserqualität, ist zum Baden allerdings recht kalt, da ständig frisches Quellwasser zufließt ∿ am See im Linksbogen entlang, bis bei einer Informationstafel ein Asphaltweg kreuzt ∿ auf diesem scharf rechts (grün-blauer Balken) ∿ nach 350 m teilt sich das Tal, hier rechts über den Bach auf einem unmarkierten Pfad folgen ∿ jetzt immer rechts am **Kohlbach** entlang bis zum **Naturfreundehaus Lambrecht**.

🏠 **Naturfreundehaus Lambrecht**, Im Kohlbachtal, ✆ 666, 🕐 Sa, So/Fei, @ byi257

2 **2,6 (281)** Vor dem Naturfreundehaus nach ganz links zur Zufahrtsstraße ∿ gegenüber rechts auf einen Pfad

Helmbachweiher

mit dem Schild „Naturfreundeweg Sauermilchtälchen" hinauf 〰 ⚠ nach 160 m mündet der Pfad in einen Fahrweg, hier rechts weiter 〰 nach 20 m scharf links auf den abzweigenden Fahrweg 〰 auf diesem Weg bleibend eine Kreuzung mit schmaleren Wirtschaftswegen gerade durchwandern und danach eine Einmündung links liegen lassen.

3 3,7 (365) An der Kreuzung am Anfahrpunkt 932 links 〰 nach 50 m rechts abbiegen 〰 auf dem geschotterten Hauptweg 2,3 km lang stets bergab ins Pferdstrappental, dabei mehrere abzweigende Wege ignorieren 〰 nahe dem Talgrund an einer Linkseinmündung vorbei 〰 die folgende T-Kreuzung kennen Sie schon vom Hinweg, hier nun rechts 〰 auf bekanntem Weg links am Weiher vorbei zurück zum Startpunkt der Tour. **1** 6,8 (216) Ende der Wanderung. **Parkplatz Helmbachweiher**

Über die Kalmit nach Maikammer

7,2 km

Start: Bushaltestelle „Römer-Wachstube" nahe dem Totenkopf

Ziel: Maikammer, Kapelle im Ortsteil Alsterweiler

Gehzeit: 2½ – 3 Std.

Aufstieg: 177 m
Abstieg: 463 m
Hartbelag: 15 %
Wanderwege: 20 %
Wanderpfade: 65 %

Charakteristik: Lassen Sie sich durch die kompliziert aussehende Anfahrtslogistik nicht von dieser Wanderung abschrecken – die Kombination aus Kalmit-Express aufwärts und Schusters Rappen abwärts ist ideal für all jene, denen die „große Runde" mit Wanderstart in Maikammer oder St. Martin zu anstrengend oder zu lang wäre. Dennoch sind es knapp 200 Höhenmeter auf die Kalmit. Davon sind aber nur die letzten Meter – rund um das Kalmithaus – belebt, am unteren Teil des Anstiegs sind Sie möglicherweise sogar ganz allein unterwegs. Etwas stärker benutzt wird der Weg von der Kalmit hinab nach Maikammer, was angesichts des steten Gefälles innerhalb eines immer schluchtartiger werdenden Grabens wenig verwundert.

Plötzlich tauchen die ersten Weinhügel am Waldrand auf – und Sie sind mitten im Pfälzer Weinland.

Anfahrt: Bei dieser Tour parken Sie am besten in Alsterweiler an der Hauptstraße oder am Wanderparkplatz am westlichen Ortsrand. Von dort gelangen Sie vormittags im 2-Stunden-Takt mit dem Bus zum Startpunkt der Tour, Umsteigen in Weinstraße Nord, Maikammer. Die Busse verkehren nur an Sonn- und Feiertagen von Mai bis Oktober, Fahrplan unter www.vrn.de.

Öffentliche Verkehrsmittel: In der Zeit vom Mai bis Oktober verkehrt an Sonn- und Feiertagen ab Neustädter Hauptbahnhof die Wanderbuslinie Kalmit-Express, mit der Sie nach Maikammer und zum Startpunkt der Tour gelangen.

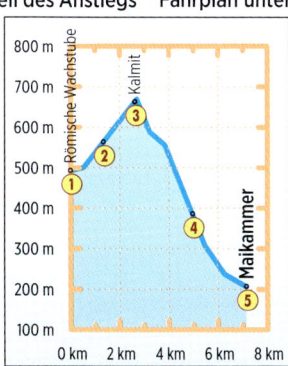

Römische Wachstube

Stünde an dieser Stelle kein Ritterstein mit Hinweis auf den Standort der Ruine, würden alle Nicht-Archäologen sie sicherlich übersehen, denn außer dem Grundriss der Fundamente ist kaum noch etwas von dem Gebäude zu sehen. Dennoch ist der Platz als Standort einer Straßenwacht gut vorstellbar, knapp unterhalb der Passhöhe am Totenkopf und unterhalb der Kalmit, die mutmaßlich auch zu Römerzeiten über einen Zufahrtsweg verfügte, der hier abzweigte. Wenige Meter in Richtung Totenkopf weist auf derselben Seite der Straße auch ein weiterer Ritterstein auf den alten Straßendamm dieser Römerstraße hin, die die da-

mals bedeutenden Städte Speyer und Metz verband.

1 0,0 (493) An der Nordostecke der Kreuzung (gegenüber der alten Wachstube) links weg auf einen Schotterweg Richtung Hahnenschritt ↝ Sie folgen der blau-weißen Balkenmarkierung ↝ diese führt nach ca. 550 m geradeaus auf einen Pfad.

2 1,4 (563) Am **Hahnenschritt**, einer Parkplatzzufahrt mit Bushaltestelle, nach rechts über die Straße ↝ wieder auf einem Schotterweg der lokalen Markierung 1 bergauf folgen ↝ nach 700 m links auf einen Pfad, nun orientieren Sie sich bis zum Ende der Tour an der grünen Balkenmarkierung ↝ über einen Parkplatz die letzten Meter hinauf zum Kalmithaus.

Sommerberg
500

Hambacher Schloss

Diedesfeld

St. Remigius

Wetterkreuzberg
400

Alsterweiler

Alsterweiler Kapelle

Maikammer

Kalmit (Maikammer)

Kalmithaus, Kalmithütte, ☎ 06321/5424, ⏱ März–Okt., Mi–So, Fei 10.30–18 Uhr, außerhalb der Saison kürzere ÖZ, @ bxy374

Die Kalmit ist mit 673 Metern der höchste Punkt des Pfälzerwaldes. In 36 Kilometer Umkreis gibt es keine höheren Berge; der 14 Meter höhere Donnersberg liegt schon außerhalb des Pfälzerwaldes. Die Kalmit befindet sich am Ostrand der Haardt, und damit finden sich hier auch die größten Höhenunterschiede des Gebietes: Die 3,9 Kilometer entfernte Kirche von Maikammer liegt bereits genau 500 Meter tiefer. Der der Kalmit vorgelagerte Wetterkreuzberg ist lediglich eine Abbruchscholle, die sich

durch die großen Kräftegegensätze hier am Rheintalgraben gelöst hat und im Lauf der Zeit vom Kalmitmassiv Richtung Tal wandert – die Kalmit ist damit auch ein Gebiet von erhöhter geologischer Aktivität.

3 2,6 (663) Vor der Besucherterrasse die Treppe hinunter ↝ durch Hangwälder bergab ↝ über einen Fahrweg und die L 515 ↝ der Weg wendet sich schräg nach rechts und kreuzt wieder zwei Fahrwege ↝ ein kurzes Stück parallel zur Straße, dann nochmalige Überquerung ↝ in einen Graben.

4 5,0 (3815) Auf die linke Bachseite ↝ weiter dem Graben bis in die Weinberge folgen ↝ hinunter nach Maikammer-Alsterweiler 📷 ↝ kurz vor

Kalmit-Aussichtsturm

dem Wanderparkplatz rechts halten und am Ortsrand noch 600 m weiter der Markierung folgen.

5 7,2 (207) Ende der Tour an der Bushaltestelle Kapelle.

Maikammer

Vorwahl: 06321

Tourist-Information, Weinstr. Süd 40, ✆ 952768, @ ynp328

Alsterweiler Kapelle, Alsterweiler Hauptstr., Sommermonate: So 15-18 Uhr. Spätgotischer Flügelalter (Tryptichon) um 1445, bedeutsames Werk oberrheinischer Tafelmalerei.

Orts- und Weinbergsführungen. Auskunft: Tourist-Information.

Winzerhöfe und Patrizierhäuser. Höfe aus dem 16. -19. Jh. mit prachtvollen Fassaden aus der Renaissance- und Barockzeit.

Kalmitbad, Wiesenstr. 18, ✆ 5585, @ ayx652

Wer sein Leben lang auf der Suche nach dem Maß aller Dinge war, findet es in Maikammer gleich auf zweierlei Art:

Im Jahr 1886 erfanden die Brüder Franz und Anton Ullrich den Gelenkmaßstab mit Federsperre – besser bekannt als Zollstock. Das Modell wurde erstmals 1889 auf der Pariser Weltausstellung vorgestellt und war so perfekt entwickelt, dass es bis zum heutigen Tage keiner Weiterentwicklung bedurfte.

Ein für die Pfalz besonders bedeutsames Maß aller Dinge ist das Schoppenglas. Als es in der Gastronomie Bestrebungen gab, das Schoppenmaß von 0,5 auf 0,4 Liter zu verkleinern, führte dies in der Weinbaugemeinde Maikammer zu heftigem Widerstand. Der Protest war erfolgreich und der „Pfälzer Schoppen" blieb bei einem halben Liter; das Schoppendenkmal (1984) auf dem Marktplatz ist sichtbarer Ausdruck dieser „Maß"nahme

Tour 25   8,4 km

Rund um Kalmit und Felsenmeer

Start/Ziel: Parkplatz St. Martiner Tal

Gehzeit: 3 Std.

Aufstieg: 337 m

Abstieg: 337 m

Hartbelag: 2 %

Wanderwege: 26 %

Wanderpfade: 72 %

Charakteristik: Wer die Kalmit erleben will, sollte sie sich am besten erwandert haben – das halten auch die Pfälzer selbst so, obgleich die zahlreichen Parkplätze unterhalb des Kalmithauses ebenfalls meist gut gefüllt sind. Um die Tour nicht zur Tortur ausarten zu lassen, ist ein Start auf mittlerer Höhe ein guter Kompromiss. Vom kleinen Stausee im St. Martiner Tal aus sind lediglich gute 300 Höhenmeter zum Gipfel zurückzulegen, die aber durch einige Sehenswürdigkeiten kurzweilig erscheinen. Entlang eines Baumlehrpfades erreichen

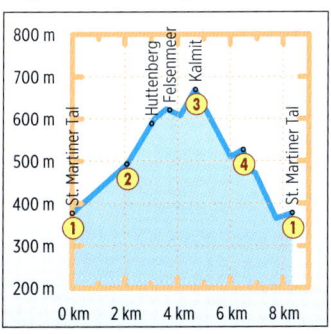

Sie zunächst die verfallene römische Wachstube an der alten Römerstraße von Speyer nach Metz. Über das so genannte Felsenmeer, einen aus Felsblöcken bestehenden Bergrücken, gelangen Sie schließlich zum Kalmitgipfel. Durch Nadelwälder geht es auf Sandböden zurück – bis Sie unterhalb der Wolselquelle schließlich häufiger Holzbrücken als festen Boden unter den Füßen spüren. Auch nahe des Ausgangspunktes warten noch Einkehrmöglichkeiten für all jene, denen am Gipfel zu viel Trubel war.

Anfahrt: Der Parkplatz liegt direkt an der Totenkopfstraße Richtung Breitenstein, etwa 1 Kilometer westlich von St. Martin.

Öffentliche Verkehrsmittel: Die Haltestelle St. Martin, Stauweiher liegt direkt am Ausgangspunkt. Der Kalmit-Express-Bus verkehrt an Sonn- und Feiertagen von Mai bis Oktober zwischen dem Neustädter Hauptbahnhof und der Kalmit und kann an diesen Tagen gut für die An- und Abreise (auch aus Maikammer) genutzt werden.

Parkplatz St. Martiner Tal

1 0,0 (377) Dem grün-weißen Balken Richtung Haus an den Fichten folgen ～ nach 350 m weist die Markierung nach links, die Route verläuft jedoch weiter geradeaus.

🖼 **Haus an den Fichten**, Totenkopfstr. 6, ☎ 7844, ⏲ Mai–Okt., tägl. 9.30-19 Uhr, Nov.-April, Mi-So, Fei 9.30-18 Uhr, @ cqi238

Sie folgen dem Talweg mit der lokalen Markierung 2 ～ am Ende des Sees bei der Informationstafel einen

mit 50 m bergauf ～ am Anfang des Parkplatzes einen Pfad Richtung Felsenmeer hinauf, die weiß-grüne Balkenmarkierung führt Sie nun bis zur Kalmit ～ schräg durch den Wald ansteigen zur **Hüttenberghütte** ～ dort scharf links weiter und durch das **Felsenmeer**.

Felsenmeer

Das Blockfeld befindet sich auf dem südwärts verlaufenden Hüttenbergrücken. Die Felsen werden nach Norden hin größer und sind durch ihre

Felsenmeer

Abzweig rechts liegen lassen ～ ca. 100 m danach rechts (PWV-Schild zum Totenkopf und lokale Markierung Nr. 24) ～ auf den nächsten 1,3 km führen Sie die Markierung 24 und ein Baum-Lehrpfad bergan durch das obere Hüttenbachtal.

Römische Wachstube   s. S. 128

s. S. 128

2 2,1 (592) An der Straßenkreuzung rechts auf der Straße Richtung Kal-

Verwitterungsresistenz gegenüber der Umgebung im Lauf der Zeit herauspräpariert worden. Der Wanderpfad führt inmitten der oft sehr großen Blöcke hindurch, teilweise sind insbesondere zur steilen Ostseite hin tolle Ausblicke möglich.

Weiter bergauf zum **Kalmithaus** auf dem Gipfel.

Kalmit
s. S. 129

3 4,7 (668) Vor dem Kalmithaus die Treppe hinunter ∿ auf der Asphaltstraße rechts bergab ∿ nach 80 m scharf links auf den Pfad mit dem roten Punkt ∿ diesem 1,3 km bergab Richtung St. Martin folgen, bis er zweimal die Landesstraße und danach einen breiten Fahrweg gekreuzt hat ∿ etwa 70 m weiter macht der Pfad mit dem roten Punkt einen scharfen Linksknick, hier geradeaus der lokalen Markierung 3 für 400 m folgen.

4 6,5 (526) Am Anfahrpunkt 972 scharf links der weißen Punktmarkierung folgen ∿ an der **Wolselquelle** vorbei ∿ hinunter ins St. Martiner Tal.

📷 **Wirtshaus im Wolsel**, An der Totenkopfstr., ☎ 5545, 🕐 Fr, Sa ab 18.30 Uhr, @ dnl452

Die Landesstraße überqueren ∿ gegenüber beim Parkplatz rechts auf den straßenbegleitenden Pfad ∿ der grün-weißen Balkenmarkierung zurück zum Start folgen.

1 8,4 (377) Ende der Wanderung.
Parkplatz St. Martiner Tal

Tour 26

8,4 km

Ludwigsturm und Ruine Rietburg

Start/Ziel: Parkplatz an der Edenkobener Hütte

Gehzeit: 2 ½ – 3 Std.

Aufstieg: 274 m

Abstieg: 274 m

Hartbelag: 0 %

Wanderwege: 34 %

Wanderpfade: 66 %

Charakteristik: Die Edenkobener Hütte ist ein idealer Ausgangspunkt für Touren in ein Gebiet, das der benachbarten, viel überlaufeneren Kalmit in nichts nachsteht. Die 3,5 Kilometer hinauf zum Ludwigsturm sind nur im ersten Drittel steil; danach wartet ein Pfad auf weichem Waldboden mit tollen Aussichten. Der Ludwigsturm selbst ist eher ein schöner Rastplatz denn ein spektakulärer Aussichtspunkt, überragen doch die umstehenden Bäume bald die Höhe der Aussichtsplattform. Die Hütte mit den Sitzbänken da-

vor ist jedenfalls eine Rast wert, bevor es weiter zur Ruine Rietburg geht. Diese besitzt eine eigene Sessellift-Anbindung. Daher sind die restlichen Kilometer zum Ausgangspunkt etwas weniger einsam, entbehren aber nicht der schönen Ausblicke entlang der Steilkante.

Anfahrt: Die Edenkobener Hütte liegt an der Kreisstraße 6 von Edenkoben Richtung Heldenstein.

Öffentliche Verkehrsmittel: Direkt am Ausgangspunkt liegt die Bushaltestelle Hüttenbrunnen. Diese wird von Mai bis Oktober am Wochenende und an Feiertagen vom Edenkobener Bahnhof aus bedient.

Edenkobener Hütte

🏠 **Edenkobener Hütte**, Schänzelstr. 2, am Hüttenbrunnen, ✆ 06323/989907, ✆ 06323/2827, 🕐 Mi-Mo 11-18 Uhr, @ fbn714

1 0,0 (374) Entlang eines Baum-Lehrpfades talaufwärts nach Süden (blauweiße Balkenmarkierung).

Kohlplatz

Der Sattel war früher Standort eines Kohlenmeilers. Der Ritterstein erin-

Ritterstein am Kohlplatz

nert an die Rückzugsgefechte des Bataillons von Schladen nach der verlorenen Schlacht am Heldenstein, die 1794 um die Passhöhe stattfanden.

2 1,1 (479) Halb links Richtung Ludwigsturm, ab hier bis fast zur Rietburg nun der blau-gelben Balkenmarkierung folgen ∿ 2,4 km leicht ansteigend schräg am Hang entlang.

Ludwigsturm

Der 15 Meter hohe Aussichtsturm wurde 1883 erbaut und ist inzwischen ein Kulturdenkmal – ansonsten hätte man ihn vermutlich erhöht, um die Aussicht zu verbessern. Er ist nach dem bayerischen König Ludwig I. benannt.

3 3,5 (609) Vor dem Turm scharf links Richtung Rietburg ∿ zunächst auf einem Pfad, dann rechts haltend auf einem breiteren Weg bergab ∿ an seinem Ende führt wieder ein Pfad zu einer Schotterstraße ∿ auf dieser zur Ruine (kurz zuvor links dem roten Punkt folgen).

Ruine Rietburg

🏰 **Rietburg**, um 1200 durch das Adelsgeschlecht von Riet erbaut, im Dreißigjährigen Krieg zerstört

🍴 **Höhengaststätte**, ☎ 06323/2936, ⏰ April–Okt., Mo–Fr 9–17 Uhr, Sa, So/Fei 9–18 Uhr

Die Ruine präsentiert sich durch die Arbeit eines Erhaltungsvereins in gutem Zustand, die Mittel dazu werden zum Teil in der Gaststätte erwirtschaftet. Von der Aussichtsplattform haben Besucher einen tollen Ausblick auf das Rheintal. Zur Popularität der Rietburg als Ausflugsziel trägt die Rietburgbahn stark bei, ein Sessellift, der in den Sommermonaten die 230 Meter Höhenunterschied vom nächsten Parkplatz überbrückt.

4 5,2 (547) Links vor der Ruine Richtung Hüttenbrunnen, von hier bis zum Ende der Tour folgen Sie nun der Markierung mit dem roten Punkt ∿ vorbei am Sessellift ∿ ein kleines Stück bergauf und vor einem Wildgehege rechts ∿ auf einem angenehm zu begehenden Pfad meist leicht bergab ∿ kurz etwas steiler zu einer Forststraße ∿ auf dieser zurück zum Start.

1 8,4 (374) Ende der Wanderung.

Edenkobener Hütte

Tour 27   10,1 km

Höhepunkte im Siebeldinger Wald

Start/Ziel: Armbrunnen-Parkplatz an der L 505

Gehzeit: 3 ½ - 4 Std.

Aufstieg: 455 m
Abstieg: 455 m
Hartbelag: 0 %
Wanderwege: 51 %
Wanderpfade: 49 %

Charakteristik: Der abgelegene Almersberg ist einer der Geheimtipps des Pfälzerwaldes – und in Kombination mit einer Stärkung auf der Siebeldinger Hütte auch bestens erreichbar. Vom bereits recht hoch gelegenen Parkplatz am Armbrunnen sind es keine vier Kilometer zum Gipfelfels mit seiner tollen Aussicht. Ein längerer Abstieg und 100 Höhenmeter Gegenanstieg – aus einem breiten Tal in eine immer engere Schlucht – führen zur Siebeldinger Hütte. Diese bietet Stärkungsmöglichkeiten für den verbleibenden Aufstieg zurück zum Ausgangspunkt.

Anfahrt: Der Parkplatz befindet sich links an der L 505, ca. 5,5 Kilometer nach Eußerthal Richtung Taubensuhl. Er ist nicht deutlich gekennzeichnet und stellt den verbreiterten Beginn der abzweigenden Schotterstraße „Hirschpfad" dar.

Öffentliche Verkehrsmittel: Das nördlich gelegene Forsthaus Taubensuhl wird an Wochenenden von Mai bis Oktober mehrmals täglich von Annweiler mit Bussen angefahren. Von dort müssen Sie auf der Straße 2,2 Kilometer zum Tourstart laufen.

Armbrunnen-Parkplatz

1 0,0 (462) Dem Schotterweg „Hirschpfad" folgen, an dem der Parkplatz liegt ⌇ auf dem Hauptweg an mehreren Abzweigungen vorbei.

2 1,3 (462) Am Anfahrpunkt 172 links (Schild „Annweiler") ⌇ der blauen Balkenmarkierung 1,6 km folgen ⌇ zuletzt ein längerer Anstieg.

3 2,8 (494) An der Pfadkreuzung mit dem roten Punkt halb rechts bergauf dem roten Punkt Richtung Almers-

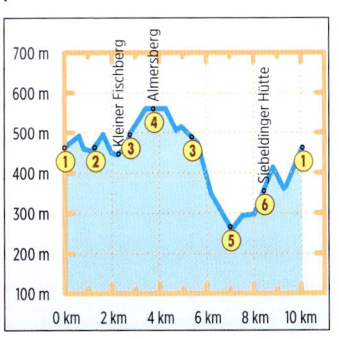

Hütte am Almersberg

berg folgen ⤳ in vier Kehren bergauf zum höchsten Punkt.

Almersberg-Gipfelfels   (564 m)

4 3,8 (560) Links weiter dem roten Punkt nach zum Aussichtspunkt ⤳ Rechtskurve und eine Linkskehre ⤳ 350 m danach scharf rechts auf einen unmarkierten Fahrweg ⤳ dieser führt zurück zum Beginn des Gipfelanstiegs.

3 5,4 (494) Hier nun links dem roten Punkt bergab folgen ⤳ teilweise steil hinunter in den Talgrund ⤳ an einer Hütte mit Tränke links.

5 7,0 (265) An der nahen Kreuzung bei der Rastbank links talaufwärts Richtung Siebeldinger Hütte, nun folgen Sie bis zum Ende der Tour der gelben Balkenmarkierung ⤳ entlang der rechten Talflanke zunächst nur leicht bergan ⤳ dann rechts in ein Seitental und steiler zur **Siebeldinger Hütte**.

🏠 **Siebeldinger Hütte**, ☏ 06345/7826, ⏲ April-Okt., So/Fei 9.30-18 Uhr, Nov.-März, So/Fei 10-17 Uhr

6 8,4 (354) Rechts an der Hütte vorbei Richtung Taubensuhl ⤳ weiter steil bergauf ⤳ auf einem breiteren Weg um einen Bergrücken herum ⤳ dann wieder steil bergauf zur Einmündung in die Landesstraße, unweit des Ausgangspunktes.

1 10,1 (462) Ende der Wanderung.

Armbrunnen-Parkplatz

Hannenkopf
555

Forsthaus Taubensuhl

27

Kurzeck
520

Armbrunnenkopf
545

Siebeldinger Hütte
6

Großer Fischberg
530

Bäreneck
445

Kleiner Fischberg
440

Kl. Fischbach

27

27

5

3

Almersberg
565

4

28

28

gwiesenkopf
405

B48

Tour 28

10,0 km

Wellbach und Langenbächel

Start/Ziel: Rinnthal, Abzweig Obere Mühle (ehem. Café) am westlichen Ortsende

Gehzeit: 3 - 3 ½ Std.

Aufstieg: 376 m
Abstieg: 376 m
Hartbelag: 1 %
Wanderwege: 92 %
Wanderpfade: 7 %

Charakteristik: Die Hänge im Wellbach- und Langenbächeltal mit ihrer typischen Vegetation charakterisieren diese Tour. Rinnthal ist nahe dem Zusammenfluss beider Bäche gelegen und bildet somit einen guten Ausgangspunkt. Nach einem steileren Anstieg geht es durch Pfälzerwald-typische Fichtenwälder. Trotzdem kommt im oberen Bereich die Aussicht nicht zu kurz, bevor Sie hinab zum Langenbächel wandern, an dem mehrere Fischteiche den Bach aufstauen und Hütten zur Rast einladen.

Anfahrt: Am westlichen Ortsende von Rinnthal (in Richtung Hauen-stein) zweigt nach rechts eine Straße zur Bäckerei Neu ab, an ihrem Ende befindet sich der Startpunkt.

Öffentliche Verkehrsmittel: Der Bahnhof Rinnthal wird stündlich aus Landau und Pirmasens bedient und ist 1,3 Kilometer vom Startpunkt entfernt (markiert mit blau-weißem Balken).

Tipp: Am Fuß des Almersbergs besteht die Möglichkeit zu einem Abstecher zum Almersberggipfel (Tour 27).

Rinnthal
Vorwahl: 06346

🛈 **Trifelsland Büro für Tourismus**, Messpl. 1, Annweiler am Trifels, ✆ 2200, @ qbb621

⛪ **Evang. Kirche**, Hauptstr. Kirche (1831-34) im klassizistischen Stil.

✺ **Pfarrhaus**, Hauptstr. 16. Das Haus (1839) stammt aus der Biedermeierepoche.

✺ **Sandsteinskulptur**. Die Skulptur (2003) steht am westlichen Ortseingang.

Das kleine Wasgaudorf Rinnthal kann sich rühmen, die wohl bekannteste klassizistische Kirche der Pfalz sein Eigen zu nennen. Sie ist eine der

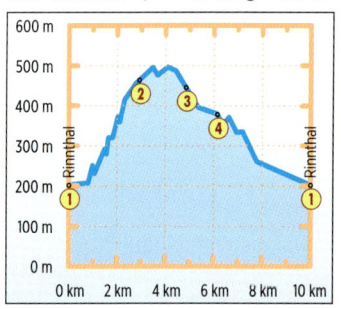

Großer Fischberg
530

Bäreneck
445

Kleiner Fischberg
440

Kl. Fischbach

Almersberg
565

Langwiesenkopf
405

Kehrenkopf
530

Hasselkopf
465

Rinnthal

Sandsteinskulptur

Dorfkirche

Pfarrhaus

Am Kopf
420

Weilbach

Langenbächel

wenigen Kirchen Deutschlands, die konsequent in klassizistischem Stil durchgestaltet ist. Auffallend ist vor allem das imposante Säulenportal des Gotteshauses. Als das Bauvorhaben wegen seiner außergewöhnlichen Gestaltung von der königlichen Regierung in Speyer abgelehnt werden sollte, setzte sich der bayrische König Ludwig I. persönlich für die Aufsehen erregenden Pläne der Rinnthaler Bürger ein und beauftragte seinen Hofarchitekten Leo von Klenze mit der Überarbeitung der Fassade.

1 0,0 (202) In westlicher Richtung den Ort verlassen 🚻, knapp 3 km folgen

Sie nun der roten Punktmarkierung ∿ unter dem Bundesstraßenviadukt hindurch, dann ein Stück auf Asphalt ∿ nach ca. 300 m rechts auf Schotter steil bergauf ∿ durch einen Seitengraben.

TIPP Achten Sie danach auf die Freileitung, die das Tal mit einer beeindruckenden Spannweite und -höhe überspannt.

Längere Zeit schräg am Hang bergauf.

2 2,9 (464) Bei der Hütte am Anfahrpunkt 218 nach rechts auf einen Fahrweg (örtliche Markierung als Römerweg) ∿ diesem 800 m folgen ∿ an einem Wegedreieck mit einem Tümpel in der Mitte rechts der blauen Balkenmarkierung folgen.

VARIANTE Wenn Sie hier links abzweigen, kommen Sie nach 700 m zur Tour 27 und weiter auf den Almersberg mit seiner schönen Aussicht.

Auf eine sanfte Kuppe, danach wieder bergab ∿ über eine morastige Lichtung mit Linkseinmündung ∿ 100 m danach rechts zu einer kleinen Wiese.

3 4,8 (445) Hier nochmals rechts halten (Schilder „Rinnthal" und „Römerweg 401") ∿ für 1,3 km in wechselndem Gefälle bergab.

4 6,1 (377) Am Anfahrpunkt 222 scharf rechts bergab ∿ nun stets dem Hauptweg bergab durch das Langental folgen ∿ weiter unten an zahlreichen Fischteichen vorbei ∿ schließlich in den Hinweg einmünden ∿ links auf bekanntem Weg zurück zum Ausgangspunkt.

1 9,8 (202) Ende der Wanderung.

Rinnthal

Tour 29   9,3 km

Trifelsblick und St. Anna-Kapelle am Teufelsberg

Start/Ziel: Parkplatz am Ziegelbach an der L 506 zwischen Weyher und Ramberg

Gehzeit: 3 - 3 ½ Std.

Aufstieg: 422 m
Abstieg: 422 m
Hartbelag: 0 %
Wanderwege: 83 %
Wanderpfade: 17 %

Charakteristik: Im Modenbachtal bietet sich der Parkplatz am Ziegelbach als Ausgangspunkt einer Wanderung zu den nahen Höhepunkten der Haardt an. Zwar geht es auf dem Pfad hinauf zur Kreuzung „Dreimärker" recht steil zur Sache, doch lohnt der weitere Weg zur Hütte am Trifelsblick schon allein wegen des namengebenden Ausblicks – für diesen sollte allerdings das Wetter stimmen, sind es doch immerhin fast acht Kilometer

Luftlinie zur Burg Trifels. Weiter geht es zur St. Anna-Kapelle, einer Wallfahrtskirche, die wie auf einem Balkon direkt über dem Rheintal thront und dort von hinten betrachtet einen beinahe surrealen Anblick bietet. Auf dem Rückweg wandern Sie schließlich noch einige Zeit am Modenbach entlang, der sich auf seinem Weg ins Rheintal einen landschaftlich eindrucksvollen Durchbruch zwischen Blättersberg und Teufelsberg gefressen hat.

Anfahrt: Der Parkplatz liegt etwa 400 Meter östlich der Kreuzung mit der Kreisstraße 6 an der südlichen (Hang-) Seite. Er ist an einer sehr großen Hütte zu erkennen. Nicht verwechseln mit dem Parkplatz an der Zufahrt zur Amicitia-Hütte, der schräg gegenüber auf der anderen Straßenseite liegt.

Öffentliche Verkehrsmittel: Direkt am Ausgangspunkt liegt die Bushaltestelle Abzweig Amicitia-Hütte. Diese wird von Mai bis Oktober an

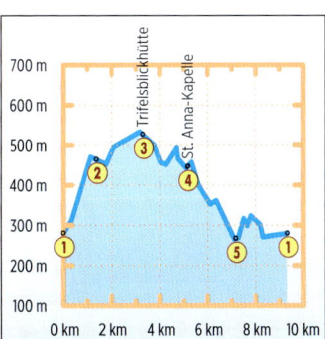

Sonn- und Feiertagen vom Edenkobener Bahnhof aus bedient.

Parkplatz am Ziegelbach

1 ^{0,0 (280)} Vorbei an der Hütte in westlicher Richtung dem roten Punkt 100 m folgen ⌇ ca. 150 m nach Querung des Ziegelbaches links bergauf (blau-weißer Balken Richtung Dreimärker) ⌇ 1 km teils steiler Anstieg.

2 ^{1,4 (464)} Am Kreuzungssattel **Dreimärker** weiter Richtung Trifelsblick-Hütte, ab hier bis zur St.-Anna-Hütte der blauen Balkenmarkierung folgen ⌇ nur mehr leicht bergauf ⌇ längere Zeit schräg am Hang entlang zur **Trifelsblickhütte**.

🏚 **Trifelsblickhütte**, 🕐 Sa, So/Fei 9.30-18 Uhr, an den St.-Anna-Wallfahrtstagen 9.30-17 Uhr, @ ypi667

3 ^{3,3 (526)} Nach der Hütte in zwei Kehren bergab ⌇ nach einem kurzen Pfadabschnitt folgt ein Gegenanstieg ⌇ leicht bergab zur St.-Anna-Hütte.

St.-Anna-Hütte

🏚 **St.-Anna-Hütte**, ✆ 3931, ✆ 5153, 🕐 Mi, So/Fei 10-18 Uhr, Juli-Okt. zusätzl. Sa 10-18 Uhr, @ ure331

🅱 **St.-Anna-Kapelle** (1895)

Die neugotische Wallfahrtskapelle wurde auf einem Bergausläufer direkt über dem Ort Burrweiler errichtet, der Blick reicht über das Rheintal bis zu Odenwald und Schwarzwald. Der 1. Mai ist einer der größeren Wallfahrtstage der St.-Anna-Kapelle.

4 ^{5,2 (446)} Von der Hütte bergab der Zufahrtsstraße folgen (rote Balkenmarkierung) ⌇ Rechtskehre ⌇ die folgende Linkskehre wird etwas abgekürzt.

5 ^{7,2 (267)} Vor der Kreisstraße wechseln Sie auf die gelb-weiße Balkenmarkierung ⌇ diese führt mit einem kurzen Zwischenanstieg zurück zum Ausgangspunkt.

1 ^{9,3 (280)} Ende der Wanderung.

Parkplatz am Ziegelbach

St.-Anna-Kapelle

Frankenberg
555

26

Ludwigsturm

29

Modenbach

Rossberg
635

1

2

5

Burrweiler

Wetterkreuz
600

Landauer Hütte

4

St.-Anna-Kapelle

3

Trifelsblickhütte

...renberg
580

Sonnentempel

Papiermuseum

Hist. Waldusche

Gleisweiler

Naturfreundehaus

Tour 30   **7,6 km**

Drei Hütten um den Orensberg

Start/Ziel: Dernbacher Haus

Gehzeit: 2 ½ - 3 Std.

Aufstieg: 362 m

Abstieg: 362 m

Hartbelag: 0%

Wanderwege: 55 %

Wanderpfade: 45 %

Charakteristik: Der Orensberg, das erste Bergmassiv hinter den Vorbergen um das Örtchen Albersweiler, ist ein beliebtes Wanderziel – zumindest lassen die zahlreichen Einkehrmöglichkeiten an seinem Fuß darauf schließen. Drei Hütten passieren Sie auf dieser Tour: beginnend mit dem Dernbacher Haus, das den Start- und Zielpunkt darstellt, gelangen Sie bald zum Naturfreundehaus Kiesbuckel. Anschließend geht es auf den Orensberg. Von seiner Südspitze, dem Orensfels aus, bietet sich eine gute Aussicht unter anderem auf die Kreisstadt Landau. Der Weg hinab zu Hütte Nummer drei, der Landauer Hütte, verläuft auf Teilen des Ringwalls einer karolingischen Fliehburg – offensichtlich hatte bereits Karl der Große am Standort der Landauer Hütte eine Versorgungsstation einrichten lassen. Von der Landauer Hütte aus bietet sich noch ein lohnender Abstecher zur nahen Ruine Neuscharfeneck an, bevor es wieder hinab zum Dernbacher Haus geht.

Anfahrt: Am nördlichen Ortsende Dernbachs zweigt von einem Parkplatz ein schmales Sträßchen mit Beschilderung zum Dernbacher Haus ab. Der Parkplatz befindet sich etwa 50 Meter unterhalb des Hauses.

Öffentliche Verkehrsmittel: Vom Bahnhof Albersweiler fährt werktags ein Bus stündlich, am Wochenende nur im 2-Stunden-Takt, bis zur Haltestelle Dernbach Dorfplatz. Von dort sind es noch 1,1 Kilometer Fußweg zum Start.

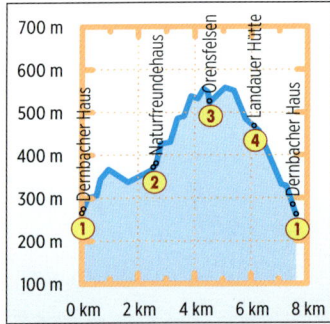

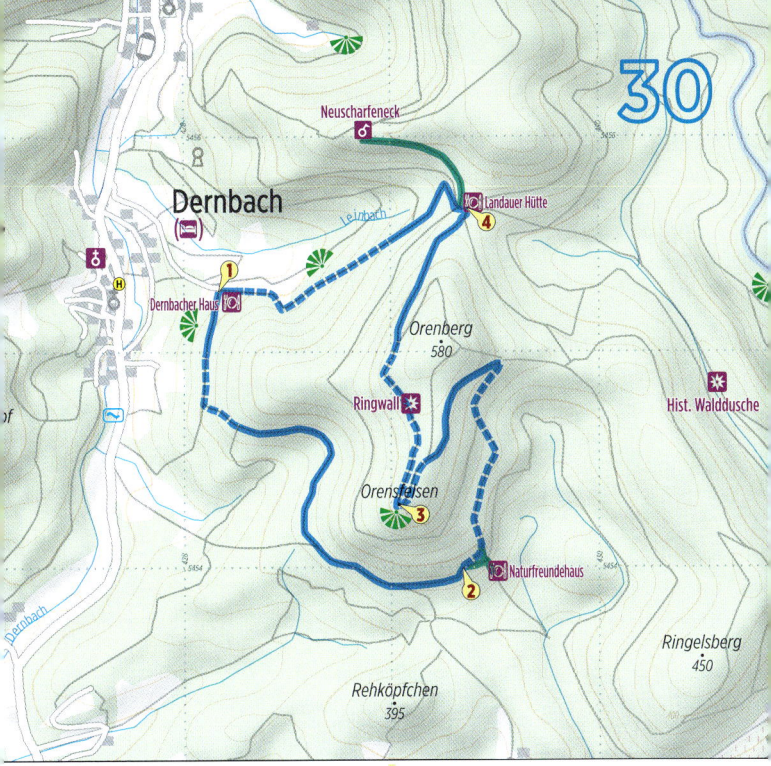

Dernbach

Dernbacher Haus, Hauptstr., 📞 06345/8927, 🕐 Di–So 11.30–22 Uhr, @ hss485

Heiligste Dreifaltigkeit (kath.), 1752 nach Zerstörungen wieder aufgebaut, mit restaurierten Wandmalereien

Dernbach wurde im Jahr 1189 erstmals urkundlich erwähnt und zählt heute 450 Einwohner. Entlang der Ortsstraße fällt vor allem die enge historische Bebauung ins Auge, die die Struktur eines Straßendorfs nicht verkennen lässt.

1 **0,0 (263)** Vor der Hütte rechts der Markierung mit weißem Punkt Richtung Naturfreundehaus folgen 〜 ca. 30 Min. in wechselnder Steigung an der Südostseite des Orensberges entlang.

2 **2,5 (370)** Wenige hundert Meter vor dem Naturfreundehaus links auf einen ansteigenden Pfad, ab nun folgen Sie auf den nächsten 3,5 km bis zur Landauer Hütte der Markierung mit weißem Balken und schwarzem Punkt.

Aussichtsplattform am Orensfelsen

AUSFLUG Wenn Sie vorerst noch weiter geradeaus laufen (dem weißen Punkt folgend), kommen Sie zum Naturfreundehaus.

🏨 **Naturfreundehaus Kiesbuckel**, ✆ 06341/88642, ⊙ Sa, So/Fei 10-18 Uhr, @ dax566

Nach gut 1 km auf einem breiteren Weg scharf links 〜 zunächst steil, dann flacher bergauf 〜 zuletzt auf den Resten des ehemaligen **karolingischen Ringwalls** zum **Orensfelsen**.

Orensfelsen **(565 m)**

Von der exponierten Felsplattform an der Südspitze des Orensbergs sind Ausblicke ins Queichtal, zur Burg Trifels und nach Landau möglich. Der Orensberg selbst ist archäologische Grabungsstätte, auf dem Relikte aus Mittelalter und Jungsteinzeit gefunden wurden. Der ehemalige karolingische Ringwall mit seiner Holzbebauung umfasste ein 12 Hektar großes Gelände. Es diente als Rückzugsort bei kriegerischen Auseinandersetzungen.

3 4,5 (525) Der Markierung folgend scharf rechts weiter 〜 noch ca. 700 m

am Ringwall entlang 〜 dann auf der Westseite des Orensbergs schräg links hinunter.

4 6,1 (467) Sie kommen zur **Landauer Hütte**.

🏨 **Landauer Hütte**, am Zimmerbrunnen, ✆ 06345/3797, ✆ 06345/8421, ⊙ Sa, So/Fei 11-17 Uhr, Mai-Okt. zusätzl. Mi 11-17 Uhr, @ bwf718

AUSFLUG Empfehlenswert ist ein Abstecher zur Ruine Neuscharfeneck (hin und zurück 1,4 km), Markierung mit dem weißen Balken mit schwarzem Punkt.

🏰 **Burg Neuscharfeneck**, ✆ 06341/939527 🗓 Um 1232 errichtete Burg der Ritter von Scharfeneck-Metz, die im Dreißigjährigen Krieg zerstört wurde. Erhalten sind auf ca. 150 x 60 m einige Mauern und ein Torturm. @ lfe362

Für den Rückweg – vom Orensberg aus gesehen – scharf links dem rot-weißen Balken folgen.

1 7,6 (263) Ende der Wanderung am Dernbacher Haus.

Dernbach

Südlicher Pfälzerwald – West

| 150 | **Tour 31** | _LEICHT_ | 8,5 km |
| | Zwischen Hilschberghaus und Clausertal | | |

| 153 | **Tour 32** | _LEICHT_ | 11,0 km |
| | Das Felsenland um Rodalben | | |

| 158 | **Tour 33** | _LEICHT_ | 9,0 km |
| | Das Felsentor bei Pirmasens | | |

| 162 | **Tour 34** | _LEICHT_ | 7,0 km |
| | Vom Teufelstisch ins Lautertal | | |

| 165 | **Tour 35** | _SCHWER_ | 18,6 km |
| | Von Dahn nach Pirmasens | | |

| 175 | **Tour 36** | _LEICHT_ | 9,3 km |
| | Südliches Dahner Felsenland | | |

| 178 | **Tour 37** | _LEICHT_ | 9,0 km |
| | Westausläufer um Glashütte | | |

| 181 | **Tour 38** | _LEICHT_ | 6,8 km |
| | Dielbachtal und Zigeunerfels | | |

| 184 | **Tour 39** | _LEICHT_ | 9,4 km |
| | Lindelskopf und Pfälzerwoog | | |

| 188 | **Tour 40** | _MITTEL_ | 12,2 km |
| | Grenztour zwischen Fleckenstein und Wegelnburg | | |

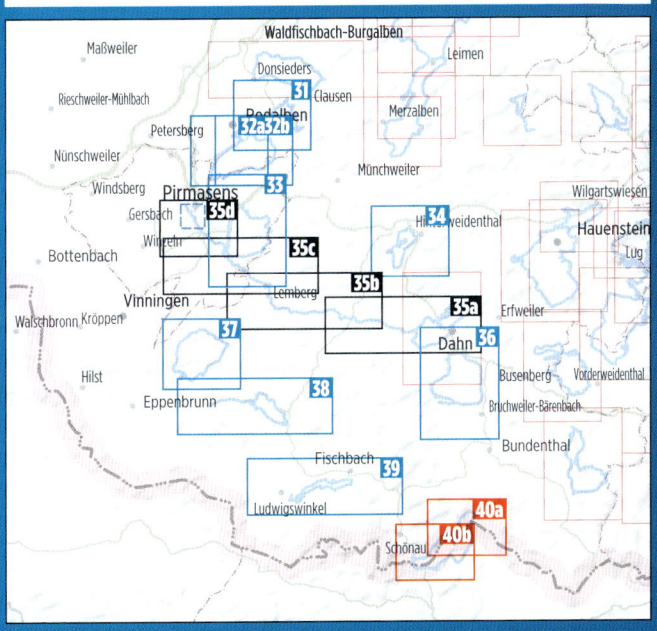

Tour 31

8,5 km

Zwischen Hilschberghaus und Clausertal

Start/Ziel: Rodalben, Parkplatz am Hilschberghaus

Gehzeit: 2 ½ - 3 Std.

Aufstieg: 360 m
Abstieg: 360 m
Hartbelag: 0 %
Wanderwege: 51 %
Wanderpfade: 49 %

Charakteristik: Das Hilschberghaus, ein Wanderheim in Berglage oberhalb von Rodalben, stellt einen guten Ausgangspunkt für Wanderungen am Hilschberg dar. Ein Trimm-dich-Pfad begleitet Ihren Weg entlang der Hilschbergflanke bis vor den Abstieg ins Clausertal. Dieses Tal besticht vor allem durch seine Abgeschiedenheit und Ruhe. Kurz nach Verlassen des Talbodens kreuzt der bekannte Rodalber Felsenwanderweg, dem Sie nun entlang der Talflanke am Fuß einiger Felsen folgen. An der Rodalb angekommen, geht es dann etwas hinauf, um zuletzt ohne große Anstrengung an der Waldgrenze oberhalb der Rodalbener Oststadt mit gelegentlichen schönen Stadtblicken zurück zum Hilschberghaus zu wandern.

Anfahrt: In der Ortsmitte von Rodalben zweigt die Landesstraße nach Clausen (Lindersbachstraße) ab, von der nach 500 Metern scharf rechts bergauf der Weg zum Hilschberghaus beschildert ist.

Öffentliche Verkehrsmittel: Von Landau und Pirmasens aus wird der Rodalber Bahnhof stündlich bedient, von dort ist der Startpunkt 1,5 Kilometer entfernt.

Rodalben

Vorwahl: 06331

ℹ️ **Tourist-Information Gräfensteiner Land**, Am Rathaus 9, ✆ 234180, @ nce563

🏠 **Hilschberghaus**, Fichtenstr. 1b, ✆ 10669, ✆ 18020, 🕐 Mo-Sa 12-19 Uhr, So/Fei 10-18 Uhr, @ hmn611

🏛️ **Johann-Peter-Frank-Museum**, Schulstr. 9, ✆ 258994 ℂ J. P. Frank war ein bedeutender deutscher Mediziner des 18. Jhs. Neben seinem mehrbändigen Hauptwerk „System einer vollständigen medicinischen

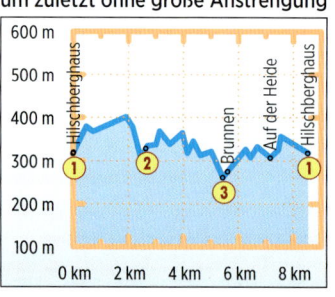

Clausen 31

Orleberg
430

Klinkenberg
420

Rodalben

Johann-Peter-Frank-Haus

Marienkirche

Hilschberghaus 1

31

32

Bruderfels

Auf der Heide

Rodalb

Neuhof

Neuhofstraße

Policey" befinden sich auch zahlreiche Schriften von ihm und über ihn im Museum. @ jbu732

🚩 **Marienkirche** mit Fundamenten aus romanischer Zeit

🏠 **Rodalber Bärenhöhle**, Landstraße L 482 Richtung Pirmasens. Mit 40 m Tiefe die größte natürliche Höhle aus Buntsandstein in der Pfalz.

Rodalben taucht in historischen Dokumenten erstmals 1237 als „Meyerhof" auf, geht jedoch vermutlich auf eine keltische Siedlung zurück. Erst nach dem Dreißigjährigen Krieg wuchs der Ort langsam, mit der Industrialisierung dann schneller an. Das Gerber- und das Schuhmacherhandwerk schufen zahlreiche Arbeitsplätze im Ort, nach dem Zweiten Weltkrieg bestanden zeitweise 60 Schuhmacherbetriebe. Nachdem in den 1960er Jahren vieler Fabriken schließen mussten, wurde der Tourismus zunehmend zum wichtigen Wirtschaftsfaktor.

Krappenfelsen

1963 erhielt Rodalben Stadtrechte und hat heute gut 7.000 Einwohner.

1 0,0 (317) Oberhalb von Rodalben starten Sie die Wanderung am **Hilschberghaus** ~ vom Parkplatz laufen Sie in östliche Richtung auf einen Fahrweg mit der grünen Balkenmarkierung ~ der Weg biegt bald nach Norden ab ~ nach 1,8 km dem grünen Balken folgend auf einem Pfad steil hinunter ins Clausertal ~ den Bach queren und 100 m wieder auf den Gegenhang hinauf.

2 2,6 (328) Scharf rechts dem markierten **Felsenwanderweg** Richtung Hirschbrunnen folgen ~ vorbei an vielen Felsen verläuft der Weg 2,5 km auf der Höhe und dann in einer Rechtskehre bergab zur Landesstraße.

3 5,4 (261) Vor der Landesstraße rechts, von hier bis zum Ende der Tour folgen Sie nun der blau-weißen Balkenmarkierung ~ vorerst am Hirschbrunnen und am Wanderparkplatz vorbei ~ nach 300 m scharf rechts bergauf ~ bald in eine Linkskehre ~ auf einem abwechslungsreichen Weg oberhalb des Stadtteils „Auf der Heide" zurück zum Startpunkt.

1 8,5 (317) Ende der Wanderung. **Hilschberghaus**

Tour 32

Das Felsenland um Rodalben

11,0 km

Start/Ziel: Rodalben, Bahnhof
Gehzeit: 3 ½ Std.

Aufstieg: 276 m
Abstieg: 276 m
Hartbelag: 36 %
Wanderwege: 42 %
Wanderpfade: 22 %

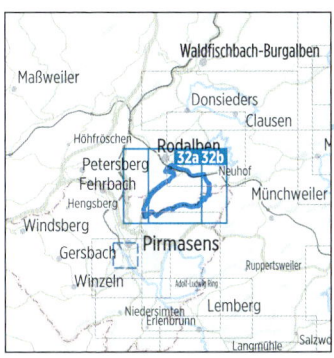

Charakteristik: Besuchern der Kleinstadt Rodalben ist der Rodalber Felsenwanderweg schnell ein fester Begriff. Die mehr als 40 Kilometer lange Runde führt mit diversen Varianten um die Stadt und besucht dabei viele der im Wald versteckten Sandsteinfelsen. Auf dieser etwas kürzeren und für einen Halbtagsausflug gut geeigneten Tour zwischen Rodalben und Pirmasens erwandern Sie sich eine Reihe der schönsten Felsen sowie die Bärenhöhle und die sehenswerte Siedlung am Sommerwald, die schon Teil von Pirmasens ist. Der bekannte Bruderfels über Rodalben ist ebenso im Programm wie die Blockhalde um den Karl-May-Felsen. Zuletzt wandern Sie entlang des Baches Rodalb zurück in die Rodalbener Innenstadt.

Öffentliche Verkehrsmittel: Der Bahnhof Rodalben wird stündlich mit Zügen aus Landau und Pirmasens bedient.

Rodalben s. S. 150

1 0,0 (254) Vom Gleis kommend am Bahnhof links und vorbei an der Gaststätte zur Straßenbrücke.

⬛ **Altes Postamt**, Poststr. 1, ✆ 804013, 🕐 Mi-Sa ab 16 Uhr, So 10-14 Uhr und ab 17 Uhr. In dem alten, sanierten Postgebäude wurde 2018 eine urige Gaststätte eröffnet, mit schönem Biergarten. @ pdw875

Im Brückenpfeiler die Treppe hinauf, dies ist der Felsenwanderweg ◞ oben an der Straße links ◞ an der T-Kreuzung am Ende rechts bergab ◞ nach 50 m links die Straße **Zum Grünbühl** steil bergauf ◞ an ihrem Ende auf einen Pfad links am Zaun entlang ⧓ ◞ nach 80 m an einem breiteren Weg links ◞ nach 250 m eine erste Rechtsabzweigung ignorieren ◞ erst 180 m darauf (in Sichtweite der Scheinwerfer) rechts bergauf zum **Bruderfelsen**.

Bruderfelsen

Die zwei 8 bis 10 Meter hohen und sich an einigen Stellen berührenden Steinsäulen mit ihren pilzartigen Köpfen sind das Wahrzeichen Rodalbens. Von hier haben Sie einen sehr guten Ausblick auf die Innenstadt und die umgebenden Hänge des Queichtals.

2 1,0 (314) Am Bruderfelsen vorbei dem Felsenwanderweg bergab folgen ◞ nach Querung der Landesstraße teilt sich der Felsenwanderweg ◞ hier auf dem Talweg weiter ◞ gemütlich 2 km an der rechten Talseite zum **Bärenbrunnen** bei den gleichnamigen Höhlen.

Bärenhöhlen

Die obere Bärenhöhle ist mit 40 Metern die tiefste bekannte Höhle der Pfalz.

Bruderfelsen

Aus ihr entspringt ein Bach, fließt durch eine zweite, die untere Bärenhöhle, einen kleinen Wasserfall hinunter und wird vor der Höhle zum kleinen Bärenbrunnen gefasst. Ein aus Sandstein gehauener Bär markiert den Rastplatz vor der Bärenhöhle.

3 2,9 (333) Rechts neben den Höhlen den steilen Pfad mit dem grünen Balken hinauf ～ vorbei an der oberen Bärenhöhle und dahinter an einer Pfadteilung rechts bergauf Richtung Pirmasens ～ nach wenigen Metern einem unmarkierten Fahrweg nach links folgen ～ am Anfahrpunkt 790 dem nicht markierten Hauptweg durch die Linkskurve folgen ～ 370 m danach rechts auf den Pfad Richtung Siedlerheim ～ an der folgenden Pfadgabelung links, den noch schmaleren Pfad ganz links aber ignorieren ～ an einer T-Kreuzung nahe dem Waldrand rechts ～ bei nächster

Bärenskulptur bei den gleichnamigen Höhlen

Gelegenheit rechts zur Gaststätte abbiegen 🍴.

Sommerwald-Siedlung (Pirmasens)

🔵 **Pizzamann Siedlerhütte**, In den Birkenäckern 45, ☎ 06331/64198, 🕐 Mo-Fr 10-17 Uhr

Auf der Straße weiter ～ nach 100 m an der Kreuzung leicht rechts versetzt geradeaus ～ noch vor der T-Kreuzung links auf die Straße zwischen Häusern und Grünfläche ～ an deren Ende rechts zur Hauptstraße.

4 4,6 (426) Der Hauptstraße nach links für 730 m folgen ～ nach der Rechtskurve an der Kreuzung links bergab Richtung Tierheim 🔀 ～ der weißen Kreuzmarkierung 950 m folgen.

5 6,5 (409) Am Anfahrpunkt 795 links auf einen unmarkierten Fahrweg ～ nach 500 m mündet der Felsenwanderweg von links ein ～ diesem kurz darauf nach rechts bergauf folgen.

Karl-May-Felsen

Dieser wenig spektakuläre Felsblock befindet sich inmitten vieler anderer Felsen, die den Weg recht abwechslungsreich gestalten. Am Felsen selbst steht eine Rastbank. Der Name Karl-May-Felsen soll wohl den inspirierenden Charakter dieser abgelegenen und stellenweise surreal wirkenden Felsenlandschaft andeuten und weist weniger auf den Schriftsteller selbst hin.

Der Pfad führt durch eine Engstelle und mündet in einen breiteren Fahrweg ～ durch eine Linkskurve wieder bergan ～ nach 100 m (etwas vor einem Wegweiser des Felsenwanderwegs) links bergab auf einen

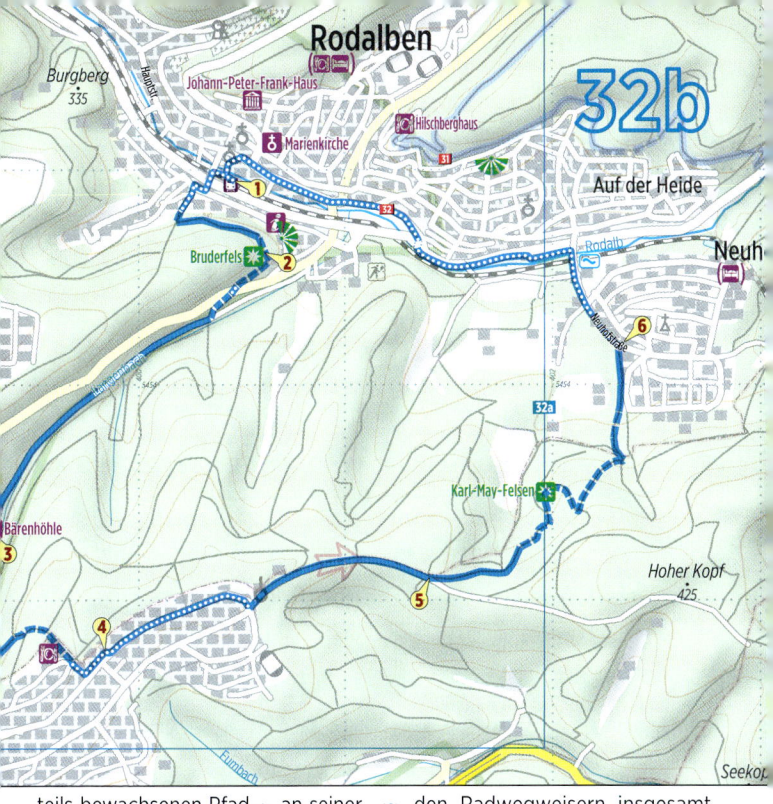

teils bewachsenen Pfad 〜 an seiner Mündung in einen breiteren Weg links 〜 nach 40 m rechts auf einen schlechteren Weg abbiegen 〜 nach weiteren 60 m rechts auf einem Pfad bergab zu einem Grundstück 〜 daran vorbei und auf dem Zufahrtsweg bergab nach **Neuhof** 🚏.

Neuhof (Rodalben)

6 8,5 (285) An der Hauptstraße links 〜 nach 500 m über die Bahn 〜 danach links (Fahrrad-Wegweiser) 〜 den Radwegweisern insgesamt 1,3 km Richtung Rodalben folgen (dabei quer über einen Parkplatz und am Rande eines Parks entlang) 〜 beim Restaurant **Zum Grünen Kranz** noch 450 m geradeaus auf der Hauptstraße weiter 〜 dann links in die **Pfarrstraße** (Wegweiser Richtung Bahnhof) 〜 an der Gabelung links und zurück zum Bahnhof.

1 11,0 (254) Ende der Wanderung.

Rodalben

Das Felsentor bei Pirmasens

Start/Ziel: Pirmasens, Parkplatz am Klosterbrunnen

Gehzeit: 2 ½ Std.

Aufstieg: 271 m

Abstieg: 271 m

Hartbelag: 9 %

Wanderwege: 60 %

Wanderpfade: 31 %

Charakteristik: Das bekannte Pirmasenser Felsentor lässt sich sehr gut
in eine Runde einbetten, die auch
andere sehenswerte Orte östlich
von Pirmasens sowie einige Einkehrmöglichkeiten beinhaltet. Im
Einshalber Tal geht es zunächst zum
Eisweiher, einer kleinen Parkanlage am Rande von Pirmasens. Steil
hinauf durch ein abgeschiedenes
Tälchen kommen Sie dann in den
Stadtteil Ruhbank und anschließend
mit einem gemächlichen Abstieg
vorbei am Kanzelfelsen zur Hütte
am Starkenbrunnen. Über den bekannten Beckenhof erreichen Sie
schließlich das Felsentor, das sich
quer über den Wanderweg spannt.
Zuletzt sind es nur noch einige hundert Meter durch lichte Kiefernwälder hinab zum Ausgangspunkt.

Anfahrt: Der Abzweig zum Parkplatz
am Klosterbrunnen liegt gegenüber
dem Abzweig der Zeppelinstraße
von der Landauer Straße (L 484),
unweit der B 10 am Ostrand von Pirmasens.

Öffentliche Verkehrsmittel: Sie
können mit dem stündlich verkeh-
renden Bus 250 vom Pirmasenser
Hauptbahnhof zur Station Ruhe-
bank, Beckenhofer Straße fahren
und steigen dann bei Wegpunkt 3 in
die Tour ein. Auf dieser Strecke verkehren sonntags zusätzlich Anruf-
Linien-Taxis, Anmeldung erforderlich (Tel.: 06331/228080)

Parkplatz am Klosterbrunnen

1 0,0 (322) Von der Parkplatzzufahrt
kommend rechts (nach Südwesten)
dem anfangs noch mit rot-gelbem
Balken markierten Weg folgen ∿
die Markierung biegt bald rechts ab,
hier geradeaus auf dem unmarkierten

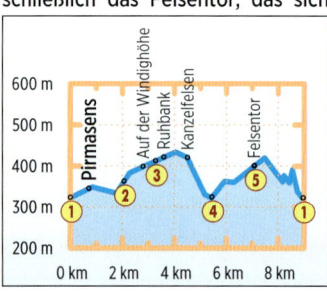

Pirmasens

Horeb

Auf der Schwann

Parkwald Lung

Felsentor 5

Badepark PLUB

Eiswoiher

Adolf-Ludwig Ring

Auf der Windighöhe

Kanzelfelsen

Sengelsberg
420

Ruhbank

Am Soll

Lemberg

Burgeni

Burg Lemb

Erlenbrunn

Beutelskopf
370

Felsentor

Weg am Talrand weiter 〰 einen Abzweig rechts liegen lassen 〰 vor einer Hütte links auf dem Fußweg um den **Eisweiher** herum 〰 an dessen Ende halbrechts den Talgrund auf einer Holzbrücke überqueren und dahinter links zu dem Asphaltweg 〰 auf diesem links.

2 2,0 (362) Vor einem Sportheim rechts eine steile Asphaltrampe hinauf (Schild Polizeisportverein/ Minigolf) 〰 vor einer eingezäunten Wasseranlage wird die Schotterweg-Fortsetzung links versetzt zum Pfad 〰 dieser führt das Tal steil hinauf und mündet oben wieder in einen breiteren Fahrweg.

Ruhbank (Pirmasens)

3 3,2 (412) An der Kreuzung schräg rechts in die **Sengelsbergstraße**, ab hier der Markierung mit grünem Kreuz Richtung Waldhaus Starkenbrunnen folgen 〰 aus dem Ort hinaus

🏖 〰 auf einem Pfad sanft bergab am **Kanzelfelsen** vorbei 〰 bald darauf links steil hinunter 〰 im Tal wieder flacher zum **Waldhaus**.

🔟 **Waldhaus Starkenbrunnen**, ✆ 06331/46597, 🕐 Di 10.30-22 Uhr, Mi-So, Fei 10.30-20 Uhr, @ rhl626

4 5,4 (324) Links haltend weiter dem grünen Kreuz zum **Beckenhof**.

🔟 **Wirtshaus Beckenhof**, ✆ 06331/47239, 🕐 tägl. 10.30-23 Uhr, @ jrt358

Frontal rechts vor den Hofgebäuden vorbei zum Anfahrpunkt 169 〰 daneben führt ein Pfad in den Wald, nun orientieren Sie sich bis zum Ende der Tour an der roten Balkenmarkierung 〰 bergauf an einer Hütte vorbei 〰 steiler hinauf zum **Felsentor**.

Felsentor

Dieser natürliche Felsbogen überspannt mit einer Höhe von knapp 1,80 Metern und einer ebensolchen Breite den Wanderweg. Das Tor ent-

stand durch die gleichen Erosionsprozesse wie der Teufelstisch und viele andere Pilzfelsen des Pfälzerwaldes, nur dass in diesem Fall der „Pilzkopf" von zwei Säulen (statt nur einer) getragen wird. Das Felsentor gehört zusammen mit dem Teufelstisch bei Hinterweidenthal (s. Tour 34) zu den Wahrzeichen des Pfälzerwaldes.

5 7,1 (400) Hinter dem Felsentor links hinauf ∼ nach wenigen Metern auf einer Forststraße weiter ∼ Linkskurve ∼ 200 m danach rechts weg ∼ bald wieder auf einen Fahrweg ∼ an einer Verzweigung links halten ∼ jetzt leicht bergab durch mehrere Gräben am Hang entlang und zurück zum Parkplatz am Startpunkt. **1** 9,0 (322) Ende der Wanderung. **Parkplatz am Klosterbrunnen**

Teufelstisch (Tour 34)

Tour 34

Tour 34 7,0 km

Vom Teufelstisch ins Lautertal

Start/Ziel: Hinterweidenthal, Parkplatz Bahnhofstraße

Gehzeit: 2 Std.

Aufstieg: 202 m
Abstieg: 202 m
Hartbelag: 27 %
Wanderwege: 43 %
Wanderpfade: 30 %

Charakteristik: Der Teufelstisch bei Hinterweidenthal ist als Wahrzeichen des Pfälzerwaldes meist gut besucht. Die meisten Gäste wählen die Standard-Kurzstrecke Parkplatz–Teufelstisch–Gaststätte–Parkplatz, aber es lässt sich wunderbar eine schöne Runde laufen, die auch die anderen Naturschönheiten um Hinterweidenthal mit einschließt. Vom Teufelstisch geht es über den nicht allzu spektakulären Aussichtspunkt „Schöne Aussicht" hinunter ins einsame Windelstal. Danach bietet die Umrundung des Sandhügels Woogel einige nette Einblicke

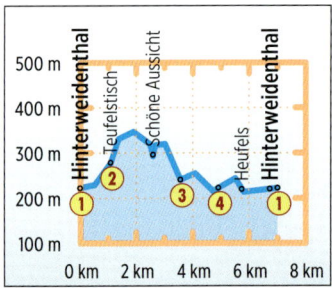

ins Wieslautertal. Kurz vor Schluss passieren Sie noch den Heufels, der zwar nicht so beeindruckend ist wie der Teufelstisch, aber wie ein hübscher Wegstein den Anfang des Planetenweges nach Bruchweiler markiert.

Öffentliche Verkehrsmittel: Der Haltepunkt Hinterweidenthal Ort liegt nahe dem Ausgangspunkt. Er wird im Sommerhalbjahr an Wochenenden und Feiertagen mit einzelnen Zügen aus Landau und Pirmasens bedient. Außerhalb dieser Zeit ist der Bahnhof Hinterweidenthal, der stündlich aus Landau und Pirmasens erreichbar ist, der nächste Zugang mit öffentlichen Verkehrsmitteln. Er ist 950 Meter vom Startpunkt entfernt.

Hinterweidenthal

Vorwahl: 06396

🛈 **Tourist-Informations-Zentrum Pfälzerwald**, Schuhmeile 1, Hauenstein, ✆ 06392/9233380, @ jud324

✿ **Planetenwanderweg** von Hinterweidenthal nach Bruchweiler (10,5 km). Dabei

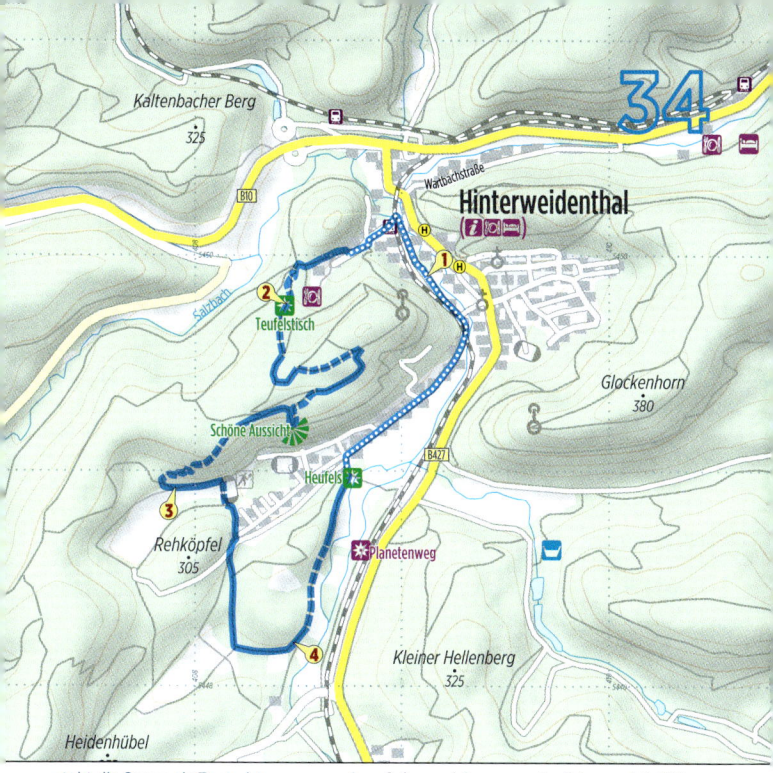

steht die Sonne als Zentralstern nur weni-
ge Schritte vom Heufelsen am südlichen
Ortsende entfernt, nach außen werden die
Abstände maßstabgetreu größer.

🏊 **Waldbadeweiher Rohrwoog.** Der Badeweiher ist mitten im Wald, in einem Seitental von Hinterweidenthal gelegen.

1 0,0 (223) Der Straße 250 m nach
Norden (vom Parkplatz kommend
rechts) folgen 〰 nach der Station
Hinterweidenthal Ort links über den
Bahnübergang 🚃 〰 dem gelben
Punkt bergauf Richtung Teufelstisch

folgen bis zum Anfahrpunkt 321 〰
dort links die Treppe hinauf, ab hier
folgen Sie der lokalen Markierung 2.

Teufelstisch

✳ **Erlebnispark Teufelstisch,** Im Hand-
schuhteich 31, 📞 06396/ 993276, 🕐 in der
Saison tägl. 10-18 Uhr. Kostenlose Attraktion für Kinder direkt unterhalb des Teu-
felstisches.

*Dieser 14 Meter hohe Sandsteinfelsen
ist gemeinsam mit dem Felsentor bei
Pirmasens (s. Tour 33) das Wahrzeichen
des Pfälzerwaldes. Die ausge-*

prägte Tischform entstand durch die unterschiedlichen Gesteinshärten; während der „Tischfuß" der Abtragung nur wenig entgegenzusetzen hatte und in geologisch absehbarer Zeit gänzlich verschwinden wird, besteht die „Tischplatte" aus härterem Sandstein und schrumpft daher langsamer als der Fuß. Wenn eines Tages der „Fuß" zu schmal erodiert wird, um das Gewicht der Platte zu halten, wird der Teufelstisch in sich zusammenfallen – doch bis dahin werden ihn noch viele Generationen von Pfälzerwald-Besuchern besichtigen können.

2 1,1 (279) Am Teufelstisch vorbei zunächst bergauf ⌇ insgesamt 2,3 km dem abwechslungsreichen Weg Nr. 2 vorbei an der **Schönen Aussicht** ins Windelstal folgen ⌇ bei einigen Sitzbänken vor zum Talrandweg.

3 3,6 (241) Links am Talrand entlang ⌇ nach 250 m, zwischen Hunde-

vereins- und Sportplatz, rechts auf einem Grasweg zur anderen Talseite ⌇ dem verschlungenen Hauptweg folgen und eine Einmündung rechts liegen lassen ⌇ am Anfahrpunkt 320 rechts ⌇ nach gut 50 m an einer Schotterwegegabelung links bergab ⌇ 400 m danach, bei einer Hochspannungsleitung, durch die Linkskurve.

4 4,9 (223) An der T-Kreuzung am Ende einer Freizeitwiese links ⌇ der Weg ist nun mit dem roten Balken markiert und führt vorbei am **Heufels** zurück nach Hinterweidenthal 🚉 ⌇ im Wohngebiet am Bahnübergang weist die rote Balkenmarkierung auf den Pfad links der Gleise auf einem Pfad weiter, hier bleiben Sie aber auf der Straße, um zum Ausgangspunkt zurückzugelangen.

1 7,0 (223) Ende der Wanderung.
Hinterweidenthal

Tour 35 18,6 km

Von Dahn nach Pirmasens

Start: Bahnhof Dahn
Ziel: Hauptbahnhof Pirmasens
Gehzeit: 6 - 6 ½ Std.

Aufstieg: 501 m
Abstieg: 336 m
Hartbelag: 50 %
Wanderwege: 32 %
Wanderpfade: 18 %

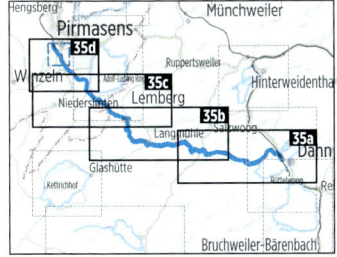

Charakteristik: Für die längste Tour in diesem Buch musste eine kleine Besonderheit her: die Streckentour von der Felsenland-Hauptstadt Dahn in die Schuhmetropole Pirmasens führt in Ost-West-Richtung

einmal der Länge nach durch den westlichen Wasgau und geizt dabei nicht mit Natur- und Kulturschönheiten. Dazu zählen die Passhöhe Am Sack mit ihrem Ritterstein, das Storrbachtal mit seinen historischen Triftanlagen und auch der recht große Ort Lemberg, der trotz touristisch schwacher Erschließung eine warmherzige Ausstrahlung hat. Gegen Ende wartet ein ziemlich steiler Aufstieg zur Höhensiedlung Ruh-

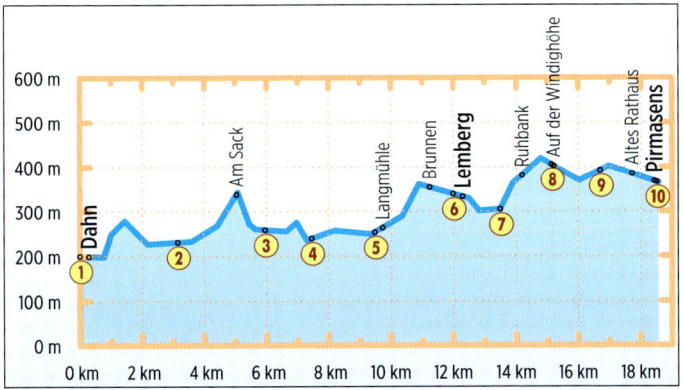

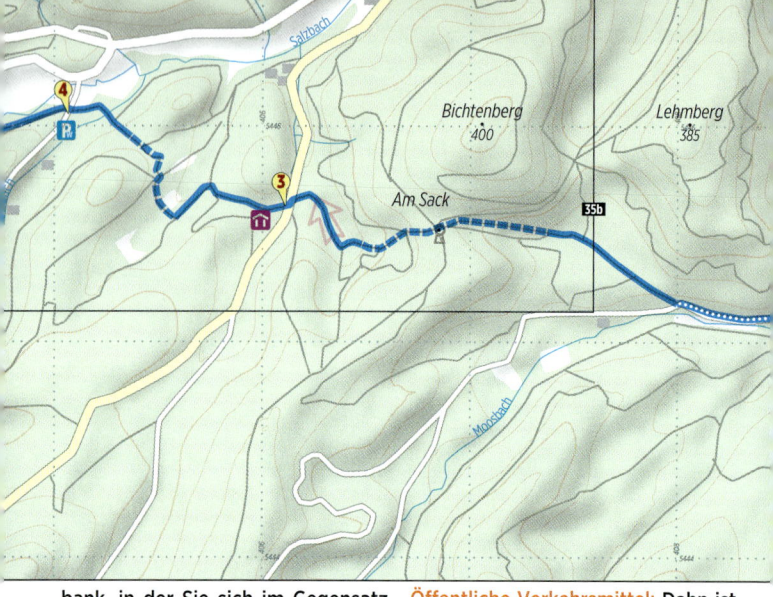

bank, in der Sie sich im Gegensatz zum Namen schon in einer verkehrsreichen Stadt wähnen. Von dort aus geht es einige Zeit durch Pirmasens bis in die sehenswerte Fußgängerzone.

Anfahrt: Bei Anreise mit dem Auto empfiehlt es sich, den Wagen in Pirmasens zu parken und mit dem Bus 250 vom Hauptbahnhof nach Dahn zu fahren. Wer das Auto am Startpunkt der Tour abstellen will, kann werktags ab Pirmasens bis zum Abend mit dem Bus 250 zum Ausgangspunkt zurückfahren. An den Wochenenden verkehrt dieser Bus abends nicht mehr, da ist die Rückreise bis 20 Uhr über Hinterweidenthal möglich, Weiterfahrt mit dem Anruf-Linien-Taxi.

Öffentliche Verkehrsmittel: Dahn ist von Mai bis Oktober sonntags mit Bahnen aus Landau zu erreichen. Die nächstgelegene Bushaltestelle Dahn Post wird außerhalb dieser Zeiten regelmäßig aus Hinterweidenthal (Umstiegsmöglichkeit von der regulären Bahn) bedient. Bei Anreise über Pirmasens gelangen Sie mit dem Bus 250 vom Pirmasenser Hauptbahnhof nach Dahn.

Dahn
Vorwahl: 06391

🛈 **Tourist-Information Dahner Felsenland**, Schulstr. 29, ✆ 919600, @ iom826

🛈 **Verkehrsverein**, Schulstr. 23a, ✆ 5188, @ did613

🏛 **Burgenmuseum**, Verlängerte Schlossstr., In der Ritterburg Altdahn, ✆ 993543 ⏏ Ausgrabungsfunde, Ritterrüstungen, Ta-

The map at the top shows the Dahn area with labels: Römerfelsen, Hochber 420, Burg..., Neudahn, Mehrsberg 330, Galgenfels, Lachberg 420, Dahn, Jungfernsprung, St. Laurentius, Kurpark, Dahner Hütte, Wachtfelsen, St. Michaelis, Rüttelwood, B427, B427, 35/41, 41.

schensonnenuhr, Kinderspielzeug aus der Ritterzeit. @ jgs318

- **Pfarrkirche St. Laurentius**, Kirchg. Die Kirche (1789) hat einen Zwiebelturm.
- **St. Michaelskapelle**, unterhalb der Hochsteinnadel. Zur Kapelle (vermutlich 14. Jh.) gehören ein Ehrenfriedhof und eine Kreuzwegstation.
- **Burgmassiv Altdahn-Grafendahn-Tanstein**, ⊙ Karfreitag bis 1. Nov., tägl. 9-18 Uhr. Die Burganlage (12.-13. Jh.) ist die größte der Pfalz. Zu sehen sind noch Teile des Pallas, Reste von Türmen, Ringmauern und in den Fels gehauene Gänge und Kammern.
- **Burgruine Neudahn**. Felsenburg (1230), von der u. a. noch die beiden Batterietürme, Teile der Kemenaten, zwei Treppentürme und das Burgtor der Unterburg erhalten blieben. Von der Burg hat man eine wundervolle Aussicht auf die Umgebung.

Jungfernsprung in Dahn

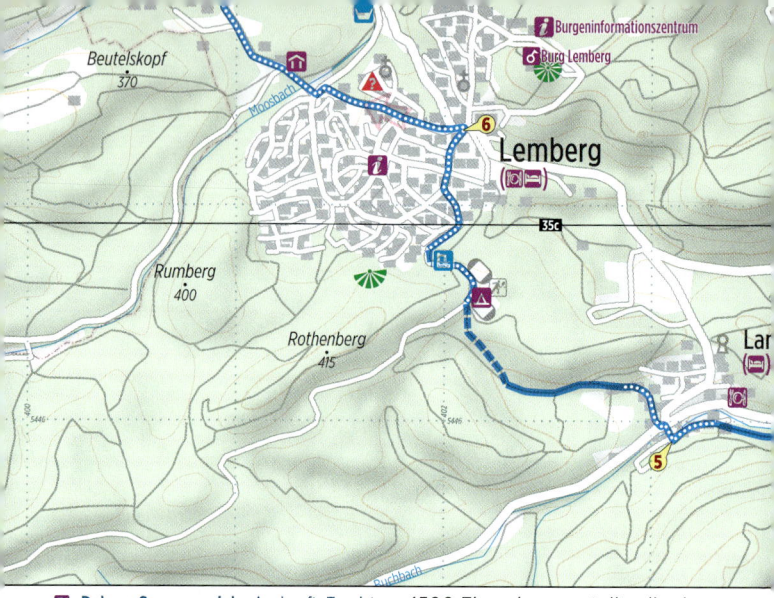

🎭 **Dahner Sommerspiele**. Auskunft: Tourist-Information Dahner Felsenland, z. T. Freilichtaufführungen auf der Burg Altdahn. Vom Frühjahr bis weit in den Herbst. @ aks854

✳ **Jungfernsprung**. 65 m hoher Aussichtsfelsen mitten im Ort, mit schroffer Westseite und Aussichtsplattform neben dem Gipfelkreuz.

✳ **Wachtfelsen**. Ein Doppelfels am südwestlichen Ortsausgang, besser bekannt als Braut und Bräutigam.

✴ **Kurpark**, Weißenburger Str. Mit Elwetritsche-Brunnen und -Lehrpfad.

🛁 **Felsland Badeparadies & Saunawelt**, Eybergstr. 1, ☎ 2179

Dahn als Hauptort des Felsenlandes war vom 13. bis Anfang des 17. Jahrhunderts Besitz der Herren von Than, die ihren ursprünglichen Sitz auf der Burg Altdahn hatten. Mit seinen 4500 Einwohnern stellt die junge Stadt heute einen der größten Orte des Wasgaus und damit auch ein touristisches Zentrum dar.

Der Elwetritsche-Brunnen ist eins der in der Pfalz verbreiteten Denkmäler für die Elwetritsche, einem hühnerähnlichen Fabelwesen. Als Kreuzungen von Hühnern, Enten und Gänsen mit den Elfen und Kobolden des Pfälzerwalds sind sie nicht mehr flugfähig und werden im Rahmen des regionalen Brauchtums unter anderem auf unterhaltsame Weise (z. B. mit Säcken) gejagt und – ebenfalls nicht ganz ernst gemeint – von verschiedenen Lehrstätten erforscht.

Eine weitere Sage rankt sich um den markanten Jungfernsprung-Felsen: Einst soll eine Jungfrau auf der Flucht

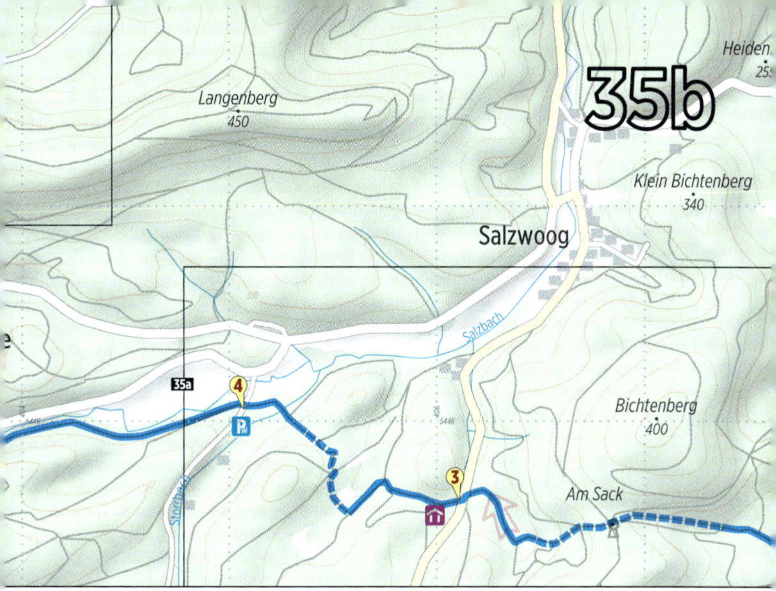

Langenberg
450

Heiden
25

Klein Bichtenberg
340

Salzwoog

Salzbach

35a

④ P

Bichtenberg
400

③ 🏛

Am Sack

vor einem Unhold den Felsvorsprung
hinab gesprungen sein. Sie wurde
aber durch ein Wunder nicht verletzt:
In dem Moment, als sie den Boden
berührte, entsprang dort eine Quelle.

1 0,0 (199) Vom Bahnhof aus vor zur
Bundesstraße 〰 rechts 280 m an dieser entlang 〰 rechts über den Bahnübergang und der **Äußermühlstraße**
für gut 400 m entlang der Gleise

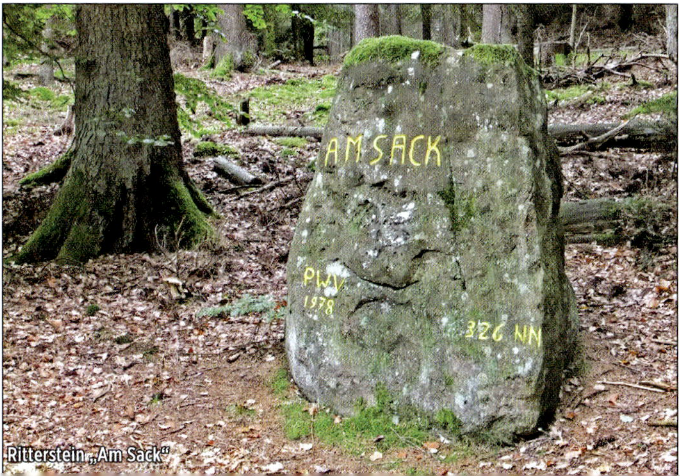

Ritterstein „Am Sack"

folgen 〜 links in die abzweigende gleichnamige Straße; die folgenden 6,5 km (bis Wegpunkt 4) orientieren Sie sich an der gelben Balkenmarkierung 〜 den Bach überqueren 🏊 〜 auf einem Pfad über einen Sattel hinunter ins Moosbachtal 〜 an der linken Talseite entlang, dann rechts den Schildern zur Straße folgen.

2 ³,¹ ⁽²³¹⁾ An der Straße links 〜 nach ca. 700 m rechts weg in ein Seitental 〜 auf dem fortsetzenden Pfad über den Sattel **Am Sack** 〜 es folgen knapp 100 Höhenmeter Abstieg.

3 ⁶,⁰ ⁽²⁵⁸⁾ Über die Landesstraße 〜 vorbei an einer Hütte 〜 am nächsten Wegedreieck links halten 〜 250 m danach rechts auf einen Pfad 〜 bald hinunter ins Tal 〜 vorbei an einer ehemaligen Triftanlage mit Erläuterungstafel.

Storrbachtal

In diesem nach Süden führenden Nebental sind gut erhaltene Anlagen aus der Zeit der Holztrift zu sehen. Ein Lehrweg mit diesbezüglichen Erklärungstafeln führt 2 Kilometer ins Tal hinein.

4 ⁷,⁵ ⁽²³⁹⁾ Ab dem Parkplatz am Anfahrpunkt 361 geht es Richtung Langmühle, der Weg dorthin ist mit einer weißen Punktmarkierung versehen 〜 längere Zeit am linken Hangfuß entlang dem Tal folgen 〜 gerade-

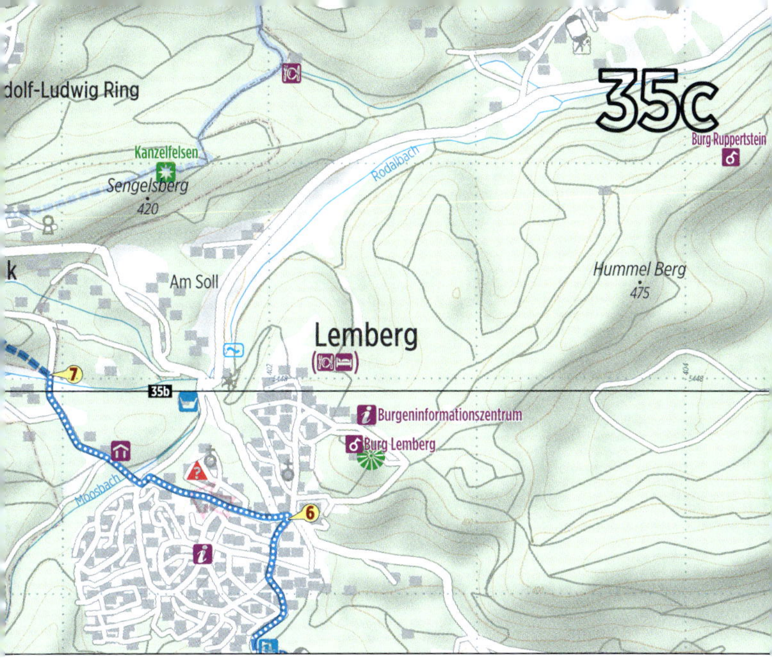

Burg Ruppertstein ♂

Kanzelfelsen

Sengelsberg
420

Hummel Berg
475

Am Soll

Lemberg

⑦

35b

ℹ Burgeninformationszentrum

♂ Burg Lemberg

⑥

wegs auf der **Mühlstraße** nach **Langmühle**.

Langmühle (Lemberg)

Vorwahl: 06331

◙ **Landhotel Grafenfels**, Salzbachstr. 33, ✆ 20140, ⊙ in der Saison Di ab 17.30 Uhr, Mi-Sa 11.30-14 Uhr und ab 17.30 Uhr, So/Fei ab 11 Uhr, @ wcx726

5 9,5 (253) Im Ort rechts Richtung Lemberg abbiegen, bis Lemberg ist die Route mit einem rot-gelben Balken markiert ⌁ etwas nach links versetzt über die Landesstraße ⛌ ⌁ zunächst auf Asphalt, dann auf Schotter einem Tal folgen ⌁ rechts schräg auf einem Pfad den Hang hoch ⌁ an einem Fahrweg rechts und zum **Laubbrun-** nen ⌁ rechts haltend nach **Lemberg** ⌁ der Markierung folgend zur Hauptstraße.

Triftanlagen im Storrbachtal

Schlossplatz in Pirmasens

Lemberg

🏨 **Landgasthof Neupert**, Hauptstr. 2, 📞 06331/49236, 🕐 Di-Sa 16-22 Uhr, So 12-14 Uhr, @ auk334

♂ **Lemberg**. Von der um 1200 zur Sicherung des Herrschaftsgebietes der Zweibrücker Grafen errichtete Burg sind heute noch einige Mauerreste und die Fundamente einer Kapelle erhalten. 1689 wurde die Burg zerstört. Eine Besonderheit ist die über 90 m tiefe Zisterne, die seitlich vom Burgberg bewässert wird und einige archäologische Funde enthielt.

6 12,0 (339) Vor dem Gasthof links auf die Hauptstraße, ab hier wieder dem gelben Balken bis Pirmasens folgen, ⚠ die Markierung ist jedoch nicht ganz zuverlässig ⌁ immer geradeaus bergab zu einem kleinen Kreisverkehr ⌁ dort links ⌁ 📷 am Ende des Parkplatzes rechts in die **Alte Landstraße** ⌁ zwei Straßenabzweigungen links liegen lassen.

7 13,5 (304) Im Horbachtal links auf einem Pfad in den Wald ⌁ am Ashaltsträßchen links ⌁ zwischen den letzten Sandsteinfelsen gelangen Sie schnell zur Durchgangsstraße im südlichen Pirmasenser Stadtteil **Ruhbank**, in die Sie links einschwenken 🚏.

AUSSTIEG Von der am Weg gelegenen Bushaltestelle Beckenhofer Straße fahren an allen Wochentagen stündlich 2 Stadtbusse in Richtung Pirmasens Exerzierplatz. So können Sie bei Bedarf die letzten 4 km im Stadtgebiet Pirmasens überbrücken. Vom Exerzierplatz zum Hauptbahnhof sind es dann noch etwa 500 m Fußweg.

8 15,1 (405) Nach 400 m, an einer größeren Kreuzung, rechts weiter ⌁ jetzt längere Zeit auf dem Gehweg an dieser Straße entlang Richtung Stadtzentrum. **9** 16,7 (392) An der Ecke Lemberger Straße/Volksgartenstraße knickt die Verkehrsführung vor einer ro-

ten Sandsteinsäule rechts ab, hier geradeaus weiter in die **Lemberger Straße** 〜 nach 250 m, auf der Anhöhe, geradeaus 〜 am beginnenden Gefälle die Hauptverkehrsstraße links liegen lassen und geradeaus auf der **Hauptstraße** weiter 〜 diese geht bald in eine Fußgängerzone über.

Pirmasens

Vorwahl: 06331

- 🛈 **Südwestpfalz Touristik e. V.**, Unterer Sommerwaldweg 40-42, 📞 809126, @ dqj558

- 🛈 **Tourist-Information**, Fröhnstr. 8, im Rheinberger, 📞 2394321, @ han174

- 🏛 **Waldhaus Starkenbrunnen**, 📞 46597, 🕐 Di 10.30-22 Uhr, Mi-So, Fei 10.30-20 Uhr, @ rhl626

- 🏛 **Dynamikum**, Fröhnstr. 8, im Rheinberger, 📞 239430 ⌨ Interaktives Museum mit 150 interaktiven Experimentierstationen, die naturwissenschaftliche Themen auf spielerische Art und Weise vermitteln. Zielgruppe seines Angebots sind Kinder und Jugendliche – aber auch Erwachsene können mit-experimentieren. @ lej322

- 🏛 **Museum Altes Rathaus**, Hauptstr. 26, 📞 842299, 🕐 Di-So 14-17 Uhr, Gruppenführungen n. V. Mit Dauer- und Wechselausstellungen. @ bvn552

- 🏛 **WAWI-Schokoladenwelt**, Unterer Sommerwaldweg 18-20, 📞 239990, 🕐 Mo-Fr 8-18 Uhr, Sa 9-13 Uhr. Kleine Museumsecke mit Café. Zuschauen bei der Produktion (Juni-Nov., sonst für Gruppen n. V.), Nasch-

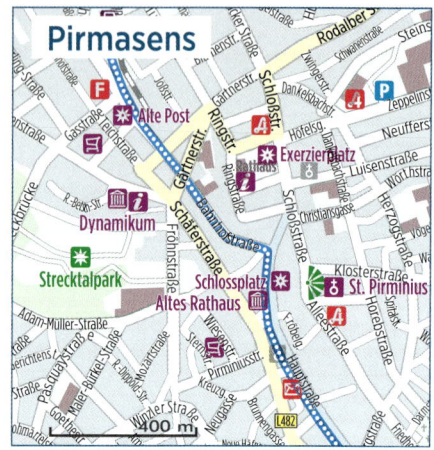

Pirmasens

Pirminius, leitet sich daher auch ihr Name ab.

Stadtrechte erhielt Pirmasens 1763 durch den Landgrafen Ludwig IX. von Hessen-Darmstadt, der seine Residenz bereits 1741 hierher verlegt hatte. Von den Soldaten seiner Garnison erhielten die Pirmasenser den Spitznamen „Schlabbeflicker". Da die Garnison nach dem Tod des Grafen aufgelöst wurde, mussten die Soldaten Mittel und Wege finden, um sich über Wasser zu halten und fabrizierten aus ihren überflüssigen Uniformen simple Schuhe, die „Schlabbe". Die Frauen der Soldaten verkauften die Schuhe in Nah und Fern. Nach und nach entwickelte sich daraus eine bemerkenswerte Schuhindustrie. Auch wenn diese heute ihre enorme Bedeutung für die Stadt verloren hat, ist Pirmasens immer noch eine wichtige Adresse in Sachen Schuhwerk, was internationale Schuhfachmessen und andere wichtige Wirtschaftsmessen wie auch das Prüf- und Forschungszentrum für die Schuhindustrie beweisen.

Nach Passieren des **Schlossplatzes** mit seinem Brunnen halten Sie sich links in die **Bahnhofstraße** ~ diese führt in gerader Linie nach 750 m zum Hauptbahnhof.

10 18,6 (366) Ende der Wanderung. **Hauptbahnhof**

katzen können Süßwaren kosten und sich im Fabrikverkauf eindecken. @ nbk624

✿ **Exerzierplatz**. Der im 18. Jh. erbaute Platz wird von Kolonnaden umrahmt. Landgraf Ludwig IX. ließ hier nur zum Vergnügen seine Soldaten für Paraden aufmarschieren.

✿ **Schlossplatz**. Der Schlossplatz mit Treppenanlage und Kaskadenbrunnen wird überragt von der Pirminiuskirche.

✿ **Stadtführungen**. Auskünfte: Tourist-Information im Dynamikum, ☎ 2394321

▲ **Strecktalpark**, an der Fröhnstraße/Nähe Dynamikum. Naherholungsgebiet u. a. mit Wassertretbecken, Wasserspielplatz und Inlinercourt.

🛏🛁**Badepark PLUB**, Lemberger Str. 41, ☎ 72500, @ rnb818

Urkundlich wurde die Stadt erstmals um 860 „pirminiseusna", eine dem Kloster Hornbach zugehörige Siedlung, erwähnt. Vom Gründer des Klosters Hornbachs, dem Heiligen

Tour 36

Südliches Dahner Felsenland

Start/Ziel: Bruchweiler, Ecke Dorfstraße/
Reinighofstraße

Gehzeit: 2 ½ - 3 Std.

Aufstieg: 214 m
Abstieg: 214 m
Hartbelag: 53 %
Wanderwege: 34 %
Wanderpfade: 13 %

Charakteristik: Einige Kilometer abseits des Hauptortes Dahn weist das Dahner Felsenland noch immer viele sehenswerte Wanderwege und beeindruckende Felsmassive auf. Auf dieser Runde, die von Bruchweiler aus einmal um das Massiv des Rauhbergs führt, stellt der massive Napoleonsfels einen der steinernen Höhepunkte dar. Nach einigen Kilometern im idyllischen Tal der Wieslauter passieren Sie Lämmerteich- und Durstigfels, bevor Sie das sogenannte Schmalsteineck erklimmen. An seinem höchsten Punkt steht der Napoleonsfels, der im Profil dem Kaiser ähnlich sehen soll. Auf dem

Rückweg bietet sich noch ein Abstecher zur Pfälzerwald-Vereinshütte am Schmalenstein an.

Öffentliche Verkehrsmittel: Sonntags und in der Saison auch samstags gibt es mehrere Direktverbindungen von/über Landau nach Bruchweiler, der Bahnhof ist 800 Meter vom Startpunkt entfernt. Außerhalb dieser Zeit und aus anderen Richtungen können Buslinien für die Anreise genutzt werden.

Bruchweiler-Bärenbach

1 0,0 (197) Von der Kreuzung auf der Straße **Im Grün** ortsauswärts (Richtung Nordosten) ⚐, die ersten 3,5 km verlaufen auf Asphalt und sind mit rotem Balken sowie als Radweg markiert 〜 am linken Rand durch das Wieslautertal.

2 1,9 (214) Bei **Reichenbach** an einem Industriegebiet vorbei 〜 das Tal schwenkt nach Westen 〜 an der Kläranlage mit kleinem Seitenkanal vorbei.

3 3,7 (211) Kurz darauf – gegenüber einer großen Weide – scharf links bergauf, geradeaus ginge es in den Ort Dahn.

Napoleonsfels

bergan 〰 scharf rechts auf einen Pfad 〰 am Anfahrpunkt 426 scharf links zum **Napoleonsfels**.

Napoleonsfels

Aus der richtigen Perspektive und mit etwas Fantasie betrachtet erinnert der 8 Meter hohe Felsblock an die Silhouette Napoleons – mit Hut und der Hand in der Innentasche. Der Fels kann umrundet, aber nicht bestiegen werden. In der Nähe gibt es Sitzbänke und Tische für eine ausführliche Rast.

4 6,9 (348) Zurück zur Sitzgruppe und scharf links auf dem Fahrweg bergab (lokale Wegmarkierungen 2 und 10) 〰 auf einem Pfad ins Tal 〰 bei dem Kreuz geradeaus auf die Asphaltstraße.

AUSFLUG Scharf rechts talaufwärts erreichen Sie in 850 m eine Einkehrmöglichkeit, die allerdings nicht täglich geöffnet hat.

Pfälzerwaldhütte am Schmalstein, Bergstr. 5, ✆ 06394/780 oder 5312, 🕑 Mi, So/Fei 10-18 Uhr

Talabwärts kommen Sie auf der kleinen Straße in 1,1 km zum Ausgangspunkt zurück.

1 9,3 (197) Ende der Wanderung.

Bruchweiler-Bärenbach

Dahn s. S. 166

Der Weg bis zum Napoleonsfelsen ist mit gelbem Punkt markiert 〰 über zwei bewaldete Rücken, dazwischen durch ein Tal.

AUSFLUG Jeweils in Kammnähe zweigen beschilderte Abstecher zum Lämmerteich- und zum Durstigfelsen ab. Dies sind sehenswerte, langgezogene Sandsteingrate mit Höhen von über 20 m, die auch von Kletterern intensiv genutzt werden.

Am Rand einer Senke kurz am Waldrand entlang 〰 danach längere Zeit

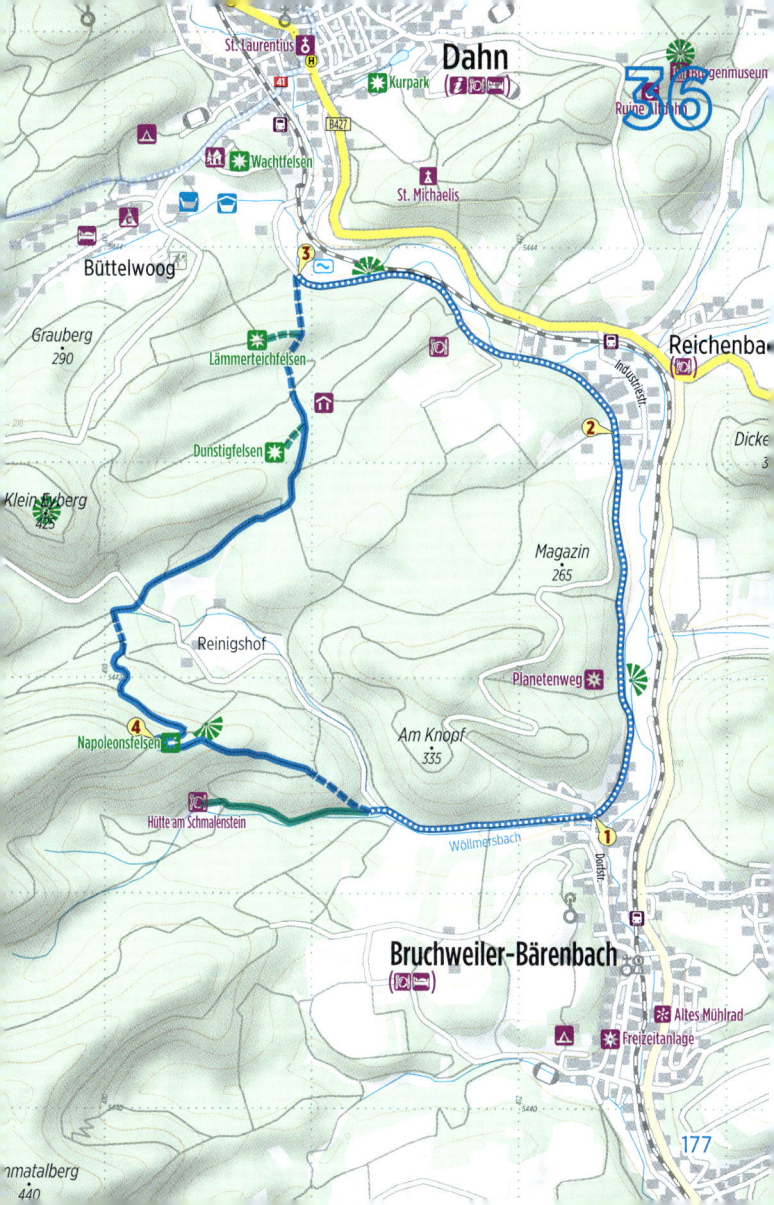

Dahn

St. Laurentius

Kurpark

Burgenmuseum

Ruine Altdahn

St. Michaelis

Büttelwoog

Reichenba...

Grauberg
290

Lämmerteichfelsen

Dickle

Dunstigfelsen

Klein Eyberg
425

Magazin
265

Reinigshof

Planetenweg

Napoleonsfelsen

Am Knopf
335

Hütte am Schmalenstein

Wöllmersbach

Bruchweiler-Bärenbach

Altes Mühlrad

Freizeitanlage

...matalberg
440

Tour 37

Tour 37

9,0 km

Westausläufer um Glashütte

Start/Ziel: Parkplatz am Krummereck an der L 485

Gehzeit: 3 Std.

Aufstieg: 230 m
Abstieg: 230 m
Hartbelag: 32 %
Wanderwege: 36 %
Wanderpfade: 32 %

Charakteristik: Selbst für Pfälzerwald-Verhältnisse ist die Fahrt Richtung Eppenbrunn eine Reise in einen entlegenen Winkel. Wer dennoch sein Fahrzeug auf dem einsamen Waldparkplatz abstellt und in die Wanderstiefel steigt, erlebt dafür umso eindrücklicher die versteckten Schönheiten im Südwesten des Pfälzerwalds. Schon auf dem ersten Kilometer passieren Sie eine Reihe namenloser, aber fotogener Felsmassive. Anschließend lädt im beinahe abgeschlossenen Talkessel des Ransbächls die land-schaftliche Idylle zur ersten Pause ein. Weiter geht es über das Örtchen Glashütte zum Waldhaus Drei Buchen – einer dank nahe gelegenem Parkplatz gut besuchten Pfälzerwald-Vereinshütte, die sich wie die folgenden Kilometer nach Kettrichhof am äußersten Westrand des Naturparkgebiets befindet. Um Kettrichhof finden Sie sich plötzlich zwischen offenen Feldern wieder und bekommen so kurz den Rand des Pfälzerwaldes hautnah zu spüren.

Anfahrt: Der Parkplatz liegt an der L 485 zwischen Eppenbrunn und Glashütte, etwa 400 Meter östlich vom Abzweig der Kreisstraße nach Pirmasens.

Öffentliche Verkehrsmittel: Glashütte und Kettrichhof werden an Werktagen (teilweise mit Unterstützung durch Anruf-Linien-Taxis) ca. alle 2 Stunden angefahren. Sonntags gibt es lediglich 2 Anruf-Linien-Taxi-Fahrten.

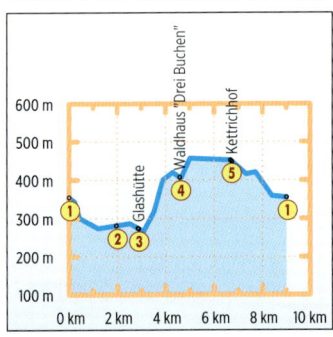

Parkplatz am Krummereck

1 0,0 (355) Schräg links gegenüber des Parkplatzes führt ein Schotterweg in den Wald und teilt sich in zwei Richtungen, hier nach rechts (Osten) 〜 auf dem Hauptweg die nächsten 700 m sanft zwischen Sandsteinfelsen bergab 〜 nach einer Rechtskurve trifft der Weg auf einen Grasweg, dem Sie geradeaus durch eine Linkskurve folgen 〜 nun 1,2 km auf dem Hauptweg am rechten Rand des einsamen **Ransbächltals** abwärts und dabei anfangs die Rechtsabzweige in den Wald ignorieren.

2 2,0 (281) An der L 485 links 〜 an der Straße entlang bis Glashütte 🏷.

Glashütte (Lemberg)

✳ **Fachwerkhaus**, Heinrich-Weber-Str.

✳ Ehemalige **Glashütte**. Die Hütte, die dem Ort seinen Namen gab, ist aus Sandstein erbaut. Seit dem Umbau im Jahr 1995 werden in dem Gebäude Ferienwohnungen vermietet.

3 2,9 (274) Gut 250 m nach dem Ortsschild vor einem schräg zur Straße stehenden Sandsteinhaus links in die erste abzweigende Straße ~ nach 50 m mündet von rechts die **Brunnenstraße** ein, die mit dem grünen Kreuz markiert ist ~ dieser Markierung geradeaus ortsauswärts folgen  ~ bald rechts auf einem Pfad steil bergauf ~ ab dem Anfahrpunkt 186 auf der gelben Punktmarkierung halb links zum **Waldhaus Drei Buchen**.

🏚 **Waldhaus Drei Buchen**, Kettrichhof, ✆ 06335/5228, 🕐 Mi 11-18 Uhr, Sa, So 10-20 Uhr, @ nfs425

4 4,6 (407) Weiter dem gelben Punkt nach bis zum **Parkplatz Drei Buchen** am Waldrand ~ geradeaus zwischen den Feldern weiter ~ nach 250 m mündet von rechts ein mit rot-weißem Balken gekennzeichneter Weg ein, an dieser Markierung orientieren Sie sich nun die nächsten 1,7 km (bis zur Straßenkreuzung mit der Notrufsäule) ~ geradeaus nach **Kettrichhof**.

Kettrichhof (Lemberg)

🏚 **LugInsLand**, Wasgaustr. 1, ✆ 06335/5849, @ cnf147

5 6,7 (452) Im Weiler halb rechts weg von der Straße ~ Richtung Hohelist eine Böschung hinunter und eine andere Kreisstraße überqueren ~ 800 m oberhalb der Straße am Hang entlang ~ an der nächsten Straßenquerung links zur Kreuzung, die einmündende kleinere Straße überqueren und links neben der Notrufsäule auf einen Schotterweg ~ nach 200 m an einer T-Kreuzung scharf rechts ~ der Schotterweg führt zurück zur Wegteilung beim Ausgangspunkt ~ dort rechts bergauf zum Parkplatz.

1 9,0 (355) Ende der Wanderung.

Parkplatz am Krummereck

Tour 38   6,8 km

Dielbachtal und Zigeunerfels

Start/Ziel: Schotterplatz an der L 487 (Anfahrpunkt 6812-402)

Gehzeit: 2 - 2 ½ Std.

Aufstieg: 256 m
Abstieg: 256 m
Hartbelag: 0 %
Wanderwege: 89 %
Wanderpfade: 11 %

Charakteristik: Abgelegenere Gebiete gibt es im Pfälzerwald kaum: Von einer unscheinbaren Parkmöglichkeit an einer Landesstraße, die 13 Kilometer weit nur durch Wald führt, geht es zunächst durch das schöne Große Dielbachtal. Bis zum Zigeunerfels sind einige Höhenmeter zu überwinden, die Sie gemächlich an der Talflanke emporsteigen. Der beeindruckende Zigeunerfels mag Höhe- und Zielpunkt der Tour sein, doch können Sie sie von hier aus auch verlängern, indem Sie ohne weiteren Anstieg bis zum Wanderheim Hohe List gehen. Auf dem Rückweg machen Sie die Runde um das Dielbachtal vollständig und gelangen kurven- und aussichtsreich (die große Kehre der Landesstraße ist von hier aus beeindruckend zu betrachten) zurück zum Start.

Anfahrt: Die L 487 zweigt westlich von Fischbach (Dahn) von der L 478 nach Norden (Richtung Hinterweidenthal) ab. Nach 2,9 Kilometer führen links bei Rad- und Wanderwegweisern zwei Schotterstraßen in den Wald, die einen kleinen Parkplatz für ein bis zwei Fahrzeuge bilden. Sollten die Parkplätze besetzt sein, besteht nach 150 Metern Richtung Fischbach die nächste Parkmöglichkeit.

Öffentliche Verkehrsmittel: Auf der L 487 gibt es keinen öffentlichen Busverkehr zum Ausgangspunkt der Wanderung.

Parkplatz an der L 487

1 0,0 (253) Auf dem linken Schotterweg nach Westen in den Wald hinein (Radwegweiser Hohe List) 〜 auf den ersten 2,5 km folgen Sie der rot-weißen Balkenmarkierung durch das Dielbachtal.

2 1,1 (290) Am Anfahrpunkt 230 das Kleine Dielbachtal links liegen

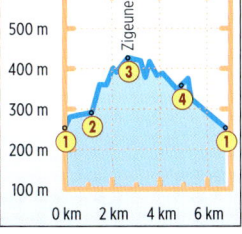

181

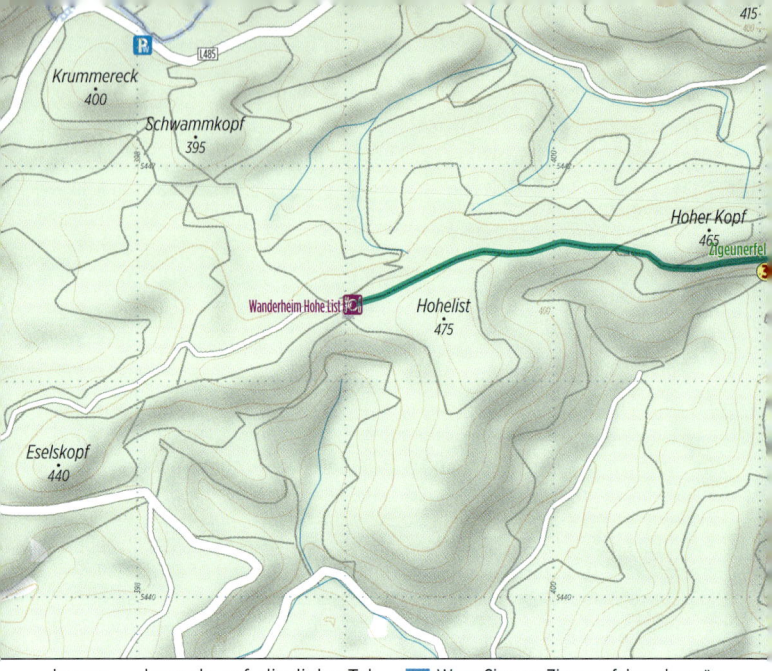

lassen 〰 kurz darauf die linke Tal-
flanke hinauf 〰 auf der Höhe der
grün-blauen Balkenmarkierung zum
Zigeunerfelsen folgen (die rot-weiße
Balkenmarkierung führt auf einem
Pfad wieder abwärts)

Zigeunerfels

Dieser Felsen zeigt die typische Tisch-
verwitterung, die den Pfälzerwald bei
Wanderern auf Suche nach Fotomo-
tiven beliebt und bei Kletterern be-
rüchtigt gemacht hat. Eine Steinplatte
liegt auf zwei schmalen Säulen auf,
und auch die Rastbank steht regenge-
schützt unter einem Felsvorsprung.

AUSFLUG Wenn Sie vom Zigeunerfelsen der grün-
blauen Markierung noch 2 km folgen,
gelangen Sie auf einem schönen Höhenweg zum Wanderheim Hohe List.
Bitte beachten Sie die beschränkten
Öffnungszeiten, bevor Sie sich auf den
Weg machen.

📷 **Hohe List**, ☎ 06335/5896, ☉ Sa 11-18 Uhr,
So/Fei 9-18 Uhr, Pfingsten-Okt. zusätzl. Mi
11-18 Uhr , @ cfg855

3 ²'⁷ ⁽⁴²⁶⁾ Vom Zigeunerfelsen auf
gleichem Weg 250 m zurück bis zur
Vereinigungsstelle der beiden Markierungen 〰 nun dem grün-blauen
Balken auf dem Schotterweg nach
links folgen 〰 1,7 km flach rund um
den Talschluss 〰 an einer Mehrfach-

kreuzung auf einer kleinen Lichtung (Anfahrpunkt 229) nach rechts der grün-blauen Markierung noch 300 m Richtung Dahn folgen.

4 4,9 (358) An der ersten Schotterwegegabelung den markierten Weg nach rechts verlassen ~ direkt danach geradeaus auf dem breiten Hauptweg bleiben ~ 1,4 km bergab ~ im Talgrund scharf links auf einen grasigen Weg mit dem Radwegweiser „Faunertal", der beim Ausgangspunkt in die Hauptstraße mündet.

1 6,8 (253) Ende der Wanderung.

Parkplatz an der L 487

Zigeunerfels

Tour 39 9,4 km

Lindelskopf und Pfälzerwoog

Start/Ziel: Parkplatz des Freizeitgeländes Birkenfeld bei Ludwigswinkel
Gehzeit: 2 ½ Std.

Aufstieg: 237 m
Abstieg: 237 m
Hartbelag: 17 %
Wanderwege: 73 %
Wanderpfade: 10 %

Charakteristik: Die gemütliche Runde durch das südliche Dahner Felsenland zwischen Ludwigswinkel und Fischbach führt zunächst auf den Aussichtsfelsen Lindelskopf. Von hier bietet sich eine tolle Aussicht auf Ludwigswinkel – von der ehemaligen Felsenburg hingegen, die einst hier stand, ist nichts mehr zu sehen. Weiter geht es zum Pfälzerwoog, einem kleinen See, der geschützt zwischen mehreren Anhöhen mitten im Wald liegt und zu dem sich nur wenige Wanderer verirren. Der Friedhof Fischbach mit der sehenswerten St. Ulrichs-Kapelle bildet den Wendepunkt, bevor Sie durch das Saarbachtal mit einem Abstecher zum Kilpenstein, entlang des Mühlberg-Rückens und zuletzt über einen schönen Holzskulpturenweg zurück zum Ausgangspunkt wandern.

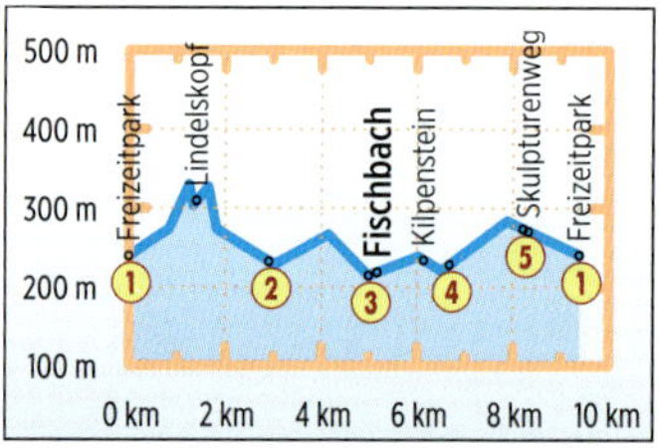

Anfahrt: Westlich von Fischbach (Dahn) von der L 478 auf die K 43 Richtung Ludwigswinkel abbiegen. Der Parkplatz des Freizeitgeländes Birkenfeld liegt nach 1,5 Kilometer rechts.

Öffentliche Verkehrsmittel: Die nächstgelegene Bushaltestelle Ludwigswinkel Zollhaus wird täglich mindestens zweistündlich von Bussen aus und nach Bundenthal, Dahn bedient. Eine weitere Haltestelle gibt es am Mühlweiher.

In Dahn besteht Bahn- bzw. Busanschluuss.

Ludwigswinkel

Vorwahl: 06393

- **Freizeitpark Birkenfeld**, mit Minigolf-Anlage, 1,6 km langem Barfußpfad, Kiosk sowie Spiel- und Sportmöglichkeiten für Kinder
- **Denkmalgeschützte Gebäude** in der Landgrafenstr.

Pfälzerwoog mit Lindelskopf im Hintergrund

✳ **Skulpturenweg**. Auf dem 2,5 km langen Weg gibt es 33 Holzskulpturen zu sehen, die von Künstlern geschaffen wurden.

Der staatlich anerkannte Luftkurort wurde bereits als Erholungsort gegründet: 1783 ließ Ludwig IX. die nach ihm benannte Siedlung in direkter Grenzlage zu Frankreich errichten, um seinen ausgedienten oder kampfunfähigen Soldaten einen Rückzugsort zu geben. Bis heute ist die 800 Einwohner zählende Gemeinde nicht über die Struktur eines gezielt gegründeten Straßendorfes in absoluter Randlage hinaus gewachsen.

1 0,0 (240) Dem Fußweg entlang der Kreisstraße nach Süden Richtung Petersbächel folgen 〜 nach 350 m an der Straßenkreuzung links auf dem Schotterweg in den Wald, ab hier bis zum Pfälzerwoog ist mit dem dem Logo der Wasgau-Seentour beschildert 〜 vorbei an einem Teil des Skulpturenwegs 〜 auf den Aussichtsfelsen am Lindelskopf.

Lindelskopf (343 m)

Von der auf dem Felsen im frühen Mittelalter erbauten Burg ist heute fast nichts mehr erhalten ist.

Auf der anderen Seite, teils in Kehren, wieder hinunter 〜 bald an einer Kreuzung scharf rechts 〜 bergab zum **Pfälzerwoog**.

Pfälzerwoog

Der ehemals zur Wasserregulierung für Holztrift oder Mühlen angelegte Weiher besticht nicht nur durch seine abgeschiedene Lage in diesem ohnehin sehr ruhigen Teil des Pfälzerwaldes. An seinen Rändern existieren zudem Moorbereiche, in denen nicht nur die zahlreichen Graureiher ihre Futterauswahl vergrößern können, sondern auch exotische Flora wie zum Beispiel fleischfressende Pflanzen gedeihen.

2 2,9 (232) Am Ende des Weihers rechts über den Damm, für kurze Zeit der grünen Balkenmarkierung folgend ∿ nach 300 m an einer T-Kreuzung nach rechts ∿ weitere 50 m darauf scharf links (rot-gelber Balken Richtung Fischbach) ∿ an der Kreisstraße links ∿ am Rand von Fischbach vorbei am Friedhof mit der Kapelle.

Fischbach bei Dahn
Vorwahl: 06393

🛈 **St.-Ulrichs-Kapelle**, südlich des Ortes. Die spätgotische Kapelle aus dem 16. Jh. birgt im Innenraum gotische Heiligenfiguren.

🏞 **Biosphärenhaus Pfälzerwald/Nordvogesen**, Am Königsbruch 1, ☎ 92100, 🕑 Juni-

Sept., tägl. 9.30-18.30 Uhr, außerhalb der Saison kürzere ÖZ. „Natur, Energie und Umwelt hautnah erleben" – so das Motto des Biosphärenhauses Pfälzerwald/Nordvogesen in Fischbach. Eine multimediale Ausstellung vermittelt Besuchern anhand von vielfältigen Lernspielstationen Wissenswertes aus Natur, Energietechnik und regionaler Geschichte. Ein Bistro bietet kleine Mahlzeiten sowie Kaffee und Kuchen an. @ pqa214

🏞 **Deutschlands erster Baumwipfelpfad**, 🕑 Kontakt und ÖZ siehe Biosphärenhaus. Aus 12 bis 40 m (Aussichtssturm) Höhe kann hier das Geschehen in und über den Baumwipfeln beobachtet werden. Kinder und andere Mutige können nach gelungener Überwindung von Seil- und Hängebrücken

aus 24 m Höhe über eine Rutschbahn wieder sicher auf der Erde landen. @ alv258

3 5,0 (215) Bei einem Hochspannungsmasten links auf den asphaltierten Weg mit der Markierung der Wasgau-Seentour ～ bald darauf die Abzweigung dieser Markierung ignorieren und insgesamt 850 m sanft bergan ～ an der T-Kreuzung rechts und durch eine Linkskurve ～ nach 100 m – am zweiten Abzweig – rechts auf einen unmarkierten Weg zum **Kilpenstein**, einem großen Einzelfelsen im Wald.

Kilpenstein

150 m auf gleichem Weg zurück ～ rechts weiter ～ nach weiteren 160 m an einer T-Kreuzung rechts.

4 6,7 (230) Ab der nächsten Kreuzung folgen Sie dem Weg Nr. 3 ～ einige hundert Meter am Fuß des Mühlbergs entlang ～ links haltend auf diesen hinauf.

5 8,2 (274) Am Mühlberg treffen Sie wieder auf den Skulpturenweg, dem Sie sanft bergab zur schon bekannten Kreuzung am Anfang der Tour folgen ～ nun in gerader Linie hinab zur Straße und nach rechts zurück zum Ausgangspunkt.

1 9,4 (240) Ende der Wanderung.

Freizeitpark Birkenfeld

Tour 40   12,2 km

Grenztour zwischen Fleckenstein und Wegelnburg

Start/Ziel: Parkplatz an der Staatsgrenze
bei Nothweiler

Gehzeit: 4 - 4 ½ Std.

Aufstieg: 492 m
Abstieg: 492 m
Hartbelag: 26 %
Wanderwege: 42 %
Wanderpfade: 32 %

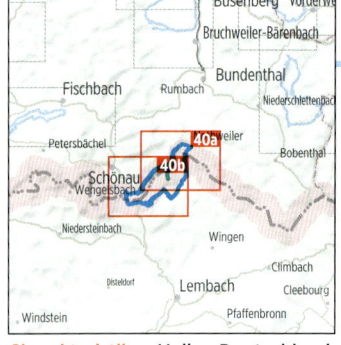

Charakteristik: Halb Deutschland, halb Frankreich, das ist wohl das Besondere dieser Tour. Der Start an der Grenze hat schon symbolische Bedeutung. Zunächst geht es durch den französischen Teil des Mittelgebirges über den Gimbelhof, wo Einkehr mit Aussicht möglich ist, zur bekannten Ruine Fleckenstein, die vor allem für den Besuch mit Kindern toll geeignet ist. Schließlich erreichen Sie auf einem Pfad das deutsche Grenzdorf Hirschthal, von dem aus es wieder stetig und aussichtsreich bergan geht. Am Kaiser-Wilhelm-Stein erreichen Sie noch einmal die französische Grenze und können je nach Lust einen Abstecher zur nur 400 Meter entfernten Hohenbourg machen. Nächstes Ziel ist die Wegelnburg, die höchstgelegene Burg der Pfalz, an der Ihr Weg direkt vorbeiführt. Danach geht es gemütlich hinunter nach Nothweiler zum Ausgangspunkt.

Anfahrt: In der Kehre am Dorfplatz in Nothweiler die Lembacher Straße mit der Beschilderung „Parkplatz 300 Meter" neh-

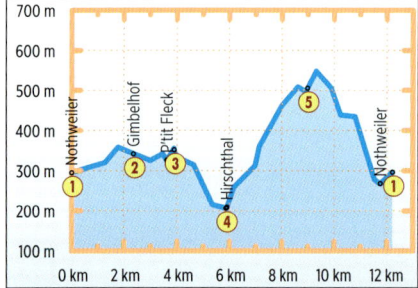

men. Bis zum Parkplatz an der Staatsgrenze sind es ca. 450 Meter.

Öffentliche Verkehrsmittel: An den Wochenenden nutzen Sie für die Anreise das Anruf-Linien-Taxi (Tel.: 06391/1824), zweistündlich ab dem Bahnhof Dahn. An Werktagen gibt es zusätzlich mehrere Verbindungen mit dem Bus 252.

Nothweiler

Vorwah: 06394

🛈 **Tourist-Information Dahner Felsenland**, Schulstr. 29, Dahn, ✆ 06391/919600, @ iom826

🏨 **Landgasthof Zur Wegelnburg**, Hauptstr. 15, ✆ 284, 🕐 Saison Mi-Mo 11-23 Uhr, @ mxw573

🏨 **Vetters Scheune**, Hauptstr. 20a, ✆ 920167, 🕐 Fr-Di ab 11 Uhr, @ oaa235

🍴 **Art Café**, Schützenstr. 5, ✆ 9931177, 🕐 Fr-So, Fei 14-18 Uhr, @ mgr537

⛪ **Kirche**, Kirchpl. 1. Saalbau aus dem 18. Jh. mit neuromanischem Turm.

⚒ **Besucherbergwerk Erzgrube St.-Anna-Stollen**, ✆ 5354, 🕐 Ende März-Okt., Mi-So, Fei 10-17 Uhr stündliche Führungen

✳ **Fachwerkhäuser**, Hauptstr. und Lembacher Str. Im Ortszentrum gibt es sehr schöne Fachwerkhäuser aus dem 18. und 19. Jh.

1 0,0 (296) Auf der geschotterten Fahrstraße am linken Talrand sanft bergauf 〜 nach ca. 1 km, am Ende der Lichtung mit dem Hof, rechts auf einen Pfad (rote Kreuzmarkierung) 〜 nach 300 m einer Asphaltstraße nach links

Ruine Fleckenstein

folgen ⌇ bei einem Parkplatz mit Hütte den zweiten Weg von rechts nehmen ⌇ auf Asphalt zum **Gimbelhof**.

Gimbelhof (Lembach) Ⓕ

🅿 **Gimbelhof**, ✆ 0033/388944358, ⏲ Mi-So 8-20.30 Uhr, @ gdy854. Abgelegener Landgasthof mit tollem Ausblick zur Ruine Fleckenstein

Rechts hinunter zum Wegweiser am Wiesenrand.

2 2,4 (341) Dem Radwegweiser folgend Richtung Château du Fleckenstein zwischen Wiesen bergab ⌇ nach 180 m rechts, ein Holzwegweiser weist zur Ruine Fleckenstein) ⌇ in einem weiten Linksbogen um den Parkplatz herum ⌇ den Holzschildern nach P'tit Fleck und Château entlang eines zweisprachigen Köhlerlehrpfads folgen ⌇ hinunter zum Vorhof **P'tit Fleck**.

🏛 **P'tit Fleck**, ⏲ Jan.-März, So 12-16 Uhr (außer bei Schnee und Glatteis), April-Okt.,
tägl. 10-17.30 Uhr, kleines Naturmuseum für Kinder, mit einem Bistro.

> **TIPP** Wenn Sie die Ruine Fleckenstein auch von innen besichtigen wollen, können Sie die Eintrittskarten im P'tit Fleck kaufen.

Zwischen den Gebäuden hindurch ⌇ an der Gabelung rechts bergauf zur Ruine.

Ruine Fleckenstein Ⓕ

🏰 **Fleckenstein**, ÖZ siehe P'tit Fleck. Die Stammburg des Fleckensteiner Adelsgeschlechts wurde 1174 erstmals erwähnt und 1680 zerstört. Seit 1898 steht sie unter Denkmalschutz.

2002 wurde die Ruine als Attraktion für Familien aufbereitet, zu besichtigen sind diverse Mauerreste, darunter das am höchsten emporragende „Hintere Haus" sowie einige rekonstruierte Wirtschaftsanlagen. Für Kinder besonders interessant ist der Rundgang

unter mehrsprachiger Anleitung des Ritters Willy von Fleckenstein, der rund um die Burg an vielen Stationen Aufgaben für die Teilnehmer stellt. Auch im Wald der Umgebung finden sich vielerorts liebevoll versteckte Feenfiguren oder metallene Fußabdrücke. Die Ruine Fleckenstein ist die am zweithäufigsten besuchte Burgruine im Elsass.

3 3,9 (351) Nach der Besichtigung wieder zurück zu der Gabelung ∿ jetzt bergab dem rot-weiß-roten Längsbalken Richtung Hirschthal folgen ∿ an einer Spielstation zum Thema Zaubertrank rechts halten ∿ später an einer weiteren Station vorbei links hinunter ∿ auf einem Pfad zur

Einmündung in die Straße ∿ über die Staatsgrenze und nach **Hirschthal** ⊡.

Hirschthal

Das nur ca. 100 Einwohner zählende Straßendorf im hier recht eng eingeschnittenen Tal des Baches Sauer besitzt in der Hauptstraße mehrere Fachwerkhäuser, darunter in der Nr. 17 ein denkmalgeschütztes Gebäude von 1721.

4 5,9 (206) Im Ort rechts bergauf in die **Bergstraße** (blauer Balken Richtung Nothweiler) ⊠ ∿ nach gut 600 m an der Wegekreuzung links ∿ über eine Wiese zum Waldrand ∿ dort an der T-Kreuzung links ∿ nach 120 m in einer Rechtskurve bergauf ∿ nach weiteren 160 m eine Kreuzung diagonal überqueren und gegenüber

Ruine Wegelnburg

halb links am Hang bergauf 〜 nun 1,5 km geradlinig dem blauen Balken folgen 〜 auf einem Sattel (Anfahrpunkt 645) rechts, von hier bis zum Ende der Tour orientieren Sie sich an der rot-gelben Balkenmarkierung 〜 nach wenigen Minuten gelangen Sie zum **Kaiser-Wilhelm-Stein** an der Grenze.

AUSFLUG Vom Kaiser-Wilhelm-Stein können Sie einen Abstecher zur 400 m entfernt liegenden Ruine Hohenburg machen.

Ruine Hohenburg

Die Felsenburg wurde im 13. Jahrhundert von einer Nebenlinie der weit verzweigten Herrscherfamilie von Fle-

ckenstein erbaut und – wie die Burg Fleckenstein selbst – 1680 zerstört. Neben den Resten diverser Mauern und eines Brunnens ermöglicht der besteigbare, aber nicht mehr bebaute Hauptfels in der Mitte einen tollen Ausblick auf Wegelnburg und Fleckenstein.

5 9,0 (504) Die Hauptroute umrundet in einer Linkskurve die Hütte am Kaiser-Wilhelm-Stein 〜 hinauf zur **Ruine Wegelnburg**.

Ruine Wegelnburg

Das Bauwerk steht auf 572 Meter Höhe und ist damit die höchst gelegene Burgruine der Pfalz. Sie wurde Ende des 12. Jahrhunderts als Reichsburg der Staufer erbaut und wie Fleckenstein und Hohenburg 1680 endgültig zerstört. Nach der fast völligen Schleifung sind heute nur noch Andeutungen der ehemaligen Ober-, Mittel- und Vorburg zu erkennen. Vom Hauptfelsen der Oberburg besteht aber ein prächtiger Ausblick in alle Richtungen.

Links der Informationstafel am Fuß der Ruine auf einem Pfad in Kehren vom Burgberg hinunter 〜 auf einem breiteren Weg zum Langerfelsen 〜 hier erneut durch zwei Kehren 〜 ein Pfad führt zum Waldrand hinunter 〜 von hier auf einem Asphaltweg in gerader Linie zurück nach Nothweiler 🚏 〜 im Ort bei der Hauptkehre rechts auf die **Lembacher Straße** 〜 450 m bergauf zurück zum Startpunkt.

1 12,2 (296) Ende der Wanderung.
Nothweiler

Südlicher Pfälzerwald – Ost

194	**Tour 41**	*LEICHT*	10,8 km
	Felsenlandrunde		
198	**Tour 42**	*MITTEL*	15,6 km
	Hauensteiner Schusterpfad		
204	**Tour 43**	*MITTEL*	10,4 km
	Luger Zwei-Berge-Tour		
208	**Tour 44**	*SCHWER*	16,3 km
	Annweiler, Dimberg und Geiersteine		
214	**Tour 45**	*MITTEL*	9,0 km
	Das Annweiler Burgengestirn		
218	**Tour 46**	*MITTEL*	13,6 km
	Rötzenberg und Ruine Lindelbrunn		
222	**Tour 47**	*MITTEL*	13,5 km
	Drei Grate		
226	**Tour 48**	*MITTEL*	13,9 km
	Rund um Blankenborn		
231	**Tour 49**	*MITTEL*	11,7 km
	Rund um das Portzbachtal		
235	**Tour 50**	*MITTEL*	14,7 km
	Aussichtspunkte im südöstlichen Wasgau		

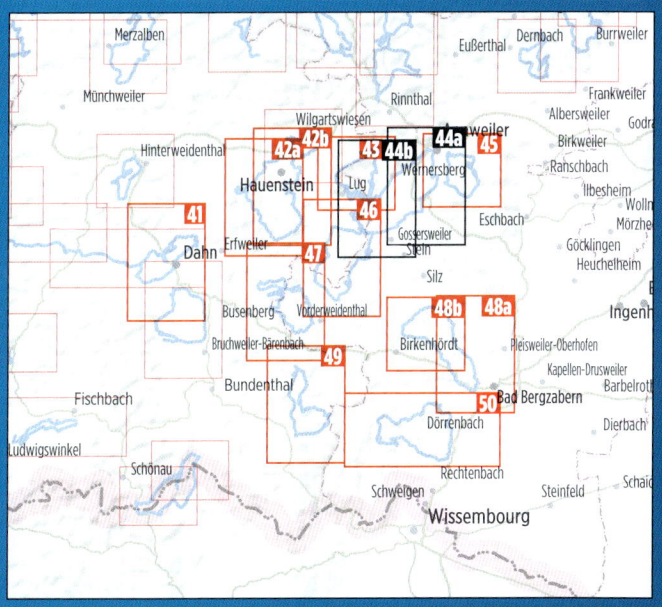

Tour 41

Tour 41   **10,8 km**

Felsenlandrunde

Start/Ziel: Dahn, Bahnhof
Gehzeit: 3 ½ Std.

Aufstieg:	379 m
Abstieg:	379 m
Hartbelag:	24 %
Wanderwege:	28 %
Wanderpfade:	48 %

Charakteristik: Rund um die 4.500-Einwohner-Stadt Dahn führt Sie diese Wanderung beiderseits der Wieslauter zu den Höhepunkten des Dahner Felsenlands. Nicht nur der vielversprechende Start zu Füßen des Jungfernsprungs, des Hausbergs von Dahn, lässt den Wanderer hier staunen. Auch die Felsengruppen „Braut und Bräutigam" und der Römerfelsen sowie mehrere Aussichtspunkte bieten tolle Fotomotive, und neben der Dahner Hütte gibt es auch in der Innenstadt, die Sie während der Tour durchqueren, gute Rast- und Einkehrmöglichkeiten. Und schließlich kommen Sie auf dem Elwetritschen-Lehrpfad

auch mit den Pfälzer Sagenwesen in Kontakt, die jeder Pfälzerwald-Besucher am besten gleich einmal gejagt haben sollte.

Anfahrt: Kostenlose Parkmöglichkeiten bestehen an einem Supermarktgelände vor dem Bahnhof an der Pirmasenser Straße und auf der Bahnhofsrückseite entlang der Äußermühlstraße.

Öffentliche Verkehrsmittel: Dahn ist von Mai bis Oktober sonntags mit Bahnen aus Landau zu erreichen. Die nächstgelegene Bushaltestelle Dahn Post wird außerhalb dieser Zeiten regelmäßig aus Hinterweidenthal (Umstiegsmöglichkeit von der regulären Bahn) bedient. Bei Anreise über Pirmasens gelangen Sie mit dem Bus 250 vom Pirmasenser Hauptbahnhof nach Dahn.

Dahn   s. S. 166

1 0,0 (200) Vom Bahnhof aus vor zur Bundesstraße ~ rechts 280 m an dieser entlang ~ rechts über den Bahnübergang und der **Äußermühlstraße** für gut 400 m entlang der Gleise

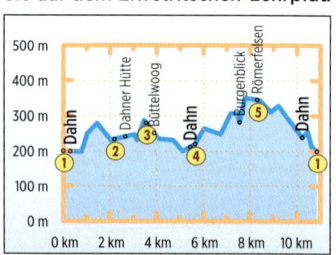

folgen ～ links in die abzweigende gleichnamige Straße (gelbe Balkenmarkierung) ～ den Bach überqueren  ～ auf einem Pfad über einen Sattel hinunter ins Moosbachtal.

2 2,2 (233) An dem Parkplatz am Anfahrpunkt 381 halb links auf dem Fahrweg Richtung Dahner Hütte/Pfälzerwaldhütte (lokale Markierung 19).

🔲 **Dahner Hütte**, Im Schneiderfeld, 📞 06391/1793, 🕐 April-Okt., Mi-So 10-18 Uhr, Nov-März, Mi, Sa, So/Fei 10-18 Uhr, @ mjs711

Der Markierung 19 hinter der Hütte noch 200 m folgen bis zur ersten Kreuzung ～ links den Hohlweg bergab (Markierung 14 und Sagenweg-Symbol) ～ an der T-Kreuzung mit einem Fahrweg halb links gegenüber auf einem Pfad weiter dem Sagenweg nach.

3 3,6 (279) Auf der Höhe folgen Sie der grün-blauen Balkenmarkierung nach links ～ leicht bergab nach Dahn 🔲 ～ die Markierung verliert sich hinter der Kirche in der **Kirchgasse** ～ an ihrem Ende links in die **Kanalgasse** halten ～ die Hauptstraße (**Schulstraße**) überqueren und halb links gegenüber bergauf in die **Spielstraße**.

4 5,6 (219) Am Ende der Spielstraße links und gleich wieder rechts ⚡, ab

Am Burgenblick

hier dem gelb-roten Balken Richtung Römerfelsen folgen ～ durch einen Hohlweg im Felssattel ～ auf dem ansteigenden Höhenweg nach 1,8 km an einem Aussichtspunkt vorbei.

🌸 **Burgenblick**, schöne Sicht auf den Dahner Stadtteil Im Gerstel

Nach weiteren 550 m eine scharfe Rechtskehre hinauf zum **Römerfelsen**.
Römerfelsen

～ nach 500 m zweigt die Nr. 7 rechts bergauf ab, hier dem unmarkierten Fahrweg geradeaus folgen ～ nach weiteren 400 m an einer Gabelung links bergab.

Kurz vor Ende der Tour haben Sie nochmals die Möglichkeit, einen kleinen Abstecher zu einem Aussichtpunkt zu machen. Der Galgenfels ist 700 m entfernt. | AUSFLUG

✳ **Galgenfels**, schöne Aussicht auf Dahn

Haltepunkt Dahn, im Hintergrund der Jungfernsprung

Der 22 Meter hohe Felsen steht frei auf der Höhe des Bergrückens und erlaubt damit weite Ausblicke nach Norden. zum Queichtal und Süden weit über Dahn hinweg. Der Aufstieg auf den Felsen erfolgt über eine Leiter.

5 ⁸,³ ⁽³⁴⁵⁾ Zurück zur scharfen Rechtskehre vom Hinweg ～ jetzt geradeaus bergab dem lokalen Weg Nr. 7 folgen

In einer breiten Linkskehre halb links auf den schmaleren, unmarkierten Weg ～ auf dem nächsten Kilometer aussichtsreich bergab 🚇 ～ an der Bundesstraße links auf dem kleinen Begleitweg zurück zum Bahnhof.
1 ¹⁰,⁸ ⁽²⁰⁰⁾ Ende der Wanderung.
Bahnhof Dahn

Großer Hellenberg
380

Vogtenkopf
370

41

Neudahn

Mehrsberg
330

Römerfelsen 5

Burgenblick

Galgenfelsen

Lachberg
308

35/41

Dahn

2

Jungfernsprung

Dahner Hütte

St. Laurentius

4

41

Kurpark

Wachtfelsen

St. Michaelis

3

Büttelwoog

36

Grauberg
290

Lämmerteichfelsen

Dunstigfelsen

Klein Eyberg
425

Tour 42   15,6 km

Hauensteiner Schusterpfad

Start/Ziel: Hauenstein, Bahnhof Mitte
Gehzeit: 5 - 5 ½ Std.

Aufstieg: 530 m
Abstieg: 530 m
Hartbelag: 5 %
Wanderwege: 40 %
Wanderpfade: 55 %

Charakteristik: Das Schuhdorf Hauenstein mit seinem Schuhmuseum ist der Ausgangspunkt der Wanderung, die durch dichte Wälder und vorbei an schönen Felsformationen führt. Der durch das Deutsche Wanderinstitut als Premium-Wanderweg ausgezeichnete Hauensteiner

Schusterpfad ist reich an herrlichen Aussichten und Weitblicken. Der Wanderweg ist in beide Richtungen zuverlässig mit schwarzem Schuh auf gelbem Grund markiert und wird in diesem Buch entgegen des Uhrzeigersinns beschrieben.

Die ersten 4,5 Kilometer verlaufen überwiegend auf Waldwegen bergauf. Bei der Schutzhütte Trifelsblick – mit herrlichem Weitblick – und bald danach bei der idyllisch gelegenen Waldkapelle Winterkirchl locken Wanderliegen zu einer kleinen Rast. Das Wanderheim Dicke Eiche ermöglicht etwa auf der Hälfte der Route eine zünftige Einkehr. Anschließend gelangen Sie hinauf zum Hühnerstein, den Sie mit Hilfe einer Leiter auch besteigen können. Hier ist der höchste Punkt der Tour

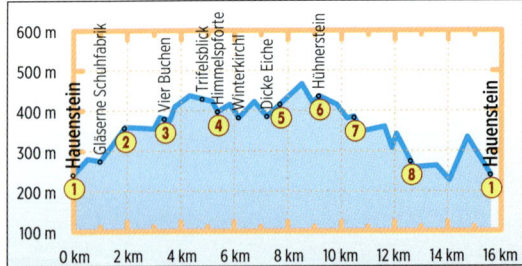

erreicht. Es folgt eine Wanderung entlang des Höhenrückens auf Hauenstein zu, wobei sich insgesamt vier Mal Abstecher zu spannenden und aussichtsreichen Sandsteinfelsen anbieten. Vom letzten, dem Kreuzelfelsen, geht es schließlich hinab nach Hauenstein. Am östlichen Ortsrand laufen Sie dann auf den Nedingfelsen zu, den sie als letzten Aussichtsfelsen dieser Tour zum Abschluss noch erklimmen.

Anfahrt: Wenn Sie von der B 10 in den Ort abzweigen, fahren Sie auf der Pirmasenser Straße an der Gläsernen Schuhfabrik vorbei. Auf Höhe des Netto-Marktes können Sie Ihre Wanderung beginnen.

Öffentliche Verkehrsmittel: Der Bahnhof Hauenstein Mitte wird bis zum frühen Abend mit der Regionalbahn (Pirmasens-Landau) stündlich erreicht.

Hauenstein

Vorwahl: 06392

🄸 **Tourist-Informations-Zentrum Pfälzerwald**, Schuhmeile 1, ✆ 9233380, @ jud324

🏛 **Deutsches Schuhmuseum**, Turnstr. 5, ✆ 9233340 ♿ An originaler Produktionsstätte wird der Werdegang der Schuhindustrie in einer ehemaligen, im Bauhaus-Stil errichteten Schuhfabrik von 1740 bis heute nachvollzogen. Mit Schusterwerkstatt, Schuhsalon der 50er Jahre, Prominentenschuhen und dem größten Schuh der Welt. @ rfn555

🄷 **Schuhmacherdenkmal**, Hauptstr. Symbolisiert den Bezug des Dorfes zum Schuhhandwerk.

✳ **Gläserne Schuhfabrik**, Waldenburger Str. 1, ✆ 9221371, 🕐 Mo-Fr 10-12 Uhr und 12.45-16.30 Uhr, So/Fei 13-16.30 Uhr, Führungen nur n. V. Schuhfabrikation direkt erleben: Schritt für Schritt durch die Produktion - von der Materialauswahl bis zum fertigen Schuh. @ gwj253

✳ **Schuhmeile Hauenstein**, Industriestr. 1, ✆ 9233380. Deutschlands größtes Schuh-Outlet-Zentrum lockt mit 26 Schuhgeschäften, @ hvr441

✳ **Queichquelle**. Eigentlicher Ausgangspunkt des Queichtal-Radwegs.

✉ **Freibad Wasgaubad**, Backelsteinstr., ✆ 409480. Beheizt. @ vbn766

Rot-gelb gebänderte Sandsteingebilde, die als Aussichtsfelsen einen wunderbaren Rundblick über den Pfälzerwald gewähren, überragen den Luftkurort Hauenstein. Bestens bekannt ist der Ort als größtes Schuhdorf Deutschlands. Diesen Ruf erwarb sich das kleine Dorf mit der Einführung der Schuhherstellung auf industrieller Basis ab dem Jahre 1886. Eine Sonderstellung als eines der größten Museen seiner Art weltweit genießt das Deutsche Schuhmuseum.

1 0,0 (241) Vom Bahnhof auf der Straße in Richtung Ort 〰 vor der Höhe rechts auf den ansteigenden Wanderpfad 〰 oberhalb des Ortes immer geradeaus 〰 am Waldrand hinunter zur Straße, rechts befindet sich ein Netto-Markt.

AUSFLUG Für einen Besuch der nur 160 m entfernten Gläsernen Schuhfabrik wenden Sie sich an der Straße nach rechts. In der Fabrik können Sie zusehen, wie Schuhe von Hand gefertigt werden.

Sie queren die Straße und folgen neben dem Parkplatz dem Pfad, der leicht ansteigend wieder in den Wald

Hühnerstein

führt ∿ am Querweg links ∿ nach 400 m in der Linkskurve des breiten Wegs rechts, kurz danach wieder rechts halten ∿ weiter ansteigend geht es zu einer Lichtung.

2 1,9 (357) An der folgenden Wegekreuzung halten Sie sich der Beschilderung folgend links ∿ kurz danach vom breiten Weg auf den Wanderpfad abzweigen und recht eben dahin ∿ nach 800 m mündet der Pfad auf einen ansteigenden Weg ∿ vorbei am **Hängeler Brünnel**, hier können Sie Ihre Wasserflaschen auffüllen ∿ danach hinunter zur Schutzhütte **Vier Buchen**.

3 3,4 (379) An der Kreuzung **Vier Buchen** in den linkesten Weg und wieder hinauf ∿ an der T-Kreuzung links ∿ nach 500 m den Schildern folgend rechts vom Hauptweg abzweigen ∿ immer geradeaus und bald an der **Schutzhütte Trifelsblick** mit Rastplatz und Wanderliege vorbei.

4 5,4 (397) Nach 550 m an der Wegekreuzung **Himmelspforte** halb links in den Weg und weiter zur Winterkirchl.

Winterkirchl. Die idyllisch auf einem Bergsattel gelegene Kapelle wurde 1949 an der Stelle einer Wallfahrtskapelle erbaut. Der eigentliche Name des Freiluft-Kirchleins ist Maria Himmelspforte, Winterkirche wird sie wegen des nahegelegenen Winterbergs benannt.

An der Waldkapelle vorbei und bergauf ∿ an der Weggabelung links ∿ bald bietet sich ein schöner Blick auf den Hohen Kopf ∿ die folgende Lichtung lädt zur Rast ein, der Ort wurde früher als Festplatz genutzt.

Dicke Eiche. Der über 300 Jahre alte Eichenbaum musste 2011 gefällt werden.

Am Rastplatz laufen Sie links in Richtung Wanderheim, es geht hinauf.

5 7,7 (416) Nach 500 m erreichen Sie die Wanderhütte mit dem großen Biergarten, hier bietet sich eine Stärkung mit Pfälzer Spezialitäten an.

Hauenstein
(Pfalz)

Hauenstein Mitte ①

Mischberg
325

Neding

Gläserne Schuhfabrik

②

Schuhmuseum

Kreuzelfelsen

⑧

Vier Buchen
③ Vier Buchen

Hangeler Brünnle

Weimersberg
375

Dörreinfelsen

Backelstein

Trifelsblick

⑦

Himmelspforte

④

Benz
370

Hoher Kopf
445

Winterberg
460

Winterkirchl

42b

Queich-Quelle

Hühne
⑥

Dicke Eiche

⑤

Hahnberg
320

Sorgenberg
475

Wolfshorn
475

fweiler

Eichelberg

Am Kreuzelfelsen

🏠 **Wanderheim Dicke Eiche**, ☎ 06392/9237174, ☎ 06392/3596, ⏰ Sa, So/Fei 9-18 Uhr, Mai-Okt. zusätzl. Mi 9-18 Uhr, @ okq626

Der weitere Wanderweg führt vor der Hütte rechts in den Pfad, erst über Stufen 〰 nun stetig ansteigend auf den Hühnerstein 〰 bald rechts an einer Lichtung vorbei 〰 am Ende der Lichtung geradeaus 〰 nach wenigen Metern rechts ab 〰 dem Weg geradeaus bis zum **Hühnerstein** folgen.

> **AUSSICHT** Der exponiert stehende Hühnerstein kann mittels einer Leiter bestiegen werden und bietet einen tollen Ausblick nach Osten.

6 ⁹,² ⁽⁴³⁵⁾ Links am Hühnerstein vorbei 〰 dem Weg immer geradeaus folgen.

7 ⁷,⁷ ⁽⁴¹⁶⁾ Nach der Hütte links auf den schmaleren Weg 〰 nach 700 m am Abzweig zum Backelstein vorbei.

> **AUSSICHT** In kurzen Abständen ermöglichen die beschilderten Abzweige zu den interessanten Aussichtspunkten Backelstein, Dörreinfelsen und Kahler Felsen kleine Abstecher.

Wenige Meter nach dem Kahlen Felsen, im Bereich des **Kreuzelfelsens**, in einer engen Rechtskurve um den runden Bergrücken herum 〰 nun absteigend durch den Wald zum südlichen Ortsrand von Hauenstein.

> **AUSFLUG** Das Schuhmuseum ist nur 600 m entfernt. Sie erreichen es am Waldrand entlang auf der Straße Am Weimersberg.

8 ¹²,⁶ ⁽²⁷⁴⁾ Am Walrand der **Weißenburger Straße** für 90 m in den Ort folgen 〰 in die erste Straße nach rechts abzweigen 〰 am Ende rechts, nun zwischen den Wiesen rechts des Ortes weiter 〰 im Linksbogen geht es dann zum **Kloster** und zur **Katharinenkapelle**.

> 🚩 **Katharinenkapelle**. Die über 500 Jahre alte Kapelle birgt im Inneren eine hölzerne Madonna aus dem 14. Jh.

Rechts am Kloster vorbei 〰 an der Landstraße kurz rechts, dann gleich wieder links 〰 in den nächsten Weg rechts, nun steil bergauf zum Nedingfelsen 〰 der Beschilderung folgend auf dem kurvigen Pfad nun über 100 Höhenmeter hinauf.

> **AUSSICHT** Bei guter Sicht ist der kurze Abstecher zum Felsplateau in jedem Fall zu empfehlen. Die Aussicht ist hervorragend.

> ✳ **Nedingfelsen**. Im Gipfelbereich ist der max. bis 12 m hohe Felsen wie ein Band ausgeprägt. Unterhalb des Nedingfelsens bildet das Felsentor eine markante Gesteinsformation.

Sie verlassen die Felswand wieder und laufen hinunter zur Straße, die Sie über Stufen erreichen.

1 ¹⁵,⁶ ⁽²⁴⁰⁾ Rechts am Bahnhof schließt sich die Runde.

Hauenstein

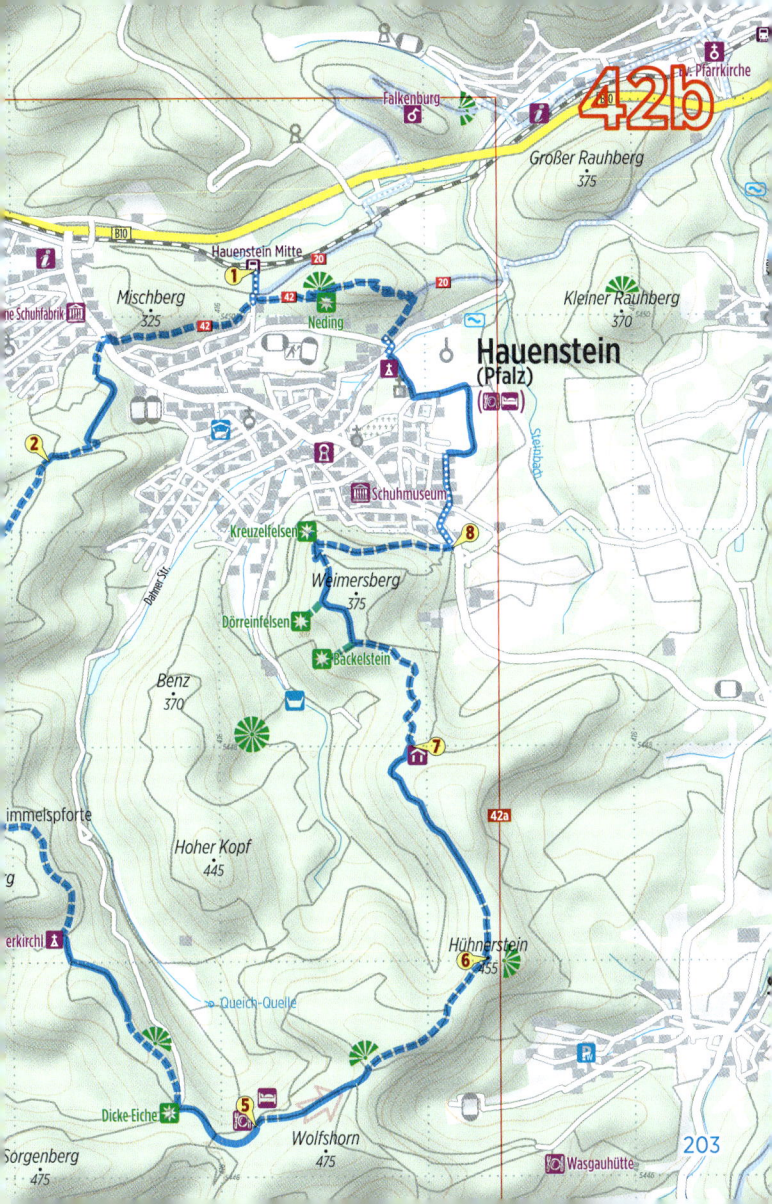

42b

zur Pfarrkirche

Falkenburg

Großer Rauhberg
375

B10

Hauenstein Mitte
1

20

Mischberg
325

42

Neding

20

Kleiner Rauhberg
370

Hauenstein
(Pfalz)

2

Jahnr Str.

Schuhmuseum

Kreuzelfelsen

8

Weimersberg
375

Dörreinfelsen

Backelstein

Benz
370

7

immelspforte

Hoher Kopf
445

erkirchl

42a

Queich-Quelle

Hühnerstein
6 455

Dicke-Eiche

5

Wolfshorn
475

Sörgenberg
475

Wasgauhütte

Luger Zwei-Berge-Tour

Start/Ziel: Lug, Wanderparkplatz bei der
PWV-Hütte

Gehzeit: 3½ – 4 Std.

Aufstieg:	547 m
Abstieg:	547 m
Hartbelag:	10 %
Wanderwege:	22 %
Wanderpfade:	68 %

Charakteristik: Der kleine Ort Lug ist umgeben von Bergrücken, auf denen sich schöne Gratwanderungen mit Ausblicken der Extraklasse absolvieren lassen. Zwar sind sowohl der Höllen- als auch der Heischberg überwiegend bewaldet, doch gibt es exponierte Felsen, wie z. B. die Geiersteine und der Große Ferkelstein, die beinahe 360-Grad-Rundblicke ermöglichen. Trotz der geringen Länge sollten Sie diese Runde nicht unterschätzen, da sie zwei erhebliche Steigungen auf schmalen Wanderpfaden enthält und auch die tollen Aussichten mit ihren einsamen Sitzmöglichkeiten genossen werden wollen.

Anfahrt: Am nördlichen Ortsrand von Lug in die Gartenstraße, dann rechts in die Straße Im Maisfeld. Der Parkplatz ist beschildert und liegt am Ende der Straße links neben der PWV-Schutzhütte.

Öffentliche Verkehrsmittel: Die Haltestelle Lug, Dorfplatz wird täglich mehrmals mit dem Bus vom Bahnhof Annweiler erreicht. Auch über Dahn und Hauenstein können Sie anreisen, hier ist aber meist mehrfaches Umsteigen erforderlich, zum Teil auch auf Anruf-Linien-Taxis.

Tipp: Der letzte Abschnitt der Wanderung verläuft auf der nur 6 Kilometer langen, prämierten Geiersteine-Tour. Wer ab Lug lediglich diese Kurztour laufen möchte, findet die Route als Variante in der Karte verzeichnet. Die Geiersteine zählen zu den schönsten Aussichtpunkten der Pfalz.

Lug

📍 **Rote Rose**, Schulstr. 8, ✆ 06392/9957025, 🕐 Mi-So ab 18 Uhr

Lug wird in einer Schenkungsurkunde 1046 erstmals erwähnt und darin

bereits als schon länger bestehender Weiler tituliert. Heute ist der Ort vor allem als Zentrum einer beliebten Kletterregion bekannt.

VARIANTE Für die Kurztour zu den Geiersteinen starten Sie bei der Kirche und laufen von der Mühlstraße in die Bergstraße, die Geiersteine-Tour ist gut markiert.

1 0,0 (243) Vom Parkplatz laufen Sie hinauf zur Hütte ∿ davor rechts auf einen Grasweg oberhalb der Hausgrundstücke ⚡ ∿ nach 100 m auf einen unmarkierten Pfad links hinauf in den Wald ∿ nach 150 m an der T-Kreuzung mit einem anderen Pfad mit lokalen Wegmarkierungen scharf links ∿ in Kehren bergauf ∿ am Treffpunkt mit dem Ende eines grasigen Fahrwegs scharf rechts bergauf dem Pfad folgen ∿ das Ende eines zweiten Fahrweges überqueren und gegenüber weiter auf dem Pfad.

2 0,9 (429) Auf der Höhe rechts an einer Schutzhütte vorbei und sanft bergab

↯ vor einer alten Rastbank scharf links bergab zu einer Drachenflieger- wiese ↯ die Wiese links liegen lassen und dem Bergrücken rechts weiter bergab folgen ↯ kurz darauf den beschilderten Hermann-Rinner-Pfad links liegen lassen und stattdessen gerade hinab zu einer Pfadkreuzung ↯ dort geradeaus weiter auf dem Höhenrücken (Holzschild Rundweg Nr. 6) ↯ die Markierung 6 und alte Grenzsteine begleiten Sie die ge- samte Zeit über auf dem Pfad auf der Höhe des Bergrückens ↯ über den **Klingel-Kopf** (höchster Punkt) ↯ wieder hinunter ↯ am Ende den Pfad etwas nach links versetzt hinab ↯ an der Kreuzung mit einem grasi- gen Höhenweg setzt gegenüber der kurze Abstecher zum Aussichtspunkt **Großer Ferkelstein** an.

3 3,5 (354) Nach Besuch des Ferkel- steins zurück zum Kreuzungsplatz ↯ jetzt auf dem Fahrweg nach rechts an der Bergflanke hinab ↯ nach 90 m rechts auf einen Pfad mit dem Schild Nr. 6/Spirkelbach ↯ bergab zur Ein- mündung in einen breiten Fahrweg ↯ hier scharf rechts und auf den näch- sten 800 m wieder halb um den Ferkel- stein herum ↯ an einer Wendeplatte am Ende des Fahrwegs geradeaus den Pfad mit der Nr. 30 bergab ↯ an der Landesstraße rechts entlang.

4 5,6 (213) An der Straßenkreuzung links über die Brücke Richtung Wernersperg.

Heischberg-Nordfels

❃ **Kaisermühle**, Mühlstr. 27. Die Wassermühle wurde in den 1960er Jahren stillgelegt. Heute sind in dem Haus Ferienwohnungen untergebracht, in denen noch Utensilien der früheren Mahlmühle integriert sind.

Direkt hinter der Kaisermühle rechts auf den Schotterweg 〰 noch beim Mühlengebäude links bergauf auf einen Weg mit Nordic-Walking-Markierung 〰 zwei direkt aufeinander folgende Rechtsabzweige ignorieren 〰 danach scharf rechts einen Erdweg bergauf, hier bitte die Nordic-Walking-Markierung beachten 〰 an einem Querweg scharf links (lokale Markierung 1) 〰 nach 60 m rechts auf einen unmarkierten Pfad 〰 in Serpentinen bergauf 〰 unterhalb des Sandstein-Felsens scharf links in den kurzen Stichweg zum Aussichtspunkt 〰 dann zurück und dem anderen Pfad zur Grathöhe folgen.

AUSSICHT Auf der Höhe gibt es nochmals einen Linksabzweig, der zu einem weiteren Aussichtspunkt führt.

Danach dem Pfad am Bergrücken folgen.

5 7,0 (384) An dem Kreuzungsplatz mit Hochsitz links um die Kuppe herum dem Pfad Nr. 36 folgen 〰 am Ende des Bergrückens gabelt sich der Pfad, hier zunächst links zum Aussichtspunkt.

Geiersteine

Der aus mehreren Teilen bestehende Fels der Geiersteine ist ein beliebtes Klettergebiet. Von dem ungesicherten Fels hat man eine sehr schöne Sicht bis auf die Rheinebene, bei klarer Sicht sogar bis in die nördlichen Vogesen.

Kaisermühle

Wieder zurück zur Verzweigung 〰 jetzt dem linken Bergrücken folgen 〰 auf der Höhe entlang der Grenzsteine bleiben und mehrere Abzweige ignorieren 〰 an den bizarren, pilzförmigen Sandsteinfelsen vorbei 〰 auf einer Kuppe über Lug gibt es noch einen weiteren Aussichtspunkt 〰 dann auf dem Pfad scharf rechts in Kehren bergab.

6 9,0 (294) Unterhalb der Felsen mündet der Pfad in einen Schotterweg, hier schräg links gegenüber die Pfadfortsetzung hinab 〰 unmittelbar danach wieder rechts 〰 an einem Wegedreieck nach 280 m links bergab 〰 an der T-Kreuzung kurz darauf wieder links 〰 einen Abzweig links und einen rechts liegen lassen und geradlinig nach Lug 🏛 〰 die Ortsstraße bergab 〰 an der Straßenkreuzung von vier Straßen die zweite von rechts zur Kirche und Ortsmitte nehmen 〰 vor dem Dorfbrunnen rechts und der Hauptstraße 200 m folgen 〰 links bergauf in die **Gartenstraße** 〰 rechts in die Straße **Im Maisfeld** und zurück zum Startpunkt.

1 10,6 (243) Ende der Wanderung.

Lug

Tour 44   **16,3 km**

Annweiler, Dimberg und Geiersteine

Start/Ziel: **Annweiler am Trifels**
Gehzeit: 5 - 5 ½ Std.

Aufstieg: 587 m
Abstieg: 587 m
Hartbelag: 29 %
Wanderwege: 53 %
Wanderpfade: 18 %

Charakteristik: Auf dieser vergleichsweise langen Runde von Annweiler durch das südliche Umland erleben Sie gleich eine Reihe der felsigen Sehenswürdigkeiten aus nächster Nähe. Den Höhepunkt bildet der Sandsteingrat des Dimbergs, den Sie via Kaftenstein sehr aussichtsreich besteigen und ihm einige hundert Meter folgen. Vom Falkenstein aus reicht der Blick weit in die Ferne, und auch die Geiersteine, die als nächste auf Ihrem Programm stehen, sind in Sichtweite. Über Wernersberg, wo gute Einkehrmöglichkeiten bestehen, geht es schließlich zurück nach Annweiler.

Anfahrt: In Annweiler von der Altenstraße in die Sackgasse Nachtweide abbiegen und entlang der Straße oder am Wendeplatz an ihrem oberen Ende parken.

Öffentliche Verkehrsmittel: Der Bahnhof Annweiler wird stündlich aus den Richtungen Landau und Pirmasens bedient. Von dort zur Ecke Altenstraße/Nachtweide am gegenüberliegenden Ende der Altstadt ist es 1 Kilometer Fußweg.

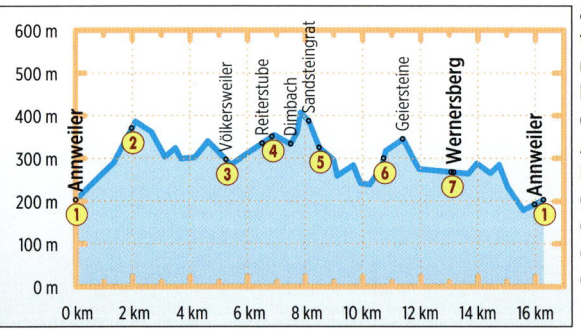

Annweiler am Trifels

Vorwahl: 06346

🛈 **Trifelsland Büro für Tourismus**, Messpl. 1, 📞 2200, @ qbb621

▣ **Barbarossa**, Trifelsstr. 72, 📞 8479, 🕐 tägl. ab 10 Uhr, @ bnt548

▣ **Kletterhütte**, Trifelsstr. 55, 📞 8825, 🕐 Mi-Fr 11-19 Uhr, Sa, So 10-19 Uhr, @ esv652

🏛 **Museum unterm Trifels mit Gerbermuseum**, Am Schipkapass 4, 📞 1682 ♿ Historisches von der Steinzeit über die mittelalterliche Reichsfeste, die Tradition der Gerber und die Stadtgeschichte bis in die heutige Zeit.

⛪ **St. Josef**, Saarlandstr. 7. Hohenstaufensaal mit Fresken von 1936/37.

⛪ **Stadtkirche**, Kirchg. Gründung in der Stauferzeit (12. Jh.), mehrfach wiederaufgebaut.

🏛 **Gotische Kapelle Zu unserer Lieben Frau**, Zweibrücker Str. In der Friedhofskapelle finden sich wertvolle Seccomalereien aus dem 15. Jh.

🏰 **Burg Trifels**, 📞 8470 ☜ Anmeldung von Führungen: 📞 8470. Bedeutendste Stauferburg, Lieblingssitz von Friedrich I. (Kaiser Barbarossa), Sie diente mehr als 170 Jahre (1125 bis 1298) als Schatzkammer der Reichsinsignien. Originalgetreue Nachbildungen der Reichskleinodien sind noch heute in der Burg zu bewundern (die Originale befinden sich seit 1806 in der Wiener Hofburg).

✳ **Historischer Altstadtkern**. Mit Altem Wasserrad bei der Stadtmühle (Gerbergasse) und Mühlenrad der Lohmühle (Wassergasse/Schipkapass).

✳ **Rathaus mit Rathausplatz**. Sehenswerte Fresken im Rathaus mit Szenen aus dem Leben Friedrichs II.

✳ **Trifelsserenaden**. Im Kaisersaal der Burg Trifels.

🛁 **Trifelsbad Annweiler**, Zweibrücker Str. 47, 📞 928088

1 0,0 (204) Auf dem Schotterweg durch das Tal bergauf Richtung Lindelbrunn, für 2 km folgen Sie der blauen

Am Kaftenstein

Blick auf Wernersberg

Balkenmarkierung ⌇ zunächst am Waldrand entlang ⌇ nach einer Kehre den Hang hoch mit guter Aussicht auf Annweiler ⌇ rechts haltend in den Wald.

2 2,0 (371) Die Kreisstraße etwas nach rechts versetzt überqueren ⌇ links des Wegesteins geht es auf einem unmarkierten Erdweg knapp 900 m sanft bergab ⌇ an einer T-Kreuzung links bergab ⌇ die Bundesstraße schräg nach rechts überqueren ⌇ gegenüber dem blauen Balken auf dem Erdweg, später durch den Wald und über die Straße bis nach **Völkersweiler** folgen ⌇ durch die Unterführung in den Ort 🍴.

Völkersweiler

3 5,2 (297) An der **Hauptstraße** links ⌇ nach 110 m rechts in die **Lindel-brunnstraße** ⌇ an der Vierteilung der Straße vor einem Sandsteinhaus halb links ⌇ direkt dahinter an der nächsten Gabelung rechts weiter auf der Lindelbrunnstraße ✈ ⌇ weiter dem blauen Balken vorbei an der ehemaligen Gaststätte Reiterstube folgen.

4 6,8 (351) An der T-Kreuzung hinter einigen Reitanlagen rechts (Holzschild „Lindelbrunn") ⌇ nach 190 m an einer Mehrfachkreuzung halb rechts auf einen Pfad mit den lokalen Markierungen des Dimbacher Buntsandstein-Höhenwegs Richtung Falkenstein ⌇ in einer Linkskurve einen schmalen Abzweig rechts liegen lassen ⌇ kurz darauf an einer T-Kreuzung rechts auf dem Höhenweg bleiben ⌇ den nach 150 m rechts abzweigenden Pfad ignorieren ⌇ nach weiteren 300 m, hin-

Sarnstall

Kleiner Adelberg
485

Gotische Kapelle

Landauer Straße

Queich

Stadtkirche

Rothenberg
460

B48

Annweiler

1

Burg

elsen

Mitterberg

Wernersberg

45

44

Klettererhütte

Ebersberg
400

2

P

Mitterberg
345

Bichelberg
340

Rehbergturm

berg

44b

Kleiner Hahnstein
450

Krippenkopf
350

Waldrohrbach

Völkersweiler

Brandhöhe
320

3

Gossersweiler

Kaiserbach

B48

Heimbach

ter einer Rastbank, scharf rechts den Pfad mit der Markierung 36 bergauf ∿ vorbei am **Kaftenstein** steil bergauf bis zum Grat ∿ hier auf dem Weg Nr. 30 nach links ∿ dem teils schwer zu erkennenden Pfad 700 m entlang des Sandsteingrates folgen, dabei stellenweise links um die Felsblöcke herum.

5 8,5 (325) Am Pfadende beim **Falkenstein** scharf links bergab auf den nicht markierten Weg ∿ nach 200 m – am Treffpunkt mit dem breiteren Erdweg – scharf rechts ∿ an einer T-Kreuzung links bergab ∿ 120 m weiter, an einer spitzwinkligen T-Kreuzung, scharf rechts ∿ am Waldrand bleibend einen Abzweig auf die Wiese links liegen lassen ∿ an einer T-Kreuzung links bergab dem grün-blauen Balken in Richtung Annweiler/Wernersberg folgen ∿ dabei kurz den Asphaltweg benutzen und hinauf zur Straße.

6 10,7 (300) Die Landesstraße überqueren und gegenüber einen Pfad mit dem grün-blauen Balken bergauf ∿ an einem breiteren Erdweg die Markierung verlassen und nach links ∿ nach 150 m, nach einer Rechtskurve, scharf rechts einen Pfad hinauf ∿ an der T-Kreuzung mit einem anderen Pfad rechts ∿ jetzt dem **Keschdeweg** mit Kastanienlogo halb um die **Geiersteine** herum folgen.

> Hier lohnt sich ein Abstecher nach links direkt an den Fuß der Felsen, die Geiersteine sind ein beliebtes Klettergebiet. *(AUSFLUG)*

Rechts dem Keschdeweg von den Felsen weg folgen ∿ an der T-Kreuzung bei einer Rastbank rechts bergab ∿ aus dem Wald hinaus ∿ unten auf dem Betonweg am Wegekreuz links der grün-blauen Markierung folgen ∿ nach **Wernersberg** ∿ 🚉 der Markierung durch den Ort folgen.

Wernersberg

✳ **Wachtfels.** Der oberhalb des Ortes gelegene Felsen mit großem Wetterkreuz und toller Aussicht zu Geiersteinen und Heischberg ist über diverse Wanderwege besteigbar.

7 13,1 (268) An der Hauptstraße rechts der Länge nach durch den Ort 🚻 ∿ im Wald an einer Gabelung rechts bergab ∿ im zweiten Waldstück die grün-blaue Markierung verlassen und rechts bergab auf einen unmarkierten Pfad abzweigen ∿ an dessen Einmündung in einen breiteren Weg nahe dem Talgrund links am Wiesenrand bergab ∿ vor einem Wohnhaus links zum Asphaltweg abbiegen und der blau-weißen Markierung nach Annweiler hinein folgen 🚉 ∿ an der Einmündung in eine Vorfahrtsstraße links ∿ nach 90 m rechts bergauf in die Straße **Nachtweide**.

> Wenn Sie geradeaus der Straße folgen, kommen Sie in die sehenswerte Altstadt. Das geschichtsträchtige Annweiler ist die zweitälteste Stadt der Pfalz. *(INS ZENTRUM)*

Die Straße **Am Klingelberg** links liegen lassen und gerade zum Wendeplatz.

1 16,3 (204) Ende der Wanderung.

Annweiler am Trifels

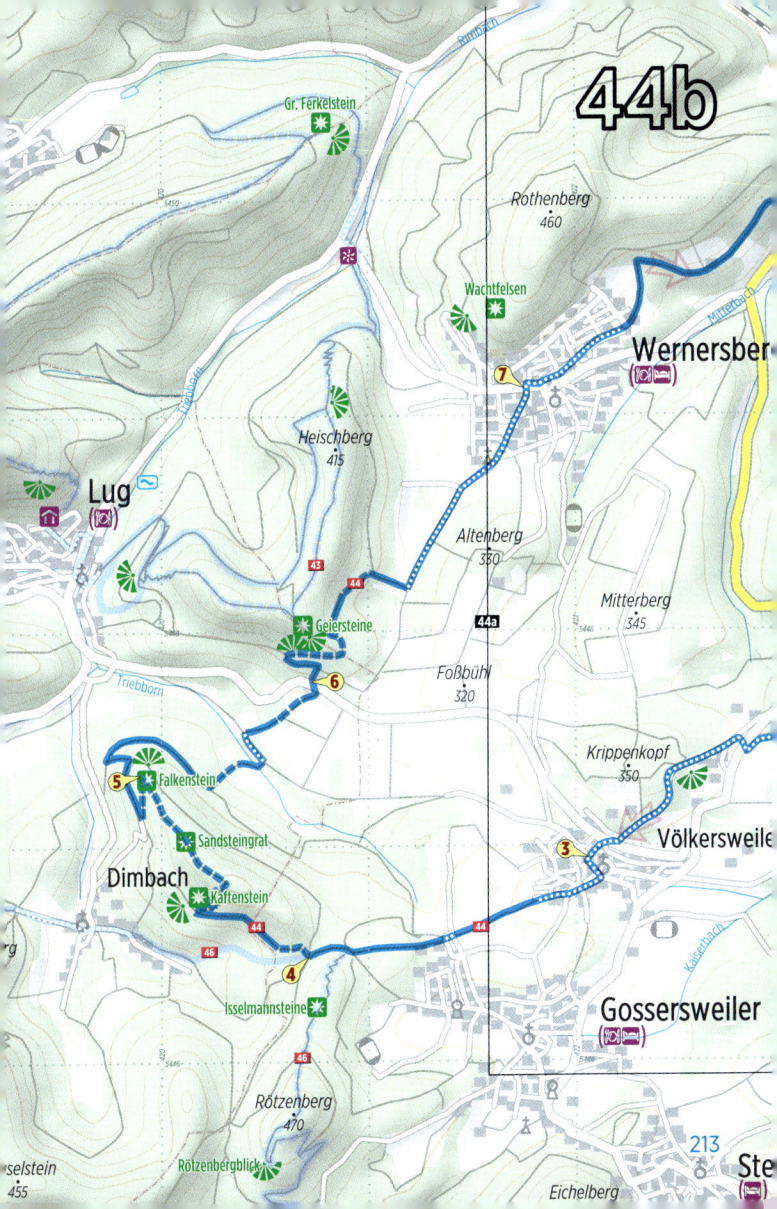

44b

Rothenberg
460

Gr. Ferkelstein

Wachtfelsen

Wernersber

7

Heischberg
415

Lug

Altenberg
330

43

44

44a

Mitterberg
345

Geiersteine

6

Foßbühl
320

Triebborn

Krippenkopf
350

5 Falkenstein

3 Völkersweile

Sandsteingrat

Dimbach

Kaffenstein

44

45

44

Gossersweiler

4

Isselmahnsteine

46

Rötzenberg
470

Rötzenbergblick

selstein
455

Ste

Eichelberg

Tour 45　　　　　　　　　　　　　　**9,0 km**

Das Annweiler Burgengestirn

Start/Ziel: Annweiler am Trifels, Kurpark
Gehzeit: 3 ½ Std.

Aufstieg: 500 m
Abstieg: 500 m
Hartbelag: 12 %
Wanderwege: 38 %
Wanderpfade: 50 %

Charakteristik: „Rund um Bindersbach" könnte man diese Wanderung auch nennen, da sie den Annweiler Stadtteil auf den jeweils größten Höhen umgeht. Auf der nicht zu unterschätzenden Runde erwarten Sie jedoch noch ganz andere Höhepunkte: das Annweiler Burgendreigestirn mit den Burgen Trifels, Anebos und Scharfenberg beansprucht einige Zeit und Aufmerksamkeit und wird durch spektakuläre Felswände auf den Zwischenstücken aufgelockert. Die Klettererhütte kurz vor dem Abstieg zum Endpunkt bietet Möglichkeit zur Stärkung, und selbst auf

dem Rückweg nach Annweiler gibt es immer wieder neue Ausblicke auf die drei besuchten Burgen.
Anfahrt: Der Wanderparkplatz liegt links am Ende des Kurparks an der Ecke Burgstraße/Bindersbacher Straße.
Öffentliche Verkehrsmittel: Der Bahnhof Annweiler wird stündlich aus den Richtungen Landau und Pirmasens bedient und liegt 750 Meter vom Startpunkt entfernt.
Annweiler am Trifels　　**s. S. 209**
1 0,0 (203) Links neben der Parkplatzeinfahrt über einige Stufen den Wanderweg mit dem weißen Dreieck (alternativ Annweilerer Burgenweg/ Pfälzer Weinsteig) Richtung Waldhambach bergauf 🚆 〰 nach halber Umrundung des Burgbergs über Stufen zum Parkplatz am Fuß der Burg.
2 1,7 (383) Halb rechts über den Parkplatz zum hölzernen Souvenirhäuschen 〰 vor dem Haus den rechten Fußweg bergauf (Schild zum Fußweg zur Burg Trifels) 〰 am Asphaltbeginn unter dem Burgfels rechts bergauf.

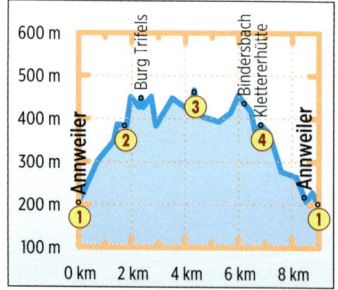

Reichsburg Trifels

6 **Burg Trifels**, ☎ 8470 ☞ Anmeldung von Führungen: ☎ 8470. Bedeutendste Stauferburg, Lieblingssitz von Friedrich I. (Kaiser Barbarossa). Sie diente mehr als 170 Jahre (1125 bis 1298) als Schatzkammer der Reichsinsignien. Originalgetreue Nachbildungen der Reichskleinodien sind noch heute in der Burg zu bewundern (die Originale befinden sich seit 1806 in der Wiener Hofburg).

Veranstaltungen durchaus noch das Gefühl, wie es im Mittelalter auf der Burg gewesen sein könnte.

Nach der Besichtigung auf gleichem Weg zurück zum Parkplatz.

2 2,9 (383) Über den Platz vor zum Restaurant.

🍴 **Barbarossa**, Trifelsstr. 72, ☎ 06346/8479, ⏰ tägl. ab 10 Uhr, @ bnt548

Links des Restaurants zwischen Gebäude und roten Verbotsschildern

Burg Trifels

Die seit spätestens dem Jahr 1081 bestehende Festung auf dem Trifels war während des 12. und 13. Jahrhunderts Reichsburg des Heiligen Römischen Reiches Deutscher Nation. Richard Löwenherz war hier für einige Wochen, möglicherweise auch länger, Gefangener. Ab Anfang des 17. Jahrhunderts ging es mit der Burg dann bergab, bevor sie ab 1841 restauriert wurde. Die heute zu besichtigenden Anlagen entsprechen zwar nicht mehr dem originalen Aussehen zu den Hochzeiten des Heiligen Römischen Reiches, doch vermitteln die Ausstellung und die regelmäßigen

einen Schotterweg mit Wegweiser Richtung Waldhambach hinauf ∿ sanft ansteigend zwei Rechtsabzweige ignorieren ∿ an einer Wegekreuzung zwischen hohen Felsen scharf rechts einen Pfad bergauf Richtung Ruine Anebos ∿ der lokalen Markierung „Annweilerer Burgenweg" zur **Ruine Anebos** folgen.

Ruine Anebos

Die ehemalige Felsenburg steht nicht nur räumlich, sondern auch historisch in engem Zusammenhang mit der Reichsburg Trifels. Nach ihrer Errichtung um 1200 war sie Sitz der Herren von Anebos, die im Dienste des Hei-

Mühlrad in Annweiler

ligen Römischen Reiches Deutscher Nation standen. Die im Gegensatz zu den beständigen Sandsteinfelsen kaum noch vorhandenen Reste der Burg zeigen, dass die Festung recht bald aufgegeben und in der Neuzeit nicht restauriert wurde.

Von der Ruine dem Annweilerer Burgenweg folgend links auf der anderen Seite des Felsens zurück zur Wegekreuzung 〰 rechts des gegenüberliegenden Felsens dem Pfad mit dem Felsensymbol folgen 〰 einen Durchlass ignorieren 〰 kurz danach, bei einer Rastbank vor einem zweiten großen Felsen, an einer Gabelung den schmaleren Pfad links bergauf 〰 es geht in Richtung des Bergfrieds der **Ruine Scharfenberg**.

Ruine Scharfenberg

Die letzte der drei Burgen auf dieser Runde wurde nach 1100 errichtet und 1525 im Bauernkrieg zerstört. Dazwischen war sie Gefängnis und Stamm-

sitz des Speyerer Bischofs. Die vorhandenen Reste ermöglichen besser als bei der Ruine Anebos Einblicke in die Bauweise der Burg Scharfenberg zu ihren besten Zeiten.

3 4,3 (461) Auf dem gleichen Pfad zurück 〰 nach dem Abstieg scharf links auf dem vorher benutzten Pfad mit dem Felsensymbol weiter 〰 vor einer steilen Schneise durch eine Rechtskehre und über Stufen bergab einen kreuzenden Pfad queren 〰 dahinter rechts 〰 an der nächsten T-Kreuzung links wieder dem weißen Dreieck zum Parkplatz folgen 〰 dort rechts, hier teilt sich die Straße in Gegenrichtung 〰 nach einige Meter an der Straße entlang 〰 auf Höhe einer Hütte links auf den Wanderweg in Richtung Kletterhütte 〰 der Markierung grünes Dreieck im weißen Kreis 2 km bis zum Parkplatz Rehberg folgen.

AUSFLUG Zwischenzeitlich zweigt ein markierter Pfad links bergauf zum Rehbergturm ab (3 km, 130 Höhenmeter). Dieser Abste-

216

cher lohnt sich wegen der tollen Aussicht auf die drei eben passierten Burgen.

Am Parkplatz Rehberg zur Straße 〜 auf dieser 130 m nach links zur **Kletterhütte**.

Kletterhütte, Trifelsstr. 55, ☏ 06346/8825, ⊙ Mi-Fr 11-19 Uhr, Sa, So 10-19 Uhr, @ esv652

4 6,8 (386) Nach einer Einkehr 70 m die Straße zurück 〜 beim Wegekreuz links dem weiß-blauen Balken bergab Richtung Annweiler folgen 〜 nach 1,4 km an der Einmündung in eine Straße schräg gegenüber den unmarkierten Schotterweg geradlinig bergab 〜 an der Mündung in die Ecke **Barbarossa-/Asselsteinstraße** rechts 〜 nach 200 m links bergab 〜 an der nächsten Kreuzung die Straße zum See hin überqueren und geradeaus zum Parkplatz am gegenüber liegenden Ufer.

1 9,0 (203) Ende der Wanderung. **Annweiler am Trifels**

Tour 46   **13,6 km**

Rötzenberg und Ruine Lindelbrunn

Start/Ziel: Dimbach, Sternplatz
Gehzeit: 4 ½ - 5 Std.

Aufstieg: 494 m
Abstieg: 494 m
Hartbelag: 23 %
Wanderwege: 64 %
Wanderpfade: 13 %

Charakteristik: Eine mittelschwere, sehr aussichtsreiche Runde vom Örtchen Dimbach hinauf zu den benachbarten Isselmannsteinen, über den Bergrücken zum Felsplateau am Rötzenberg und weiter auf die Ruine Lindelbrunn. Zurück geht es über Oberschlettenbach und Darstein auf kleinen Nebenwegen. Von allen Höhepunkten der Tour sowie auch unterwegs bieten sich prächtige Ausblicke auf das Bergland und die Sandsteinfelsen der Umgebung. Auf der Runde wechseln sich Berg und Tal, Pfad und Weg so häufig ab, sodass Sie die Streckenlänge wahrscheinlich sehr kurzweilig empfinden werden.

Anfahrt: Der Sternplatz befindet sich an der Ecke Hauptstraße/Lindelbrunnenstraße.
Öffentliche Verkehrsmittel: Dimbach am Startpunkt wird am Wochenende von den Bahnhöfen Wildgartswiesen und Hauenstein mit dem Anruf-Linien-Taxi erreicht, an Wochentagen mit dem Bus. Darstein und Oberschlettenbach sind werktags mit dem Bus 525 mehrmals am Tag vom Bahnhof Annweiler zu erreichen.

Dimbach

1 0,0 (249) Links in die nach Osten führende **Lindelbrunnstraße** ~ vor einem Rechtsknick geradeaus auf einen unmarkierten Schotterweg ⚡ ~ an der Gabelung vor einer Rastbank links bergauf ~ auf dem Hauptweg zwei Abzweige links liegen lassen (der zweite mit der Markierung „35") ~ kurz vor der Höhe an einer

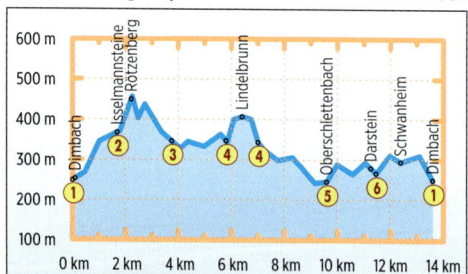

218

Kreuzung geradeaus ∿ nach 150 m scharf rechts bergauf auf einen Pfad mit dem Holzwegweiser „Isselmann-steine" ∿ an der Grathöhe zunächst links zum Ausblick, dann rechts dem Pfad am linksseitigen Fuß der Felsen folgen (Holzwegweiser Richtung Rötzenbergfels).

2 1,7 (367) Wahlweise am ersten oder zweiten Pfad rechts zur Grathöhe hinauf ∿ oben dem Rücken folgen ∿ die Kreuzung mit einem Fahrweg queren und gegenüber weiter steil den Pfad bergauf Richtung Rötzen-berg ∿ an der T-Kreuzung bei einer Rastbank rechts ∿ kurz vor der Aussichtsplattform des **Rötzenbergfelsens** scharf links einen Pfad bergab (Holzwegweiser zum Rundweg) ∿ an der Einmündung des Pfads in einen breiteren Weg links zur Gabelung und dort rechts bergab ∿ an der nächsten Einmündung in einen Fahrweg scharf rechts (Holzwegweiser zum Lindelbrunn) ∿ an einer T-Kreuzung scharf links ∿ an der zweiten T-Kreuzung ebenfalls links (Holzschild mit Distanzangabe 2,6 km).

3 3,7 (346) Nach 180 m an einem Rechtsabzweig in Sichtweite des Asphaltwegs scharf rechts auf den anderen Erdweg ∿ nach 500 m an einer kleinen Wiese links einen kaum sichtbaren Grasweg bergauf ∿ ab der nächsten T-Kreuzung links dem blauen Balken für 1,4 km folgen.

▣ **Waldgaststätte Cramerhaus**, Lindelbrunn 4, ☎ 06398/237, ☉ April-Okt., Mi-So 11-19 Uhr, Nov.-März, Mi, Fr-So 10-18 Uhr, @ wdj164

4 5,8 (343) Am Parkplatz **Lindelbrunn** rechts über den Platz bergauf ⌇ vor dem Burgberg an einer T-Kreuzung rechts (Markierung 1) ⌇ in einer Spirale hinauf zur Ruine.

Ruine Lindelbrunn

Die Ruine Lindelbrunn steht auf einem steilen Felsplateau in rund 440 Meter Höhe. Sie ist knapp 900 Jahre alt, war vermutlich als Reichsburg zur Verteidigung des nahen Trifels gedacht und fand 1268 erstmals urkundliche Erwähnung. Zerstört wurde die Burg 1525. Noch heute bieten die überwiegend geschleiften Anlagen einen Eindruck vom Leben auf der Lindelbrunn – und der Ausblick beeindruckt ungebrochen.

Nach der Besichtigung auf gleichem Weg zurück zum Parkplatz.

4 7,0 (343) Nun rechts Richtung Oberschlettenbach, die nächsten 2,6 km der gelb-roten Balkenmarkierung folgen ⌇ es geht zunächst zwischen Wiesen, später bergab durch ein Waldstück ⌇ die Kreisstraße queren und auf den Ort zu.

Oberschlettenbach

- 🍴 **Bühlhofschänke**, 1 km westlich vom Ortszentrum, ✆ 06398/276, 🕒 Di, Mi, Sa, So 11-18 Uhr, @ kmv185
- 🍴 **Die Nachtigall**, August-Becker-Str. 7, ✆ 06398/993126, 🕒 Mo-Mi, Fr 12-14 und ab 17 Uhr, Sa, So ab 12 Uhr

5 9,6 (245) 250 m nach der Kreisstraße und noch vor dem Ort scharf rechts einen unmarkierten Asphaltweg bergauf ⌇ an der Teilung des Asphaltwegs links an der Friedhofsmauer bergauf ⌇ einen asphaltierten

Rechtsabzweig ignorieren ⌇ an einer Kreuzung auf der Höhe geradeaus bergab ⌇ dem Gras- und Erdweg gerade folgen, dabei einen Abzweig rechts liegen lassen ⌇ wieder auf Asphalt erneut einen Rechtsabzweig ignorieren ⌇ an der Einmündung in die Ortsstraße geradeaus nach Darstein 🍴 ⌇ 420 m durch den Ort.

Darstein

Bei der Reichstagswahl 1930 votierten die Darsteiner Wähler als erster deutscher Ort geschlossen für die NSDAP, weshalb 1936 eine Straße in Berlin in Darsteiner Weg umgetauft wurde und bis heute so heißt.

6 11,4 (266) Kurz vor Ortsende rechts in die **Bergstraße** ⌇ an der T-Kreuzung vor einer Wiese links 🏞 ⌇ den ersten Abzweig am Wiesenrand rechts liegen lassen ⌇ kurz nach der Höhe rechts in einen Weg in den Wald (Holzwegweiser nach Dimbach) ⌇ dem Hauptweg folgen und einen rechts abzweigenden Pfad mit der Markierung 1 ignorieren ⌇ an einer T-Kreuzung mit Holzwegweisern rechts und dem grün-blauen Balken nach Dimbach folgen 🍴 ⌇ bei der Kirche links zur Ortsmitte.

1 13,6 (249) Ende der Wanderung.

Dimbach

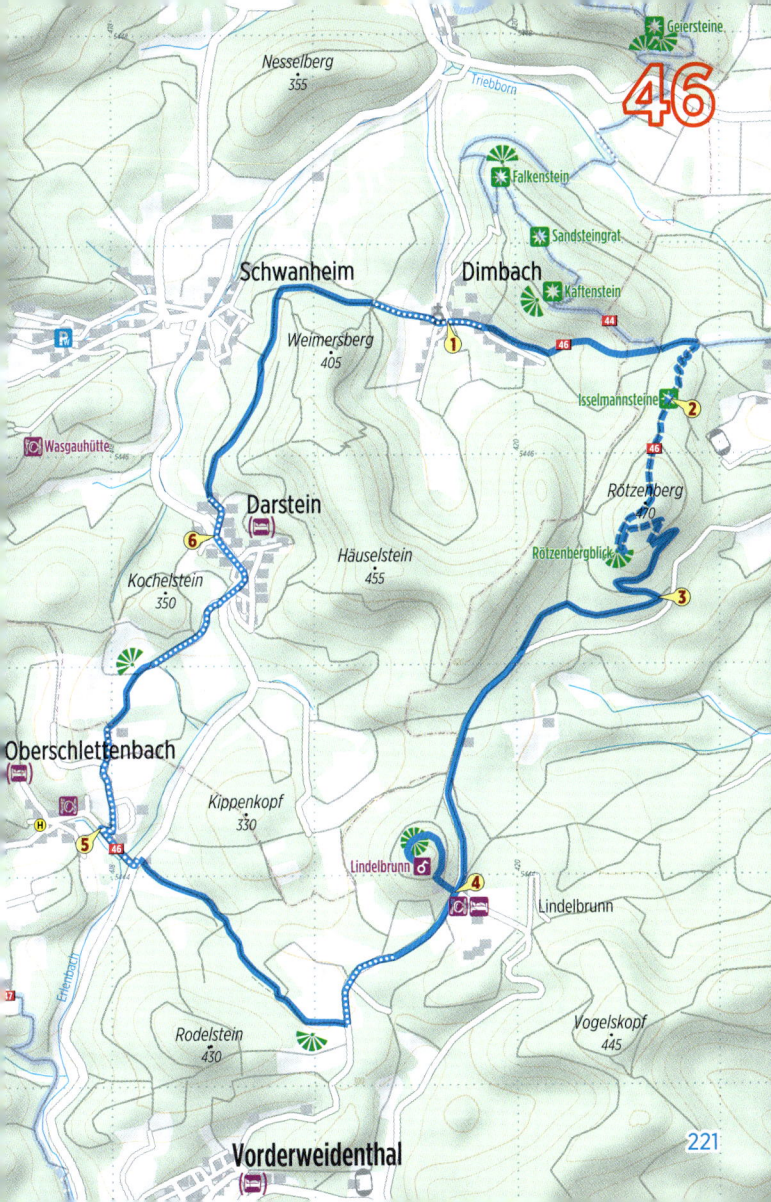

Geiersteine

Nesselberg
355

Triebborn

46

Falkenstein

Schwanheim

Dimbach

Sandsteingrat

Kaftenstein

Weimersberg
405

①

46

44

Isselmannsteine

②

46

Wasgauhütte

Rötzenberg
370

Darstein

Häuselstein
455

Rötzenbergblick

Kochelstein
350

⑥

③

Oberschlettenbach

Kippenkopf
330

Lindelbrunn

⑤

46

④

Lindelbrunn

Eußerbach

Rodelstein
430

Vogelskopf
445

Vorderweidenthal

Tour 47   **13,5 km**

Drei Grate

Start/Ziel: Oberschlettenbach
Gehzeit: 5 Std.

Aufstieg: 566 m
Abstieg: 566 m
Hartbelag: 13 %
Wanderwege: 55 %
Wanderpfade: 32 %

Charakteristik: Gleich drei lange Felswände sind von Oberschlettenbach aus durch eine nicht zu lange Wanderung zu erreichen: die erste sehen Sie sich kurz hinter der Bühlhofschänke nur von unten an, die zweite – am Löffelsberg – erreichen Sie nach einigem Aufstieg von einem sehr exponierten Aussichtspunkt aus und den Puhlstein können Sie zwar nicht gänzlich besteigen, nehmen aber den Weg direkt am Fuß der erosionsgeformten Sandsteinriesen. Über Vorderweidenthal geht es schließlich sanft ansteigend zurück, wobei sich vor der Rückkehr zum Parkplatz noch ein Abstecher zur nahen Bühlhofschänke anbietet.

Anfahrt: Der Wanderparkplatz liegt am westlichen Ortsrand am Ende der Glimbornstraße (Beschilderungen zur Bühlhofschänke, der Parkplatz liegt jedoch 300 Meter davor auf der linken Seite).

Öffentliche Verkehrsmittel: Oberschlettenbach ist mit dem Bus mehrmals am Tag vom Bahnhof Annweiler zu erreichen. Von der Bushaltestelle im Ort sind es noch 650 Meter Fußweg zum Parkplatz am Startpunkt.

Oberschlettenbach

1 0,0 (300) An der Gabelung vor dem Parkplatz rechts den Asphaltweg hinauf zum **Bühlhof**.

🏠 Bühlhofschänke, ☎ 06398/276, ⏱ Di, Mi, Sa, So 11-18 Uhr, @ kmv185 Vor zum Waldrand 〜 am Ende des Asphalts rechts auf den Pfad mit dem gelb-roten Balken 〜 auf der Höhe an einer Wegekreuzung auf

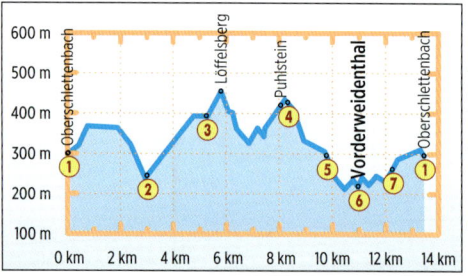

den zweiten Schotterweg von rechts (Holzschuh-Markierung) ∿ dieser Markierung vorbei an der Felswand und später in Serpentinen bergab folgen.

2 ³,⁰ ⁽²⁴⁴⁾ Im Talgrund nach einem Wasserwerksgebäude an der T-Kreuzung links bergauf dem gelb-roten Balken in Richtung Bühlhof folgen ∿ kurz vor Erreichen der Höhe kreuzt ein breiter Erdweg, hier rechts zum Waldrand, dort rechts ∿ an der nächsten Kreuzung mit Rastbank rechts und nach 50 m links bergauf dem Holzschuh-Symbol folgen.

3 ⁵,³ ⁽³⁹³⁾ Am Aussichtspunkt **Löffels-berg** scharf links steil bergauf auf den Grat ∿ dort weiter dem Holzschuh-pfad folgen ∿ dieser führt am Ende wieder hinunter, durch den Wald, über eine Wiese und nach einem ebenen Stück steil links den Puhl-stein hinauf ∿ vor einer Spitzkehre nach rechts bietet sich geradeaus ein Aussichtspunkt an, danach weiter auf dem Holzschuhpfad am Fuß der Puhlsteinfelsen.

4 ⁸,³ ⁽⁴²⁶⁾ Am Ende des Puhlsteins in Kehren hinunter.

AUSSICHT Geradeaus führt ein kurzer, beschilderter Abstecher zur Aussicht.

Beim Puhlsteingrat

An der Einmündung in einen anderen Pfad rechts der blau-gelben Balkenmarkierung und dem Holzschuhsymbol folgen ∿ an der Mündung in einen Schotterweg halb rechts und wenige Meter später an einer T-Kreuzung links ∿ mehrere Abzweige rechts liegen lassen ∿ in einer Linkskurve einen Rechtsabzweig ignorieren.

5 9,8 (295) An einer T-Kreuzung kurz danach verlassen Sie den Holzschuhpfad nach links (lokale Markierung Nr. 12) ∿ an einer T-Kreuzung am Waldrand rechts hinaus auf einen Betonweg ∿ diesem zum Ortsanfang von **Vorderweidenthal** folgen 🚉

Vorderweidenthal

- 🔵 **Protestantische Pfarrkirche**, Kirchstr. 10. Die Kirche – ehem. St. Gallus – wurde in der jetzigen Form 1865 erbaut. Das Untergeschoss des Turms stammt noch aus dem 13. oder 14. Jh.
- ✳️ **Barockes Fachwerkhaus**, Lindelbrunnstr. 14. Das Wohnhaus wurde 1716 als Fachwerkbau errichtet.

6 11,0 (218) Nach den ersten Häusern links in die **Brühlstraße** ∿ vor einer Grundstücksauffahrt halb rechts/gerade auf die Fortsetzung als Grasweg 🚉 ∿ am Ende eines Zauns rechts bergab ∿ am unteren Ende links zwischen weiteren Zäunen hindurch ∿ gerade über die Wiese am Waldrand ⚠️, der Weg ist hier kaum erkennbar ∿ auf dem kreuzenden Schotterweg links und durch die Rechtskurve am Waldrand bleiben (Beschilderung als Bad Bergzaberner Landweg) ∿ nach 550 m links einen engen Hohlweg

bergauf (Holzschild Richtung Oberschlettenbach).

7 12,2 (261) Bei einem Strommasten scharf rechts ∿ auf dem unmarkierten Hauptweg bleiben und oben am Waldrand einen Abzweig vor Zäunen rechts liegen lassen ∿ nach einer weiteren Rechtskurve weiter auf Asphalt ∿ bei einer Kreuzung mit einem Asphalt- und einem Erdweg am Waldrand geradeaus auf Asphalt bergab zum Parkplatz.

> **VARIANTE** Wenn Sie zum Abschluss der Wanderung die Bühlhofschänke besuchen möchten, können Sie hier links dem Grasweg folgen.

1 13,5 (300) Ende der Wanderung.

Oberschlettenbach

47

Eichelberg
385

Kochelstein
350

Bärenbrunnerhof

Heßlerberg
470

Oberschlettenbach

H

46

1
P
47

Bühlhofschänke

2

Löffelsberg
445

3

Erlenbach

7

Rode

Puhlstein

4

Busenberg

B427

Vorderweidenthal

6

5

Heidenberg
420

Erlenbach
bei Dahn

H

Grünberg

Tour 48   13,9 km

Rund um Blankenborn

Start/Ziel: Bad Bergzabern, Kurpark
Gehzeit: 4 Std.

Aufstieg: 313 m
Abstieg: 313 m
Hartbelag: 6 %
Wanderwege: 68 %
Wanderpfade: 26 %

Charakteristik: Diese große, aber nicht zu anspruchsvolle Runde führt Sie vom Bad Bergzaberner Kurpark aus in einem weiten Bogen um den Stadtteil Blankenborn herum, den Sie trotzdem auf dieser Runde kein einziges Mal zu Gesicht bekommen werden. Stattdessen lädt gleich zu Beginn der hölzerne Bergzaberner Aussichtsturm zu einem tollen Blick über die kleine Kurstadt ein, und auf dem weiteren sehr abwechslungsreichen Weg zu den historischen Wegekreuzungen Karlsplatz, Katzeneiche und Silzer Linde wird es auch so schnell nicht langweilig. Den Abschluss bildet ein Spaziergang entlang des Erlenbaches in den Kurpark hinein, wo diverse Einkehrmöglichkeiten gleich zur Stärkung einladen.

Anfahrt: Von der B 427 (Kurtalstraße) Richtung Dahn nach dem Kurpark links in die Kneippstraße (Parkplatzschild). Nach wenigen Metern liegt links der Parkplatz.

Öffentliche Verkehrsmittel: Den Bahnhof Bad Bergzabern – er ist 1,5 Kilometer vom Startpunkt entfernt – erreichen Sie regelmäßig mit Bussen vom Landauer Hauptbahnhof aus. Die Anreise mit dem Zug erfordert ein Umsteigen in Winden (Pfalz).

Bad Bergzabern

Vorwahl: 06343

- 🛈 **Haus des Gastes**, Rötzweg 7, ✆ 610764
- 🛈 **Tourist-Information Bad Bergzaberner Land**, Kurtalstr. 27, ✆ 989660, @ xit582
- 🏛 **Stadtmuseum**, Königstr. 45, im Renaissancehaus „Zum Engel", ✆ 989660, 🕐 April-Dez., Di-Fr 16-18 Uhr, Sa und So 14-18 Uhr. Themenbereiche: Stadtgeschichte, Brauchtum, Handwerk und Kunst; außerdem Dauerausstellung über Künstler und andere Persönlichkeiten der Stadt und der Region. @ fqr866
- 🏛 **Westwallmuseum**, Kurfürstenstr. 21, ✆ 01525/9659063, 🕐 jeden 2. und 4. So. Das Museum befindet sich in einer unterirdischen Anlage des im Zweiten Weltkrieg errichteten Bunkersystems. @ oje464
- 🏛 **Zinnfigurenmuseum**, Marktstr. 14, im Haus Wilms, ✆ 939172, 🕐 Mo-Fr 9-12 und 14-18, Sa 9-13.30 Uhr, So 14.30-17 Uhr. Anhand von 20.000 Zinnfiguren wird die Geschichte der Menschheit en miniature dargestellt. @ how868
- 🛅 **Ev. Bergkirche**, Kirchg. Das Portal der Kirche (1720-30) ist eine Kombination von Barock und Renaissance, barocker Kirchenraum mit Anleihen aus dem Rokoko sowie eine Baumann-Orgel von 1782.
- 🛅 **Schloss Bad Bergzabern**, Königsstr. 61. Sitz der Stadt- und Verbandsgemeindeverwaltung, nur der Innenhof ist für jedermann zugänglich. Im 16. Jh. als Schloss der Herzöge von Zweibrücken erbaut. Renaissanceportal und -treppenturm noch im Original vorhanden. Vierflügelige Anlage von 1720-25 mit zwei barocken Rundtürmen an beiden Seiten der großen Freitreppe.
- ✽ **Gasthaus Zum Engel**, Königstr. 45, ✆ 1234. Der Bau von 1579 mit seiner kunst-

voll verzierten Fassade, den Drachenköpfen und dem markanten doppelstöckigen Erker gilt als das beeindruckendste Renaissancegebäude der Pfalz. Heute ist es Sitz des Stadtmuseums.

- ✽ **Kurpark**, Kurtalstr. Weitläufige Parkanlage mit See. Hier ist der Ausgangspunkt des 5,5 km langen Kneipp-Lehrpfads über die Lehre der fünf Gesundheitssäulen nach Sebastian Kneipp.
- 🛁 **Südpfalz-Therme**, Kurtalstr. 27, ✆ 934010. Thermalbad mit Außen- und Hallenbecken. @ vnk427
- 🛁 **Rebmeerbad**, Friedrich-Ebert-Str. 40, ✆ 7120, @ jlj873

Die liebenswerte Kurstadt wurde erstmals Anfang des 9. Jahrhunderts als „Zaberna" geschichtlich erwähnt - 1286 erhielt sie Stadtrechte. Erste Kuranwendungen in der Kaltwasserheilanstalt Bergzabern datieren auf 1892; vier Jahre danach besuchte Pfarrer Sebastian Kneipp den Ort auf einer Vortragsreise und stellte fest: „Hätte ich nicht in Wörishofen begonnen, hier müsste ich es tun". Er meinte damit das Kneippen nach seiner eigenen Lehre. Im Jahr 1929 wurde im Kurpark die Petronellaquelle erschlossen, welche heute das Thermalbad mit ihrem Heilwasser speist.

Der historische Altstadtkern mit verwinkelten Gassen beiderseits der Fußgängerzone (das Viertel um die Bergkirche und die idyllische Neugasse im Bereich des Plätzel) und herrliche Patrizierhäuser mit schmucken Giebeln und Erkern bieten dem Besucher viel Abwechslung. Von der ursprünglichen Stadtbefestigung aus dem 13. und

Kurpark in Bad Bergzabern

14. Jahrhundert sind nur noch der Dicke (Turm) und der Storchenturm erhalten. Abschalten können Sie in netten Lokalen, Weinstuben und Cafés.

1 0,0 (190) Auf dem Fußweg in den Kurpark hinein ↝ nach wenigen Metern, vor einem Minigolfplatz, links zur Bundesstraße ↝ schräg rechts gegenüber in den ansteigenden **Hörnchenweg** ↝ an dessen Ende weiter auf dem unmarkierten Pfad ↝ dieser führt über eine Holzbrücke in eine Rechtskehre ↝ an einer Gabelung links bergauf ↝ an der Einmündung in einen anderen Pfad bei einer Rastbank scharf links auf den Pfad (weiße Balkenmarkierung mit schwarzem Punkt) ↝ scharf rechts auf einen Pfad Richtung Turm (Holzschild) ↝ an der T-Kreuzung rechts zum Aussichtsturm.

🔵 ❄ **Aussichtsturm.** Der 1984 errichtete Turm lässt sich über 154 Stufen besteigen. Die Aussichtsplattform befindet sich auf 30 m Höhe und bietet einen sehr schönen Ausblick auf die Stadt und das Rheintal.

Nach einer Besichtigung zurück zu der Kreuzung mit dem Holzschild ↝ dort rechts bergauf Richtung Karlsplatz, nun für 4,4 km dem weißen Balken mit dem schwarzen Punkt folgen ↝ über eine Straße.

2 2,4 (326) An einem Schießplatz vorbei ↝ die Markierung führt nun stetig sanft ansteigend den Bergrücken hinauf.

3 5,3 (375) Am **Karlsplatz**, einem hübschen Kreuzungsplatz mit Schutzhütte, scharf links Richtung Silzer Linde ↝ die nächsten 3,1 km der weiß-blauen Balkenmarkierung folgen ↝ nach einiger Zeit vorbei am Kreuzungsplatz **Katzeneiche**.

Katzeneiche

Der Ritterstein an diesem historischen Kreuzungsplatz weist angeblich auf das frühere Vorkommen von Wildkatzen hin.

Meist leicht bergab kommen Sie nach gut 1 km zum nächsten großen Sternplatz mit Schutzhütte.

4 8,4 (379) An der **Silzer Linde** den dritten links abzweigenden Weg nehmen, ab hier sind fast 4 km mit blauem Kreuz markiert ↝ über vielfältige Wege überwiegend bergab ↝ vorbei an einer Schutzhütte ↝ bald auf Asphalt ↝ nach 300 m rechts auf einen Pfad ⚠, hier ist die Markierung

schlecht sichtbar ～ hinunter zur Bundesstraße.

5 12,2 (209) An der Bundesstraße etwa 50 m nach links ～ an der Straßenkreuzung rechts über Stufen hinunter zu einer Brücke über den Bach ～ direkt nach der Brücke links auf den Pfad mit dem blauen Kreuz ～ bachabwärts ～ die Landesstraße nach Böllenborn überqueren ～ dann dem Bad Bergzaberner Land-Weg folgen ～ in den hinteren Kurpark hinein ～ rechts um den See herum und unterhalb des Hotels Seeblick zu einer T-Kreuzung bei einem China-Restaurant ～ dort links bergab zum Parkplatz.

1 13,9 (190) Ende der Wanderung. **Bad Bergzabern**

Tour 49

11,7 km

Rund um das Portzbachtal

Start/Ziel: Erlenbach, Parkplatz bei der
Burg Berwartstein

Gehzeit: 3 ½ - 4 Std.

Aufstieg: 465 m
Abstieg: 465 m
Hartbelag: 29 %
Wanderwege: 44 %
Wanderpfade: 27 %

Charakteristik: Zunächst geht es auf dieser Tour zum besten Blick auf die Burg Berwartstein, der sich von der gegenüberliegenden Ruine Kleinfrankreich ergibt. Anschließend wandern Sie bequem auf einem Höhenweg sanft bergab ins Portzbachtal. Über eine Holzbrücke gelangen Sie ins abzweigende Glasbachtal und steigen an der Pfälzerhütte vorbei auf den Hirzeck. Dieser langgezogene Bergrücken bietet von seiner Spitze aus eine exzellente Aussicht auf die Seen am Portzbach und die Burg Berwartstein - und wenige Meter weiter eine Einkehrmöglichkeit am Hirzeckhaus des Pfäl-

zerwald-Vereins. Ein schöner Pfad bringt sie zurück ins Tal und vorbei am Stausee mit Bademöglichkeit zum Ausgangspunkt. Hier sollten Sie noch so viel Kraft übrig haben, um den kurzen Anstieg zur Burg zu bewältigen. Berwartstein ist auf jeden Fall eine Besichtigung wert.
Anfahrt: Von der Hauptstraße in Erlenbach der Beschilderung nach zur Burg Berwartstein abbiegen. Nach 700 Metern liegt der kostenfreie Parkplatz am Fuße des Burgbergs.
Öffentliche Verkehrsmittel: Die Haltestelle Erlenbach wird am Wochenende mit wenigen Verbindungen mit dem Anruf-Linien-Taxi von den Bahnhöfen Hinterweidenthal und Dahn erreicht. Einzelne Busverbindungen gibt es auch vom Bahnhof Annweiler. Von der Bushaltestelle zum Ausgangspunkt sind es etwa 700 Meter.
Erlenbach bei Dahn
Vorwahl: 06398
Kiosk am Seehof, 📞 9932121, 🕐 April, Do-So 11-17 Uhr, Mai, Mi-So

11-17Uhr, Juni-Sept., tägl. 11-20 Uhr, Okt., Di-So 11-17 Uhr, @ xki265

- 🏰 **Burg Berwartstein**, ✆ 210, ☾ März-Okt. tägl., Nov-Feb. Sa, So, @ rnf551
- 🗡 **Burg Berwartstein**, ✆ 210, ☾ März-Okt. tägl., Nov.-Feb. Sa, So. Die ehemalige Raubritterburg Berwartstein wurde von Kaiser Friedrich I. Barbarossa erbaut und 1152 dem Bischof von Speyer geschenkt. Während in der Zeit der Bauernkriege (um 1525) viele Burgen des Wasgaus verbrannt und verwüstet wurden, blieb Berwartstein unversehrt, was vermutlich darauf zurückzuführen war, dass sie als uneinnehmbar galt. Erst in späteren Jahrhunderten und im Zweiten Weltkrieg kam es zu Zerstörungen, die Burg wurde jedoch immer wieder auf- und ausgebaut. Bei einer Führung können u. a. Rittersaal, Kasematten, Rüst- und Folterkammer mit den entsprechenden Utensilien sowie der 104 m tiefe Burgbrunnen bestaunt werden. Aufgrund ihrer exponierten Lage hoch über Erlenbach und der umliegenden Gegend bietet die Burg einen unbeschreiblichen Ausblick auf den Wasgau. @ ipi862

TIPP Von der Kreuzung am Anfang des Parkplatzes geht ein Trampelpfad hinauf zum Asphaltweg, der rechts herum auf die Burg führt.

1 0,0 (246) Vom Parkplatzende unterhalb der Burg laufen Sie auf dem Asphaltweg bergab ～ nach 100 m halb rechts den steilen Erdweg mit der Nummer 1 bergauf in den Wald ～ nach 270 m, vor einer Erdwand, scharf links den zweiten Erdweg von links nehmen ～ hinauf zur schon sichtbaren Turmruine.

Ruine Kleinfrankreich

Der Turm wurde 1484 vom Burgherrn von Berwartstein als Außenposten errichtet. Der Bergsattel zwischen Berwartstein und Kleinfrankreich, der als einziger strategischer Aufstellungsort für Kanonen zur Belagerung der Berwartstein infrage kam, konnte damit von zwei Seiten kontrolliert werden. Die Hauptfunktion war die Abwehr von Angriffen der Franzosen. Nach der (nicht durch die Franzosen verschuldeten) Zerstörung im 17. Jahrhundert wurde der Turm ab 2005 restauriert und bietet heute mit seinem Rastplatz eine tolle Aussicht auf Berwartstein und das Umland.

Auf gleichem Weg zurück zur vorherigen Wegekreuzung ～ nun in den ersten Weg scharf rechts und in einer weiten Rechtskurve etwa höhengleich unterhalb der Ruine entlang ～ auf dem Höhenweg ca. 1 km dahin ～ an der Gabelung dem linken, unteren Erdweg folgen ～ nach 250 m links auf einen abzweigenden unmarkierten Schotterweg.

2 2,0 (301) Die Kreuzung am Anfahrpunkt 756 gerade durchqueren ～ nach etwa 140 m an einem kleinen Sägeplatz rechts auf einen unscheinbaren und unmarkierten Pfad ～ auf diesem allmählich hinunter in den Talgrund ～ am dortigen Grasweg halb rechts ～ noch 1,1 km am Portzbach abwärts.

3 4,1 (216) Links über die Holzbrücke und hinauf zum Asphaltweg ～ auf diesem nach links ein Stück bachaufwärts ～ an der T-Kreuzung mit einem anderen Asphaltweg rechts jetzt der rot-gelben Balkenmarkierung für 2,1 km folgen ～ auf Asphalt bergauf

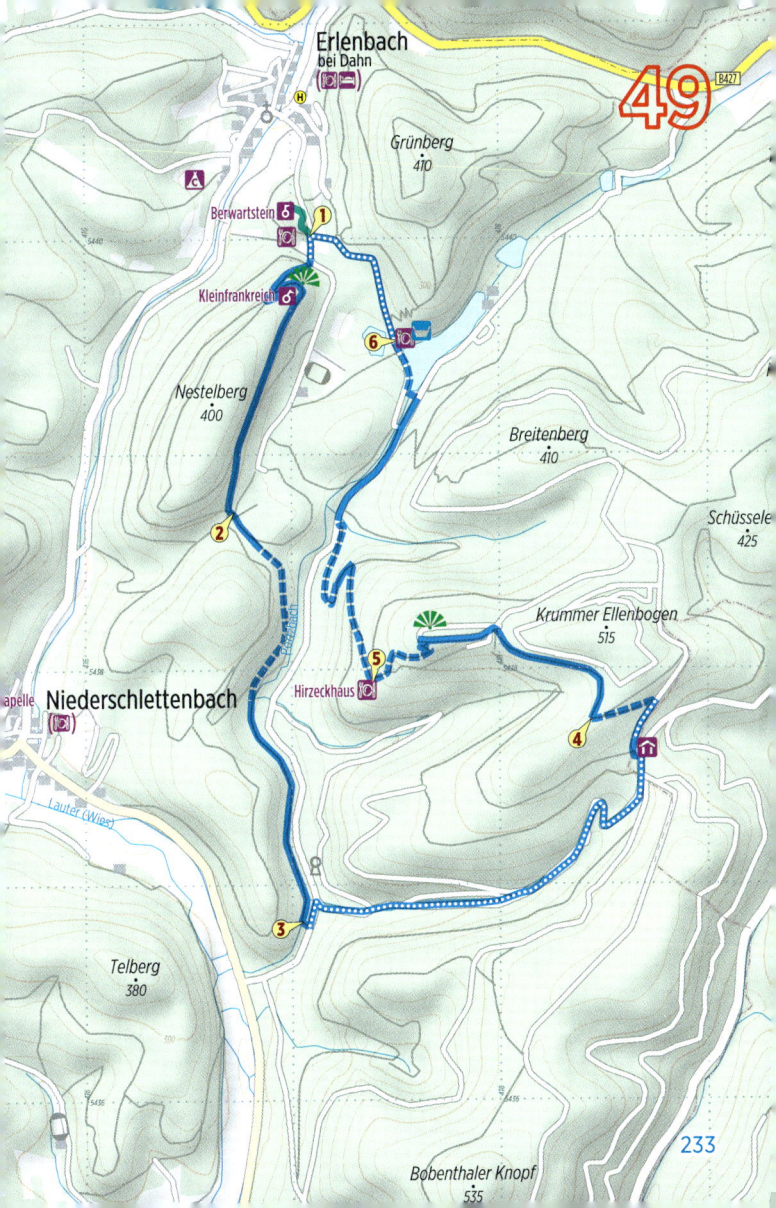

Erlenbach
bei Dahn

Grünberg
410

Berwartstein

Kleinfrankreich

Nestelberg
400

Breitenberg
410

Schüssele
425

Krummer Ellenbogen
515

Hirzeckhaus

Niederschlettenbach

Lauter (Wies)

Telberg
380

Bobenthaler Knopf
535

Stausee an der Wanderroute

zur Schutzhütte 〰 dort halb links auf einen Erdweg (der zweite von links, der zunächst fast parallel zum Asphaltweg verläuft) 〰 kurz darauf wieder auf Asphalt 〰 nach 270 m Asphalt, unterhalb eines Findlings, scharf links bergauf auf einen Pfad, ab hier bis zum Ende der Tour folgen Sie der Markierung „grünes Dreieck im weißen Kreis", stellenweise ist auch nur mit gelbem Punkt markiert.

4 7,1 (464) An der Einmündung des Pfades in einen Grasweg führt die sparsame Markierung gegenüber auf dem Grasweg wieder sanft hinab 〰 kurz darauf, an einem Sternplatz, wieder halb links einen Weg hinauf 〰 nach 350 m zweigt ein Pfad mit der Markierung wieder links ab, doch lohnt es sich hier, noch ein Stück weiter geradeaus zum Aussichtspunkt zu gehen 〰 der markierte Weg führt schließlich hinunter zum **Hirzeckhaus**.

🔲 **Hirzeckhaus**, ✆ 06343/8682, ☺ April-Okt., So/Fei ab 11 Uhr, @ afo616

5 8,7 (378) Vor dem Hirzeckhaus rechts und kurz darauf links den Hang hinab 〰 im Talgrund vor einem Hochsitz rechts bachparallel bergauf.

> **TIPP** Nicht ganz rechts in das Seitental abbiegen, sondern halbrechts auf dem breiten Schotterweg.

Stets rechts des Baches halten bis zu einem Steg zwischen dem kleinen Vorbecken und dem dahinter liegenden großen See 〰 links über den Steg und den Pfad am Seeufer entlang 〰 in einen größeren Weg einmünden.

🔲 **Kiosk am Seehof**, ✆ 9932121, ☺ April, Do-So 11-17 Uhr, Mai, Mi-So 11-17 Uhr, Juni-Sept., tägl. 11-20 Uhr, Okt., Di-So 11-17 Uhr, @ xki265

Gerade weiter auf dem Fahrweg zum Parkplatz.

6 11,0 (231) Am Parkplatz vorbei und auf Asphalt sanft bergauf der Beschilderung zur Burg Berwartstein zwei Mal halb links folgen bis zum Ausgangspunkt.

1 11,7 (246) Ende der Wanderung.
Parkplatz Berwartstein

234

Tour 50

Aussichtspunkte im südöstlichen Wasgau

Start/Ziel: Oberotterbach, Parkplatz am Schützenhaus

Gehzeit: 4 ½ - 5 Std.

Aufstieg: 472 m
Abstieg: 471 m
Hartbelag: 19 %
Wanderwege: 53 %
Wanderpfade: 28 %

Charakteristik: Der Südosten des Wasgaus bricht zum Rheingraben und zur Weinstraße recht plötzlich ab – auf der Wanderung von Oberotterbach nach Dörrenbach können Sie dies hautnah erleben und viele tolle Ausblicke genießen. Doch kaum im Wald, geht es mit den Aussichtspunkten weiter: Der Stäffelsbergturm bietet einen tollen Blick in alle Richtungen, und auch die Perspektive von der Ruine Gut-tenberg zeigt in Richtung Rheintal. Dazwischen begeistern die im Wald gelegene Kolmerbergkapelle und Teile des Westwall-Lehrpfads am Farrenberg, bevor Sie der Wander-weg durch das stille Otterbachtal zurück zum Ausgangspunkt lenkt.

Anfahrt: Der Ausgangspunkt be-findet sich in der Verlängerung der Oberdorfstraße von Oberotterbach, 500 Meter nach den letzten Häusern im Wald. Der Parkplatz gehört zum Schüt-zenhaus, das im Ort auch beschildert ist.

Öffentliche Ver-kehrsmittel: Die Bus-haltestelle Oberotter-bach-Ort wird täglich bis zum Abend im Stunden-Takt von Bussen bedient, die zwischen den Bahn-höfen von Bad Bergzabern und Wissem-bourg pendeln.

Parkplatz Schützenhaus

🅿 **Waldgaststätte im Schützenhaus Oberotterbach**, Oberdorfstr. 74, ☎ 06342/7522, ⏲ Sept, Okt., Di-So ab 11 Uhr, Nov.-Aug., Mi-So ab 11 Uhr, @ prq555

1 ⁰,⁰ ⁽²³⁵⁾ Auf der Straße zurück in den Ort 🚏.

Oberotterbach

Vorwahl: 06342

ℹ **Verein für Tourismus, Wein und Kultur**, Oberdorfstr. 64, ☎ 7346

✴ **Pfarrkirche**, Unterdorfstr. 8. Mit Chorturm (um 1300) und gotischem Saal (1537). Die prot. Kirche wurde im 18. Jh. teilweise umgebaut.

✴ Ehemalige **Schule** (1829) und **Lehrerwohnhaus** (1830), Unterdorfstr. 4 und 6

✴ Barockes **Wohnhaus**, Weinstr. 8, mit typischem Hochkeller und Krüppelwalmdach (1761)

2 ⁰,⁹ ⁽¹⁹⁸⁾ Links bergauf in die **Handwerksgasse**, Sie folgen bis Dörrenbach der Beschilderung mit Wein-

traubenlogo des Wanderweges Deutsche Weinstraße ∽ aus dem Ort in die Weingärten 🖼 ∽ an einer Asphaltstraße für 60 m nach rechts ∽ wieder links und über den Bach ∽ meist zwischen Wald und Weinbergen dahin ∽ über zwei Hügel nach **Dörrenbach** 🖼.

Dörrenbach

Vorwahl: 06343

ℹ **Tourist-Info,** Hauptstr. 10, ✆ 4864, @ bou274

⚔ **Wehrkirche St. Martin** (ca. 16. Jh.) mit älterem Chorraum (um 1300). Am Treppentürmchen befindet sich der Lichterker, durch den ein schmaler Lichtstrahl fiel und an das Gebet für die Toten erinnerte. Die Kirche wird als Simultankirche von beiden Konfessionen genutzt.

✽ **Renaissance-Rathaus** (1590) mit Halle im Erdgeschoss.

✽ Denkmalgeschützte **Fachwerkhäuser** (meist 18. Jh.), Hauptstraße

3 4,2 (296) Vor dem Friedhofsturm links auf die Hauptstraße ∽ nach 60 m rechts die Treppe Richtung Kapelle hinauf ∿ am Ende der Friedhofstreppe rechts auf die Straße ∿ links die **Schulstraße** bergauf (wieder auf dem Bad-Bergzaberner Land-Weg) ∿ hinauf zur **Kolmerbergkapelle** 🔄.

🏛 **Kolmerbergkapelle** (15. Jh.), Wallfahrtskapelle mit Mutter Gottes-Gnadenbild

Wegweiser in Dörrenbach

Am Kapellenplatz scharf links und weitere 700 m der Markierung folgen.

4 5,8 (423) An einem Kreuzungsplatz mit Sitzbänken und Holzkreuz links versetzt auf den schmaleren Weg Richtung Stäffelsbergturm, bis unter die Ruine Guttenberg der Markierung mit grünem Dreieck im weißen Kreis folgen ∿ zum Aussichtsturm hinauf.

Stäfflesbergturm

Zuerst flach über den Rücken, dann kurz in Kehren hinunter ∿ für 300 m auf einer Forststraße ∿ links weg auf dem **Westwall-Lehrpfad** über den Farrenberg.

✴ **Westwall-Lehrpfad**

Der Lehrpfad informiert an sehenswerten Stellen entlang des alten Westwalls über dessen Geschichte und Bedeutung für die Region und erklärt die oft noch sichtbaren ehemaligen Verteidigungseinrichtungen.

5 8,6 (445) Vorbei am Parkplatz **Drei Eichen** ∿ die Markierung führt flach am Hang entlang zu einem Kreuzungsplatz mit Sitzbänken (Anfahrpunkt 770) ∿ dort vor den Bänken links den Pfad mit der Nr. 2 nehmen ∿ im Halbkreis den Burgberg hinauf zur Ruine.

Ruine Guttenberg

Die Burg wurde erstmals 1150 als staufische Reichsburg erwähnt und gehörte später den Grafen von Leiningen. Sie wurde im Bauernkrieg 1525 zerstört. Außer den Ringmauern sind Teile einer Treppe und Reste des Bergfrieds erhalten. Sehenswerter Ausblick vom Felsen der Ober-

Ruine Guttenberg

burg auf Teile des Wasgaus bis zum Rheintal.

6 10,1 (478) Vor dem Eingangsportal bei der Informationstafel links (von der Burg kommend rechts) auf dem Weg Nr. 2 auf der anderen Bergseite zurück zum Kreuzungsplatz ~ jetzt scharf links dem **Kehrweg** folgen (Markierung: weißer Balken mit schwarzem Punkt) ~ unterhalb am Burgberg vorbei zur Kreuzung mit dem Wegestein **Drei Buchen** ~ hier links bergab auf den Weg Nr. 11 ~ bald an einem Schotterweg rechts ~ nach 750 m, in einer Rechtskurve,

links der Nr. 11 folgen ~ kurz darauf an einem breiteren Weg scharf links die Markierung verlassen ~ an einer Gabelung rechts und in einem weiten Rechtsbogen bergab Richtung Oberotterbach.

7 12,8 (285) Nahe dem waldfreien Talgrund rechts ~ auf dem unmarkierten Erdweg an der rechten Talflanke talabwärts ~ nach 1,2 km links über den Bach ~ dort rechts auf Schotter zum Parkplatz.

1 14,7 (235) Ende der Wanderung. **Parkplatz Schützenhaus**

Ortsindex

A

Annweiler am Trifels 209, 212, 214, 217

B

Bad Bergzabern 227, 230
Bad Dürkheim 46, 50
Breitenau 72
Breitenstein 120, 123
Bruchweiler-Bärenbach 175, 176

C

Clausen 95, 97

D

Dahn 166, 176, 194
Darstein 220
Deidesheim 60, 64
Dernbach 147
Diemerstein 33
Dimbach 218, 220, 222
Donsieders 96
Dörrenbach 237

E

Eiswoog 24, 28
Erlenbach bei Dahn 231
Esthal 121

F

Finsterbrunnertal 83, 86
Fischbach bei Dahn 186
Frankenstein 33, 37, 40

H

Haardt 68
Hardenburg 42, 45
Hauenstein 110, 199
Hermersbergerhof 104

Hinterweidenthal 162, 164
Hirschthal 191
Hochspeyer 32, 35
Hohenecken 74

J

Johanniskreuz 87, 88

K

Kaiserslautern 76, 79, 82
Kalmit 129, 133

L

Lambertskreuz 56
Langmühle 171
Leimen 91, 94, 100
Lemberg 172
Limburg 52
Ludwigswinkel 184
Lug 204, 207

M

Maikammer 130
Maria Rosenberg 96
Merzalben 102

N

Neidenfels 55, 58
Neuhof 157
Neustadt a. d. Weinstraße 65
Neustadt an der Weinstraße 65
Nothweiler 189, 192

O

Oberotterbach 236
Oberschlettenbach 220, 224

P

Pirmasens 173

R

Ramsen 24
Retzbergweiher 28
Rinnthal 140, 142
Rodalben 150, 153, 157
Röderhof 94
Ruine Spangenberg 123

S

Seebach 52
Stumpfwaldgericht 28

U

Ungeheuersee 30
Unterhammer 84

V

Völkersweiler 210
Vorderweidenthal 224

W

Wachenheim a. d. Weinstraße 62
Wachtenburg 62
Waldleiningen 115, 118
Weinbiet 68
Wernersberg 212
Wilgartswiesen 112
Wolfsburg 68